KB067722

프리섹스주의자들에게

컬리지언총서 11

프리섹스주의자들에게

섹스에로의 자유, 섹스로부터의 자유

김상태

이후
1999

내가 누군가를 자극하기 위해서 이런 얘기를
하고 있다면 그것은 매우 우스운 일일 것이다.

"성기란 둘 중의 하나이다. 전혀 존재하지 않는 것이거나 아니면 존재하는 유일한 것이다." 나는 성적 시·공간의 특이성에 대해 말할 것이다.

세상이 온통 음탕스럽다면 나는 그게 좋다. 모두가 멋쟁이고 섹시하고 유혹적이면 나는 그게 좋겠다. 서양 영화에 나오는 가장무도회처럼 우리의 성적 시·공간이 광복절 맞은 조선사람마냥 모조리 해방되었으면 좋겠다.

나는 맑은 영혼으로 다가서는 보수적인 사람들을
또한 존경한다. 경박이 아무렇든 상관 없었듯이 보
수적인 것인들 왜 아름답지 않겠는가? 요지는 단순
하다. 서로를 깊이 이해하는 것 홀아비로 죽은 호지
명에게 왜 결혼을 안 했느냐고 젊은이들이 물으면
'나는 못 했으니 너희는 해라' 하며 껄껄 웃었다 한
다. '나는 보수적이니 너희는 불꽃처럼 아름다워라.'
진정한 보수주의가 있다면 바로 이것 아니겠는가?

그들은 쉽게 벌고 쉽게 쓴다. 이렇게 해서 우리의 사회학은 완성되었다. 부자들의 반란으로 출발해서 90년대 후반에 거리는 거대한 공간으로 자라났다. 거리의 물결은 대중의 한복판에 둥지를 틀었다. 대중의 딸내미와 아들내미들이 불나방처럼 떼지어 몰려 다니는 곳이 되었다. 어찌 보면 기묘한 일이다. 대중의 한복판에 대중들이 몰려있음에도 그곳은 대중으로부터 아주 멀리 있다. 그러나 달리 보면 이상한 일도 아니다. 순박한 농민과 화적떼는 본래 출신이 똑같았다. 한 쪽은 죽도록 일하고 한 쪽은 무도하게 강탈한다. 동일한 모순에서 출발하여 우리는 이렇게 낯선 쌍둥이가 되었다.

섹스를 누리는 것이 아니라 섹스에 쫓긴 우리들은 슬금 슬금 눈치를 보며 서로를 바라본다. 그것은 비참한 것이 다. 발렌타인데이면 수 없는 선물이 나돌고 서로간에 좋아한다는 확인을 하려고 기를 쓰는 요즈음의 연인들 을 보고 있노라면 자유는커녕 차라리 연민이 앞선다.

컬리지언총서 11

프리섹스주의자들에게
섹스에로의 자유, 섹스로부터의 자유

지은이 김상태 / 펴낸이 이일규 / 펴낸곳 도서출판 이후
기획·편집 도서출판 이후 / 디자인 현희경 / 마케팅 김현종
첫번째 찍은 날 1999년 8월 8일 / 등록 1998년 2월 18일 제 13-828호
주소 120-200 서울시 마포구 동교동 113-82 2층
전화 02-3143-0905 / 팩스 02-3143-0906 / 전자우편 YIKLMR@hitel.net

값 8,500원

\<컬리지언총서>를 펴내면서

1

"나무의자 밑에는 버려진 책들이 가득하였다"
기억하십니까 / 40도 못 채우고 홀홀 / 떠나버린 / 시인 기형도의 「대학시절」
그 첫 행입니다. / 그리곤 이렇게 이어지죠 아마
"은백양의 숲은 깊고 아름다웠지만 / 그곳에서는 나뭇잎조차 무기로 사용되었다
그 아름다운 숲에 이르면 청년들은 각오한 듯 / 눈을 감고 지나갔다"

2

혹시 버리실 책이라도 가지고 계십니까? / 눈을 감고 지날 수 있는
깊고 아름다운 숲에는 가 본 적이 있나요? / 싱싱한 푸른잎, 혹은 가벼이 마른 낙엽이라도
두근거리는 마음으로 쓰다듬어보신 기억은요?

3

당신은 청년입니까? / 들어본 지 오래된 말이라구요 / 저도 불러본 지 오랜만입니다. / 저희는
당신을 앞으로 그렇게 부르겠습니다 / 쑥스럽다구요? / 아닙니다

4

저희가 마련한 숲에 한 번 와보세요 / 버려진 책도, 살아있는 나뭇잎도…… / 아, 그래서
당신은 아마 눈을 사알짝 감고도 / 또박 또박 걸을 수 있을 겁니다

5

이제, 됐습니다 / 당신이 거닐게 되어 이 숲은 / 감히 당신을 청년이라 불러낸 이 숲은
그리하여, / 깊고 아름다운 숲이 됩니다

차례

머리말 · 15

1
모든 욕망은 평등하다

세 남자와 한 여자 28
<트레인스포팅>과 배설물 31
<날아라 슈퍼보드>와 '응가' 34
배설물의 딜레마 37
성적 시·공간의 특이성 42
<하몽 하몽>과 성적 시·공간 53
<죽음의 한 연구>와 '어느 수줍은 황색의 새디즘' 62
중요한 소 결론── 선택, 인식, 결단 80
예시 하나── 강간 88
예시 둘── 동성애 111

2
모든 행동은 불평등하다

3
섹스에로의 자유, 섹스로부터의 자유

리버럴리즘 비판 152
거리의 리버럴리즘 166
대학의 리버럴리즘 172
프리섹스의 본질 186
자유의 지평과 그 주변── 부부의 성 199
맺음말── 삶, 섹스, 자유 225

후기 · 235

이 책을 나의 아버지와 어머니, 그리고 이 땅의 모든 부모님께 드립니다.

머리말

성이 문제라고 한다면 그것은 두 가지 측면에서 논의되어야 한다.

한 남자의 아내가 "오늘 저녁은 피곤해요"라고 말했을 때 그 저녁, 그 남자가 처한 상황. 남자 친구가 끊임없이 섹스를 요구할 때 한 미혼여성이 처한 상황. 성적 쾌락에 대한 신화가 그렇게 강조되고 그렇게 일상적임에도 불구하고 대부분의 사람들은 실상 그 쾌락으로부터 철저히 소외되어 있는 상황.

신문 사회면이 영계 콤플렉스와 원조교제와 룸살롱의 퇴폐를 고발하는 동안, 그 도덕성이 문제가 아니라, 대중 일반이 그 순간에 굶주린 개처럼 군침을 흘리고 있는 그 상황. 요컨대 좋은 쪽이건 나쁜 쪽이건 성적 쾌락은 단지 가진 자들의 손에 있을 뿐이라는 바로 그 상황.

마찬가지로 슈퍼모델과 톱 탤런트와 다이어트와 성형수술과 때깔 나는 캐리어 우먼과 낭만적인 연애와 성공적인 결혼 이야기들이 전 사회 구석구석을 메아리치고 있음에도 대중 일반은 여전히 못 생겼고 뚱뚱하고 촌스럽고 천박하며, 종내 불만족스런 결혼 속으로 도살장의 소처럼 끌려가고 있는 그 상황. 그 현실과 허영심 가득한 망상 사이에서 별별 해프닝이 다 벌어지고 있는 그 상황. 결론적으로 말해서 지금 폭풍처럼 몰아치는 성적 공세 —— 그 욕망, 형태, 제반 함성과 논리들 —— 앞에 속수무책으로 팽개쳐져 있는 대중의 상황.

성과 연관하여 이것보다 다급하고 중요한 문제는 더이상 있을 수 없다.

이상한 것은 그럼에도 불구하고 아무도 이에 대해 말하지 않는다는 사실이다. 대신 이젠 눈감고 줄줄 외우고도 남을 진부한 목소리들만 한 없이 늘어서 있다. 진부한 도덕주의, 진부한 리버럴리즘, 진부한 현학.

진부한 도덕주의 —— 도덕성의 타락, 성적 문란, 말세, 정신적 사랑, 혼전 순결 서약 운동

진부한 리버럴리즘 —— 마음만 맞으면 어떤 상대하고도 섹스한다. 혼전 동거, 오렌지족과 빨간 마후라 만세!

진부한 현학 —— 정신 분석, 프랑스 철학 혹은 푸코, 페미니즘, 인류학, 문화사회학……

이것들이 옳은가 그른가, 혹은 어떤 의미가 있는가 없는가는 조금도 중요한 일이 아니다. 어쨌든 그것들은 대중과 상관 없기 때문이다. 대중은 어디서 왔는지 알 수 없는 성 상품과 광고와 소문들 사이에서 그저 쏠려 다닐 뿐이며 위의 진부한 것들이 뭐라고 하든 상황을 평가할 만한 아무런 기준도 소유하지 못하고 있다. 그러므로 그 점을 대중 자신이 스스로 가져야만 한다는 것은 당연하다. 논의되어야 할 두 측면 중 첫번째는 이것이다. 이것을 여기서는 대중성이라 부르기로 한다.

대중의 입장에서 성에 대한 이야기는——주어진 상황이 이렇게 때문에——맨바닥에서부터 시작되어야 한다. 대중에게, 본래 쾌락이란 무엇을 의미하는가? 그것은 왜 또 어떻게 대중으로부터 강탈되었는가? 그에 대해 무언가를 할 수 있다면 그것은 어떤 것들인가?

예상하는 대로 이러한 문제의식 아래 전개되어 가는 이야기는 기존의

아무런 개념이나 전제도 갖지 않는다. 오로지 있는 자리에서 주어지는, 주어질 수 있는 자료와 사건과 상황만이 출발선에서 쥐고 있는 내용의 전부이며, 유력한 도구가 있다면 반성적으로 사려된 상식이 있을 뿐이다. 덧붙여 이 책에 한해 다소 특별한 것이라고 한다면 '80년대의 사고틀'이라 부름직한 것이 있다. 그러나 그마저도 특별하다고 말할 수는 없다. 왜냐하면 그 사고틀 자체가 처음부터 대중성을 겨냥하고 있었기 때문이다. 오히려 그것이 지금 제기되는 상황이 자연스럽다고 해야 한다. 80년대 당시에 그것은 처음으로 막 제기되는 중이었고, 주로 학생층에서 시작되었으며, 고도로 통제되고 억압된 상황이었기 때문에 매우 국소적이어야만 했기 때문이다. 그것이 지금 전반적이고 보편적인 상황에 적용되고 있다면 모든 것이 제 자리에 맞춰진 셈이 되는 것이다. 그러므로 독자는 보이는 대로 보고 생각할 수 있는 대로 생각하면 된다. 그것은 이 책의 특징을 넘어서 목적이기도 하다. 필자가 한 것이 있다면 공사장의 잡부처럼 여기저기 뛰어다니면서 곁에 있지만 잘 모아지지 않는 재료들을 한 곳에 가져다 놓았다는 것이며, 그것을 비비면 무엇이 될 수 있는가를 한번 상상해 보았다는 것뿐이다. 물론 그 결론들이 필자에겐 몹시 중요하다. 그러나 실제로 무엇이 되어야 하는가의 결정은 독자의 몫이다.

논의되어야 할 측면의 두번째는 진보성이라 부를 만한 것이다. 이 말이 낯설거나, 특히 앞서 말한 대중성과 무관하게 여겨지지 않길 바란다. 진보성은 어떤 의미에서 대중성의 이면이라 할 수 있다. 대중의 입장을 물적으로 경제적으로 또는 정치적으로 바라본 것이 진보성이다. 이것이 얼마나 당연하고 상식적인 이야기인지 예를 하나 들기로 하겠다.

표현의 자유, 영화 완전 등급제, 성인 전용관 허용. 최근에 수그러들 줄 모르고 반복되는 논쟁이다. 대중은 신문을 보며 TV토크쇼를 보며 이런 저런 생각을 한다. 어느 쪽이 옳을까? 혹자는 이쪽에 혹자는 저쪽에 투표한다. 때때로 번복하며 헷갈려 하기도 한다. 그러나 이것은 완전히 번지수가 틀린 논쟁이다. 되물어 보라. 이런 식의 표현의 자유가 획득되면 대중도 그만큼 자유로워지는가? 반대로 이것이 거부되면 대중의 도덕성이 그만큼 함양되는가? 논쟁 당사자들은 입장에 따라 그렇다고 말할지도 모른다. 하지만 정말 투표를 해보아야 할 대목은 바로 여기다.

완전 등급제와 성인 전용관이 허용되었다고 하자. 그것을 주장한 사람들의 뜻과 의도가 무엇이건 상관 없다. 기회를 선점하려는 제작자들이 불을 켜며 달려들 것이고 거기에 호응하는 작가들이 줄을 설 것이다. 삼 개월 이내로 지금 삼류 에로물을 동시 상영하는 극장들과 똑같이 뒤도 안 돌아보고 내달을 것이 뻔하다. 핵심은 어디에 있는가? 소외된 대중의──굶은 개처럼 군침을 흘리는 우리들──호주머니 바닥에 달라붙은 마지막 육천 원, 바로 그 관람료이다. 진지한 영화인들이 있음을 모르는 바 아니며 이런 자유가 보다 나은 영화를 만들어 낼 가능성을 부정하는 것도 아니다. 그러나 본질이 무엇인가? 이해 당사자는 영화인 일반, 무엇보다 영화 자본이다. 정말로 중요한 것은 이 주체들의 이권이다. 그 누군가 자유의 화신으로서 목 놓아 통곡해 부르짖는다 해도 물적인 결과는 이 이권 주체와 자본의 승리 그 자체이다. 그 반대의 경우도 똑같다. 등급제와 전용관을 거부하면 그 누군가의 권력과 이득이 보장된다. 그게 누구일까는 독자 자신의 상상에 맡긴다.

이 논쟁은 신흥 영화 자본과 복잡하게 얽힌 기득권 사이의 싸움이다.

표현의 자유가 중요한가? 중요하다. 목숨만큼이나 중요하다. 대통령에게 욕 한 마디 했다고 검은 안경 쓴 사람들이 붙잡아 가던 그때를 생각하면 정말 목숨만큼 중요하다. 도덕성과 품위가 중요한가? 물론 중요하다. 생활에 허덕여, 순간 순간마다 돈지갑을 걱정하며 비굴하고 야비하고 겨자처럼 모질게 살아가야 하는 우리들에게 도덕성과 품위는 언제 올지 알 수 없는 그런 꿈이다.

그런데 양자는 서로간에 이율배반인가? 이렇게 되면 우리는 온통 헷갈리기 시작한다. 이것은 기묘한 것이다. 남의 제사 한가운데 우리가 왜 이토록 깊숙이 끼어들었고, 대답을 강요당하게 되었는지 알다가도 모를 일이다. 우리가 실제로 빼앗긴 것은, 어떤 표현의 자유이며 어떤 도덕성인지, 누구를 위한 그것들인지를 물을 수 있는 스스로의 자유이다. 워낙 당해 왔으니 기득권 세력은 그렇다치고, 알 것을 알 만한 영화인들이 이 점에 대해 단 한 마디도 하지 않는 걸 보고 있노라면 때론 기가 막히곤 한다. 그들이 할 수 있는 얘기가 있다면 영화 자본이 승리하면 뭔가 대중에게도 좋은 일이 생겨야 한다는 사실일 것이다. 단순히 자유를 말한다면 그건 웃기지도 않는 얘기이기 때문이다. 그럼 뭐가 좋아지는가? 포르노를 볼 수 있는 기회의 증가? 물론 돈 내고. 영화 자본이 한국 현대사 안에서 대중을 위해 무엇을 했다는 이야기는 한번도 들어 본 적이 없다. 그들은 도대체 언제부터 자유의 화신이 되었을까? 영화 자본이 자유로워지면 대중은 풍성하고 질 좋은 문화와 그로부터 비롯한 즐거움과 쾌락을 더 값싸게 누릴 수 있다? 거짓말! 천만의 말씀이다. 그것이 가능한가 그렇지 않은가는 차라리 민주노총의 투쟁이 성공하는가에 백배 쯤 더 기대고 있다. 예컨대 후퇴하는 사회 복지 정책을 막아낼 수 있는 가장 유력한 힘이 거기에 있기 때문이다.

사태를 이렇게 파악하기 시작하면 진보적 입장이 건드려야 할 것은 끝도 없이 쌓여 있다. 당장 앞서 말했던 진부한 도덕주의, 리버럴리즘, 현학이란 개념도 그중 하나이다. 대중성을 말했을 때 그것은 우선 낯선 것이었다. 그러나 그것을 근본에서, 그 물적 측면에서 바라보면 기득권, 90년대의 졸부와 그 자식들과 거기에 기생하는 친구들, 할 일 없이 위기에 처한 지식인 계층의 모습이 대번에 가면을 벗는다. 이쯤되면 그것들은 의견을 넘어서 이미 투쟁의 한 자락이다. 그들 나름대로 생존을 걸고 있는 것이다. 힘 없는 우리들 대중만이 그 사이에서 흘러 다닌다. 그에 따라 재주는 대중이 넘었고 돈은 확실히 그들이 벌었다.

이처럼 한 꺼풀 벗겨내어 대중의 입장에서 세계를 바라보는 것이 곧 진보성이다. 필자 생각에 이것은 한 치도 상식의 범주를 벗어 나는 게 아니다. 곧 전혀 어렵거나 낯선 얘기일 수 없다는 것이다. 원래 쇼에 취하다 보면 곰과 곰 주인 생각이 안 나는 법이다. 그 잃어버렸던 상식을 되찾는 것이 또한 이 책의 목표 중 하나이며 논의되어야 할 두번째 측면, 곧 진보성이란 말의 핵심이다.

그러므로 이 양자, 대중성과 진보성은 대중의 입장에서 성을 논함에 있어 반드시 선취되고 견지되어야 할 관점이다. 그러는 한 우리는 완전히 새롭고 혁명적인 지평을 발견하게 될 것이라고 기대한다. 이 책의 제목 <프리섹스주의자들에게——섹스에로의 자유, 섹스로부터의 자유>도 그런 의미에서 벌써 윤곽을 드러내고 있다. 우리는 우리의 자유를 찾고자 하며 그것을 스스로에게 선동하고자 한다. 이 초유의 탐색이 첫번째 시작이라는 사정으로 낯설고 당황스럽게 느껴질런지도 모른다. 그러나 그것은 이미 예고된 것이었다. 단지 한번의 각오가 더 필요할 따름이다.

* * * * *

이 책은 부모님에 대한 헌사로 시작되었다. 나는 벌써 고희를 넘어서 가늘고 여윈 어깨로 굽어진, 나의 아버지와 어머니를 이 순간이 되도록까지 빨아먹고 살았다. 불효를 이야기하자면 끝간 데를 알 수가 없거니와 지혜는 졸박하고 사람됨이 미련함에 극을 다한 탓이다. 나의 세대가 살아온 시간을 돌이켜 보건대 혈육의 맹목성이 가지는 무모함을 나는 충분히 알고 있다고 믿는다. 그럼에도 나는 일생에 돌이킬 수도 씻을 수도 없는 죄를 졌다는 사실을 또한 알고 있다. 당신들의 생명으로 나는 그 분들이 모르는 것들만 배우고 살아왔다. 당신들께서는 다시 한번 깜짝 놀라셔야 하고 어쩌면 노여워 하실 지도 모른다. 도대체 무슨 책을 쓴 거냐고. 무슨 짓을 한 것이냐고……

　　나의 아버님도 가문과 예의와 선비의 도를 말씀하신다. 나의 중시조께서는 대단한 유학자였다고 하는데 그 분의 문집 중엔 다음과 같은 싯구가 들어 있었다.

　　"산 절로 수 절로 산수간에 나도 절로"

　　나는 간혹 묻곤 했다. 산도 물도 산수간에 나도, 그 아무 것도 스스로 흐르지 않을 때, 바로 그러할 때 선비는 무엇을 하게 되는 것일까? 고등학교를 졸업할 때까지 선비란 그저 고매한 맹자 왈 공자 왈인 줄만 알고 있었다. 그후로 진실의 일단이 드러나기 시작할 때까지는 겨우 몇 개월도 소요되지 않았다. 뜻이 서면 선비는 하늘이라도 한 손으로 움켜 잡아 바다로 집어던진다. 한 선비가 장강을 건너고 손바닥에 '불 火' 자 한 글자를 쓰고 남병산에 단을 쌓아 제사를 지낸 후에 그 장강에 백만 목숨을 수장시켰다는 익숙한 전설도 알고 보니 그런 얘기의 한 자락이었다.

절개가 푸르고 뜻이 곧으면 사해 구석 구석 풀포기 하나까지 태평성대를 구가한다. 한번 썩으면 살육으로 태산을 쌓고 썩은 냄새를 구만 리까지 진동시켜 그 살은 개도 먹지 않는다고 한다.

오늘날 선비는 어디에 또아리 틀어 앉아 있었는가. 정부 종합청사 고급 의자에, 청와대 비서실에, 국회와 정당 본부의 밀실에 그렇게 앉아 있다. 그중 어디에선가 썩은 내가 나더니 IMF라는 괴질과 역천의 변고가 삼천리를 갈아엎고 삼백만의 백성이 실업자로 도륙되고 말았다. 선비란 그렇게 무서운 자들이었다. 총과 칼과 군화발로 그저 때려잡을 줄이나 아는 군발이들은 그들에게 대면 젖비린내 나는 애들 축에도 못 낀다.

그러나 선비는 민주노총 사무실에도 앉아 있다. 현장의 거친 기계와 고된 노동자들 사이에, 백묵 날리는 어느 강단에, 밤 늦은 대학원 연구실의 희미한 불빛 아래, 어쩌면 한 평도 안 되는 골방의 책상머리에, 또 어쩌면 때묻은 청바지 이끌고 지친 보도블록들 사이에, 선비들은 그렇게 앉아 있다. 수양산 고사리가 씨가 마르도록 어느 선비들은 그렇게 존재한다.

나같은 몽매에 겁장이가 선비를 논한다 함은 그저 터무니없는 노릇이다. 그러나 내가 그런 생각을 하는 데에는 나의 아버지와 어머니의 책임이 없다 할 수 없다. 나는 밥상머리에서 당신들이 가르친 것들을 잊어본 적이 없다. 그 가르침을 다 받자 하니 둔하기 이를 데 없는 인두겁으로 나는 겨우 이 모양이다. 그저 부끄럽지 않게 살려고 그나마 이토록 바둥거려 왔다는 것. 그것이 내가 당신들께 드릴 수 있는 이 초라한 변명의 전부이다. 그러니 무슨 수로 내 죄를 갚는단 말인가. 나를 태어나고 살게 한 이 운명 앞에서 지금 나에게는 감히 여쭐 말이 남아있지 않다.

슬픈 부모들이 또 있다. 바로 우리들 자신이다. 어느덧 우리의 아이들이 젖을 떼고 혹은 초등학생이고 때때로 중학생이기도 하다. 얼마나 엄혹하고 무서운 일인가. 무슨 말을 해야 하고 무슨 생각을 해야 하는지 되물었을 때 아무런 준비도 없었음에 섬짓하며 놀라지는 않았던가. 나는 이 공포를 더이상 애기하지 않을 생각이다. 그러나 나는 우리가 공유한 이 곤혹스러움에 분명히 빚지고 있다. 그것은 이 책의 동력 중의 하나이며 매 순간을 생생하게 하는 숨은 시선이기도 했다. 보잘 것 없는 이 책은 아니더라도 이 책의 마음만은 그러한 우리들에게 작은 위로로 다가서길 나는 간절히 소망한다.

특별히 곽탁성 선배를 기억한다. 나는 탁성 형이 편집실장으로 계신 월간 <현장에서 미래를>에 칼럼니스트 중 하나로 지명되었다. 그 지면은 나에게 가장 어렵고 중요한 지면이다. 한 푼의 원고료도 없지만 그것에 대해서는 생각할 틈조차 없다. 나는 글을 잘 쓰는 사람이 아니기 때문에 무리해서 마감을 넘겨야 할 청탁은 지금까지 절대로 받지 않았다. 그럼에도 불구하고 딱 두번 사고를 냈는데 공교롭게 모두 탁성 형과 관계된 것이었으며 더욱 의미심장한 것은 두 사고 전부 다 이 책과 직접적인 연관이 있다는 사실이었다. 96년엔 애써 써낸—나로서는 정말 애썼다—원고가 반려되었다. 너무 주관적이고 어렵다는 선배의 지적이었는데 그건 전적으로 올바른 것이었다. 나는 그때 뚜렷이 알고 있었다. 이 책을 쓰지 않으면 결코 제대로 된 원고를 보낼 수 없다는 사실을. 99년 5월엔 쓰기로 약속했던 원고를 중간에 포기하는 사고를 저질렀다. 선배의 집요한 독촉에도 나는 막무가내로 부도 선언을 남발했다. 4월 말에 탈고했던 이 책의 절반을 다시 써야 했기 때문이다. 누구라도 그렇듯 고통과 비참함과 조급함에 나는 아주 탈진하고 말았다. 능력이 안 되면 그렇게 손발이 고생해야 한다.

　지난 삼 년간 내가 어떻게 고심했었는가를 통촉해 주시길 바랄 뿐이다. 행여 여기엔 일말의 오기나 자존심이 섞여있지 않다는 것도 밝혀 두어야겠다. 선배의 기대를 만족시키기엔 턱도 없지만 선배의 청탁 취지는 이 책의 직접적인 목표들 중 가장 중요한 것이다. 그러므로 그러한 화두를 자극했던 선배님께 지금 진심으로 감사의 말을 전하고자 한다. 더불어 내 불성실한 작태에 대해 다시 한번 죄송함을 표하는 바이며 성실한 칼럼니스트로서의 기회를 한번만 더 달라고 염치없는 부탁의 말씀도 함께 드리고 싶다.

　97년 봄이었을 것이다. 서울대 사회대의 한 여학생으로부터 전화가 걸려왔다. 여성 문제를 중심으로 한 여학생 모임의 한 친구였는데, 이벤트 중 하나로 나에게 강의를 해 달라는 것이었다. 무슨 생각이 들었던 건지 나도 잘 모르겠다. 나는 하고 있던 모든 것을 중단하고 갑자기 이 강의에 매달렸다. 팜플릿 원고가 A4 용지 삼십 쪽에 육박했던 바 그 강의의 제목이 바로 이 책의 제목이었다. 결과부터 말하자면 강의는 형편없었다. 게다가 과연 이 후배들의 모임과 문제의식이 제대로 된 것인가를 더 깊이 생각해 보지 않았다는 사실을 뒤늦게 깨달아야 했다. 아무래도 무의식적인 목표는 다른 데 있었던 모양이다. 이 책의 초안은 어쨌든 그 엉터리 강의에서 틀을 잡았다. 시작이 반이라고도 하지만 2년을 썩혀 둔 그 초안은 정리할 방향을 잡게 되자 3개월도 걸리지 않아 책의 모양을 갖추게 되었다.

　그 여학생은 어찌 어찌해서 내가 팀장으로 있었던 <한국노동이론정책연구소> 자본론 팀 3기의 구성원이 되었다. 그가 아니라 해도 내가 우기면 그는 내 제자다. 이 자리에서 후배 박정미에게 감사드린다. 그에게는 나같이 형편없는 사부 따위는 간단히 뛰어 넘어야 할 당연한 의무가 있다.

바둑이란 물건이 있다. 보면 볼수록 무서운 요물 같아서 바둑을 거부하곤 했다. 시름시름하다보니 이 요물을 만지작거리는 때가 생겼다. 4급짜리 후배 최인송이 나를 거들었다. 아무리 물리고 아무리 지껄여도 그는 하는 대로 다 받아 주었다. 그래서 나는 이제 바둑 10급이다. 그는 수학 박사 과정에 있는데 이 또한 쓸모가 대단했다. 서구의 논리학자 · 수학자, 복잡성 과학 연구가, 인공지능 연구자들이 바둑을 모르고 체스나 가지고 놀아야 한다는 것이 무척 불쌍하다는 점에 대해 우린 전적으로 동의했다. 내가 궁금해 하는 수학이나 물리학적 주제에 관해 나는 그에게 마음대로 떠들어낼 수 있었다. 성품이 깊어 마주 못하는 것이 아무 것도 없는 이 까만 후배가 대부분의 시간을 내 어머니나 되는 것처럼 보내고 있는 걸 보면 기가 막히곤 했다. 그는 컴맹인 내가 쓴 그 악명높은 원고의 타이핑을 도와 주었다. 그의 무언의 지지와 위로는 너무도 고맙기만 하다. 소망하는 대로 이 속 깊은 친구가 푸르고 높은 학자로 비상하길 손모아 기원하는 바이다. 그 밖에도 여기에 언급하지 않은 많은 분들의 도움이 있었다. 다시 한번 그 모두에게 감사의 마음을 전한다.

1999. 7. 17.

김상태

1
모든 욕망은 평등하다

뭘할지 말해 줄게
우선 너를 때릴 거야 한동안은
네가 정신을 차리면
팔다리를 자르고 몸을 토막 낼거야
넌 가만히 있으면 돼
손을 잘라 머리에 둘 수도 있지 마치 왕관처럼
아주 재미있어
귀를 잘라 먹게 할 수도
산 채로 창자를 꺼낼 수도 있지. 소름 끼치지?
나를 봐. 두렵지
피를 많이 흘려 죽을 때쯤 입에 총을 쏘는 거야
그리고 토막을 내서 끝을 내지
······자! 준비는 끝났어
(영화 <떼시스>에서 보스꼬의 대사)

세 남자와 한 여자

그들은 세 남자와 한 명의 여자였으며 모두 알몸으로 욕탕에 엉켜 있었다. 여자는 무릎을 꿇은 채 서 있는 세 남자의 성기를 움켜쥐고 번갈아 가며 그것을 핥고 있었다. 그녀는 허벅지에 이르는 스타킹을 걸치고 있다. 그중에 한 남자가 그녀의 젖가슴과 배 언저리에 오줌을 쌌다. 다른 남자가 이번엔 그녀의 얼굴에 그렇게 했다. 세번째 남자가 마침내 그녀의 입 속에 뿌리기 시작했다. 그녀는 입을 크게 벌리고 줄기차게 뻗어가는 오줌을 끝까지 받아 마셨다. 남자들은 그녀를 바닥에 눕혔다. 다시 한 남자가 그녀의 배 위에 똥을 쌌다. 그들은 그 오물을 그녀의 배와 가슴과 허벅지에 진흙칠하듯 문질렀다. 손으로 그녀의 외성기와 질 내부를 거칠게 후볐다. 혀와 입으로 소음순과 클리스토리스를 핥기도 했다.

남자들은 그녀의 스타킹을 벗겨 양손을 뒤로 묶었다. 누운 채 양손이 뒤로 묶여 있었으므로 그녀는 전혀 거동할 수 없게 되었다. 한 남자가 그녀의 입속에 똥을 쌌다. 그녀의 입에 배설물이 가득 찼으며 그녀는 그것을 삼키지도 뱉지도 않았다. 혹은 삼키지도 뱉지도 못했다. 세 남자도 오물 투성이가 되었다. 그들은 돌아가며 그녀의 질과 항문에 삽입했다. 배설물이 차있는 그녀의 입과 얼굴에 재차 오줌을 싸기도 했다. 세 남자는 오물에 젖은 여자의 성기와 배와 얼굴에 차례로 사정했다.

시작하기에 앞서, 이 책 전체에 걸쳐 딱 한번만 말해 두고자 한다. 내가 누군가를 자극하기 위해서 이런 얘기를 하고 있다면 그것은 매우 우스운 일일 것이다. 우선 자극적인 이야기라고 하는 것 자체가 이미 차고 넘치는 중이다. 가령 그것은 인터넷 구석 어딘가에 있다고도 한다. 나는 아직 컴맹이므로 그 구석이 어디인지는 알 수 없지만, 어쨌든 그건 9시 뉴스에도 나오는 상식이다. 그러니 덧붙일 얘기가 있을 수도 없거니와 그렇게 우스운 의도를 갖는 것 자체가 터무니 없는 일이다. 당연히 누군가를 혼란케 하거나 놀라게 할 생각도 없다. 나아가서 요즘 세상에 이런 얘기에 놀랄 사람이 남아 있기나 한 건지도 의심스런 일이다. 그러므로 독자들 또한 이 사정을 바로 이해해야 한다. 그러고도 남은 것이 있다면 아마도 이 책이 나아가야 할 길이 적잖이 험난할 거라는 느낌일 것이다. 그 느낌은 옳다. 때문에 더욱 이나 함께 가야 하는 것이며 그만큼 차분해야 하고 다른 한편 집요한 끈기와 인내심을 준비해야만 한다.

몇 가지 사정이 다음과 같다.

첫째, 도대체 이것은 얼마나 사실인가? 이런 사람들은 과연 실재하는가?

둘째, 왜 여자인가? 왜 세 여자와 한 남자이면 안 되는가? 이 하찮은 이야기에서조차 왜 여성은 당하는 쪽이어야 하는가?

셋째, 어떻게 이해하고 평가해야 하는가? 누군가 이 유별난 취미를 가지 고 있다면 우리는 그를 어떤 식으로든 제거해야 하는가? 아니면 그 가상한 용기를 가리켜 극찬해야 하는가? 혹은 속된 말 그대로 '남이야 요강에 밥을 말아먹건 말건, 전봇대로 이를 쑤시건 말건'이라고 거칠게 내쳐야 하는가?

그중 어떤 것은 그 내용이 정상적인 것과 너무도 동떨어져 우리는 그것을 '병적 病的'이라고 부르지 않을 수 없다. 이것은 특히, 예를 들면 배설물을 핥거나 시체와 성교를 하는 것처럼 성 본능이 놀라울 정도로까지 수치심과 역겨움, 두려움 또는 고통을 넘어서는 경우에도 그러하다.

(프로이트, <성욕에 관한 세 편의 에세이>, 열린책들, 270~271쪽)

'도대체 이것은 얼마나 사실인가? 이런 사람들은 실재하는가?' 그렇다. 프로이트의 말처럼 여하간 사실이고 실재한다. 우리가 전혀 듣고 보지 못했으며 평생을 듣고 보지 못한다 해도 이것은 사실인 것이다.

'왜 여성이 당하는 쪽이어야 하는가?' 이 문제는 정말 어려운 문제이다. 이 책의 모든 이야기가 끝나는 순간까지도 아마 해결되지 못할 것이다. 그럼에도 물론 최선을 다하지 않으면 안 된다. 하지만 이 장거리 레이스는 잠시 접어 두기로 하자.

'어떻게 이해하고 평가해야 하는가?' 통상적으로 사람들은 그것을 변태라 부른다. 이렇게 부르는 한 이는 별로 낯선 단어도 아니다. 사적인 얘기, 주고 받는 농담 속에서 얼마든지 발견할 수 있는 단어이기 때문이다. 뿐만 아니라 이 단어를 둘러싼 이런 저런 가십들도 드물지 않게 떠돌고 있다. 지하철 가판대에 꽂혀 있는 주간지로부터 우리들 일상의 수다에 이르기까지 그러하다. 그러나 어쨌든 그 말은 좋은 말이 아니다. 그 정도를 훨씬 넘어 그 단어의 의미는 형편없이 혐오스럽고 경멸스런 것이다. 상황이 이렇기 때문에 여기엔 더 생각해 볼 어떤 것도 남아 있지 않은 것 같다. 그런데 바로 그 점이 문제다. 그럼에도 불구하고 그것은, 즉 '변태'는 왜 그렇게도 자주 입에 오르내리는가?

우리는 여기에서부터 시작할 것이다. 즉각 예상될 것이라고 믿거니와 이는 욕망 자체를 문제삼는 것이다. 그 최종적 결론을 미리 말한다면 그것은 다음과 같다.

'누군가 변태라면 모두가 변태이다.' '모든 욕망은 평등하다.'

우리는 이 종점에 함께 도달할 수 있을까? 거기에 이르는 길은, 한없이 꼬불꼬불한 길일 망정, 어디 있기나 한 것일까? 그전에 한 가지 말해 둘

것이 있다. 일체의 이념이, 그 미래에서까지 요원한 것으로 아직 손조차 뻗지 못한 소망이 있다. 욕망과 당위의 통일이라는 염원이 그것이다. 되어야 할 것에 비추어 욕망은 왜 그렇게 멀리 있어야만 했을까. 그러므로 우리는 소박하지만 굉장히 근본적이고 중대한 주제를 다루고 있다는 사실을 알아야겠다. 그것은 우리 자신의 원초적인 회복과 관계가 있다. 우린 무엇을 할 수 있었으며 그것을 어떻게 왜 빼앗겼는가? 배설물이라고? 어차피 시작엔 파괴가 있는 법이다.

<트레인스포팅>과 배설물

마크 랜턴은 스코틀랜드의 젊은 청년이며 썩어빠진 마약 중독자이다. 간혹 가다 버릇처럼 반복되는 부질없는 짓을 하곤 하는데 마약을 끊어야 겠다는 턱도 없는 결심을 하는 일이 그것이다. 물론 그는 하루도 견디지 못했다. 욕구가 턱밑까지 끓어 올랐으므로 다짜고짜 거리로 뛰어 나갔지만 마침 지갑이 텅 비어 있었다. 그 사악한 마약쟁이 마이키 프레스터란 놈은 항문에 집어 넣는 좌약식 마약 두 알을 렌턴에게 주었다. 알거지에게 더 줄 수 있는 마약은 그것 외에 있을 수 없다는 것이다. 그래서 마크 랜턴은 청바지 속으로 손을 넣어 '집어 넣어야' 했다. 투덜거리며 돌아오다가 그는 엄청난 설사가 내려오고 있다는 사실을 깨달았다. 랜턴은 총에라도 맞은 듯 배를 움켜쥐고 어그적거렸다. 그는 무조건 화장실을 찾아야 했다. 찾았으므로 그것은 거기에 있었다. 넓고 깨끗하고 화려한 화장실! 그의 감미로운 상상과는 달리 그곳엔 '스코틀랜드에서 가장 더러운 화장실'이라고 적혀 있었다. 실로 끔찍

해서 그 변소는 차라리 감동적이었다. 랜턴은 바지를 내렸다. 그리고 쏟았다. 천둥 소리가 났다. 마크 랜턴은 이제 살았다. 그러나 그 때문에 깨달았다. 집어 넣었던 그 좌약은 이제 어디로 갔는가! 정말 어디로 갔는가! 마크 랜턴은 황당했고 당황했고 마침내 비장해졌다. 그는 방금 황금을 쏟았던 좌변기 안으로 손을 집어 넣었다. 뒤적거렸다. 얼굴까지 처박았다. 끝내 온 몸이 빨려 들어갔다. 스코틀랜드의 가장 더러운 변소에서 썩어빠진 마약 중독자의 한 동이 설사가 쏟아진 그곳으로 랜턴은 온 몸을 집어 던졌다. 이 통렬함은 냉수욕의 시원함보다 덜한가? 랜턴은 완전히 해치운 것이다. 손끝조차 닿을 수 없는 그 금단의 배설물로 그는 오르가즘의 파열에 이르렀 다. 이것이야말로 정답이다.

마크 랜턴에겐 친구가 있었다. 스퍼드. 이 선량하고 연민스런 악동은 애인 게일과 섹스를 해야 한다. 그런데 게일에게는 말하자면 분위기가 중요 하다. 스퍼드는 답답하다. 어느 날 댄스홀에서 술이 잔뜩 취했는데, 바로 그 순간 게일은 자기 집 자기 방의 침실로 스퍼드를 끌어들였다. 운 나쁜 착한 사람은 보통 끝까지 운이 나쁘다. 스퍼드는 너무 취했고 그 때문에 아무 것도 할 수 없었다. 오로지 인사불성으로 곯아 떨어지는 게 전부였다. 그리고 아침이 되었다. 스퍼드는 무언가를 발견했다. 게일은 간 데 없고 침대 시트엔 그가 쏟아놓은 배설물들이 널려 있었다. 스퍼드는 경악했다. 시트를 통채로 싸들고 세탁을 하러 가는데 그는 식당을 지나가야만 했다. 게일 그리고 그녀의 아버지와 어머니는 그곳에서 식사를 하고 있었다. 스퍼 드는 꾸물거린다.

게일 : 잘 잤어?

스퍼드 : 안녕, 게일. 안녕하세요, 휴스턴 씨.

Mr. 휴스턴 : 잘 잤어요? 식사해요.

스퍼드 : 어제 저녁엔 미안했어.

게일 : 괜찮아. 쇼파에서 잘 잤어.

스퍼드 : 술을 많이 마셔서 일을 저질렀어요…….

Mr. 휴스턴 : 걱정말게 종종 있는 일이야. 남자는 가끔 그럴 수도 있지.

휴스턴 씨는 물론 모른다. 그가 어떻게 알겠는가. 남자에게 그런 일이란 결코 종종 있는 일이 아니다. 따라서 게일과 휴스턴 부인이 사태를 알고 있을 가능성은 더욱 없다. 그래서 아름다운 대화는 계속된다.

게일 : 그러다가 습관되면 어떡해요.

(휴스턴 부인이 개입했다)

Mrs. 휴스턴 : (둘둘 만 시트를 쳐다보며) 세탁기에 빨면 돼.

스퍼드 : (기겁한다) 아녜요. 내가 빨게요.

Mrs. 휴스턴 : 그럴 필요 없어.

스퍼드 : 괜찮아요.

Mrs. 휴스턴 : (목소리가 높아졌다) 나도 괜찮다니까. 이리 내.

스퍼드 : 저, 정말 제가 혼자 빨게요.

Mrs. 휴스턴 : 정말 괜찮다니까.

스퍼드 : (거의 죽어간다) 아녜요.

휴스턴 부인은 드디어 화가 났다. "이건 우리집 시트야!" 라고 소리치며 스퍼드로부터 시트를 힘껏 나꿔챘다. 화살을 튕기는 시위처럼 시트가 펄럭였다. 거대한 파편들이 날아갔다. 던져진 케익이 얼굴에 부딪히듯 파편들은 세 남녀의 얼굴에 정확하게, 그리고 균등하게 날아가 박혔다. 세 남녀. 게일 과 휴스턴 씨와 휴스턴 부인, 그리고 스퍼드는 모두 침묵 속에 빠져 들었다.

이것은 영화 <트레인스포팅>의 첫 부분과 중간 부분에 등장하는 두 장면이다. 주의해야 할 것은 이 영화를 최소한 수백만 명이 관람했다는 사실 이다. 우리는 이것을 정말 주의해야 한다. 하지만 한 가지 이야기를 더 해야 겠다.

<날아라 슈퍼보드>와 '응가'

<날아라 슈퍼보드>의 여행이 끝난 후 삼장법사도 저팔계도 사오정도 먼지 처럼 잊혀진, 셀 수 없이 많은 시간이 지난 어느 날 어떤 마을이었다. 그 작고 슬프고 강인했던 Mr. 손. 그가 여전히 때묻고 슬픈 모습으로 긴 장대 끝에 앉아 있는 모습에서 이 이야기는 시작된다. 장대 끝에 앉아 있는 그의 꼬리는 지금 쇠사슬에 묶여 있으며 그 쇠사슬은 땅바닥까지 이어져 끌리고 있다. 그의 주인인 약장수가 사슬을 힘껏 당긴다.

"이 약을 하루 먹으면 하루 건강해져, 백일을 먹으면 백일 건강해져. 190세 된 노인이 마지막 숨 넘어 갈 때 이 약을 먹더니 벌떡 일어나서 100kg 짜리 역기를 들었어……."

약장수는 장대끝의 시무룩한 Mr. 손을 쳐다본다. "저 놈 점심 때가 넘었 는데 밥 안 준다고 저래. 이젠 네 차례다. 내려와!" 그렇게 해서 약장수는 사슬을 힘껏 당겼던 것이다. 바로 그때 둘러싼 구경꾼 중 누군가가 소리쳤다.

"화장실 줄 당기는 것 같다."

화장실 줄? 하필이면 화장실 줄 생각이 났을까? 시작부터 이 드라마는 '응가' 이야기다. 참으로 쉬지 않고 '응가' 이야기다. 그리고 그것으로 이 드라마는 거꾸로 매달려 죽을 정도로 독자를 웃기고 울리기 시작한다.

Mr. 손이 천년 묵은 원숭이인 걸 알아챈 욕심쟁이 제약회사 사장이 있었다. 그는 Mr. 손을 끓여 탕제로 만들 것을 결심했다. 그것은 그에게 무한한 이득을 가져다 줄 것이었다. 그래서 저팔계를 꼬드겼다. 사주를 받은 저팔계는 죄책감에 시달리면서, 그나마 천신만고 끝에 물이 펄펄 끓는 가마솥에 Mr. 손을 밀어 넣었다. 삼일 밤낮 아궁이가 지펴졌다. 그러나 알다시피 Mr. 손을 죽이는 일은 절대 쉬운 일이 아니다. 탕제는커녕 Mr. 손은 삼일 후에도 멀쩡하게 살아 뚜껑을 열고 나왔다. 때문에 사장과 저팔계는 먼저 Mr. 손을 죽여야 했다. 그중의 한 방법이 독살이었다. 무슨 일이 벌어졌을까.

"우걱 우걱……윽!"

독약이 든 진수성찬을 게걸스럽게 먹어치우던 Mr. 손은 과연 발작하기 시작했다. 물론 피를 토하지는 않는다. 발작 끝에 질주하여 도달한 곳은 다름 아니라 WC가 대문짝만하게 찍힌 그 어느 곳이었다. 다음 장면엔 수세식 변기에 가득찬 '응가'가 참으로 푸짐하게 등장한다.

"이 회사 구충약 매우 좋아."

시원함이 쑥스러운 Mr. 손은 위 아랫니를 모두 드러내고 킬킬거렸다.

이 마을엔 궁정이 있고 거기엔 사오정 대왕마마가 살고 있다. 그는 절대 폭군이며 절대적 이기주의와 독선의 화신이다. 그는 '퉤'하고 맹독의 침을 뱉는 것만으로 누구든 즉사시킬 수 있다. 누가 무슨 말을 해도 해석은 자기 마음대로이다. 그는 절대 욕망이며 철저하리 만큼 단순한 권력의 리얼리즘이다. 그의 부하들은 모두 로보캅들이지만 이 우스꽝스런 패러디는 죽음으로 표상된──로보캅, 살아있는 죽음들──사오정식 절대 욕망의 오롯한 댓구이다. 가장 놀라운 통찰은 다음과 같은 것이다. 이렇게까지 극단화된 욕망과 권력으로서의 실존에게 어떠한 쾌락이나 행복이 존재할 수 있느냐는 것. 더불어 하는 놀이, 학문적 탐구, 창조로서의 예술, 그 어떤 것도 이 욕망과 권력에게는 단지 권태에 불과하다. 인간이 혹간 꿈꾸거나 상상하는 이러한 상태는 원래 치명적인 중독이며 본질에 있어 죽어 있는 것이다. 그러므로 이 욕망과 권력에 상응하는 쾌락은 쉽게 상상되지 않는다. 단지 이 천재적인 드라마가 그것을 통찰한다. 그것. 그 예리함과 기발함과 허탈함, 그것은 배설 곧 '응가'이다.

사오정은 굉장한 '응가방'을 가지고 있다. 그곳은 이 궁정에서 가장 깨끗하고 넓고 쾌적한 곳이다. 거대한 전자식 문은 리모콘으로 조정되고 문을 지나면 로마 광장에나 있었음직한 대리석 계단이 이어지고 그 위엔 번쩍이는 융단이 깔려있고 마침내 구중심처의 공간이 나타난다. 수세식 변기위엔 마지막으로 슈퍼보드가 덮여있다. 하늘을 나는 슈퍼보드는 하늘로 비상하는 영원한 꿈과 자유의 상징이다. 사오정에게 그것은 변기 뚜껑인 것이며 그것도 너무나 기특한 뚜껑인 것인데, 결국 모든 위대한 것들이 사오정 앞에선 '응가' 아래 굴복되고 만다.

"날아라 슈퍼보드!" (슈퍼보드가 둥둥 뜬다)

"귀여운 것." (좌정한 사오정 대왕은 너무 흐뭇하다)

"응가! 응가! 나만큼 좋은 응가방 가진 사람 있으면 나와보라 그래." (그는 기쁨과 쾌락에 들뜬 목소리로 외친다)

　드라마 절반 이상의 긴장 구조는 마을에 있는 Mr. 손이 멀리 떨어진 궁정에서 부르는 이 슈퍼보드의 부름에 이끌리면서 시작된다. 이것은 마치 Mr. 손과 사오정, 선과 악, 삶의 본능과 죽음의 본능간의 전쟁구조처럼 보인다. Mr. 손은 언제나 밥을 찾고 사오정 대왕은 언제나 응가를 찾는다. Mr. 손은 살리고 사오정 대왕은 죽인다. 이 모든 것이 변기 뚜껑으로 묶여있는 슈퍼보드 쟁탈전에 녹아들고 드라마 내내 사오정의 '응가'에 대한 처절한 집착은 그만큼이나 고통스런 폭소로 독자를 장악한다. 도대체 '응가'란 무엇인가?

　이 드라마는 만화가 허영만 씨의 작품 <슈퍼보드>에서 발췌한 것이다. 보다 널리 알려진 작품 <날아라 슈퍼보드>의 속편쯤 될 것이다. 여기에서도 주의해야 할 것이 있다. 그것은 허영만이라는 작가와 이 작품에 등장하는 캐릭터들의 엄청난 대중성이다. 의심스럽다면 90년대의 마지막에 등장한 우스개 소리의 주인공이 누구였던가를 돌아보면 된다. 그 주인공은 최불암도 덩달이도 만득이도 아닌 바로 사오정이었다. 다시 강조하건대 가장 중요한 사실은 이 이야기들이 우리에게 이미 일상화되어 있다는 바로 그 점이다.

배설물의 딜레마

그래서 두 이야기, 영화와 만화는 공통점을 가지게 되었다. 먼저 영화를 보자.

　'지금 전세계 젊은이들이 가장 좋아하는 영화'

　'미국 박스 오피스 96년도 영화 부문 흥행 1위'

　'인터넷 무비 데이터베이스가 선정한 <역대 영화 베스트 250> 종합 순위

2위, 평점 1위'

'미국 박스 오피스 상위권에 20주 연속 랭크. 영국 2백50만 관객 동원'

'프랑스, 이태리, 스웨덴, 호주 등 전세계 1백여 국가 관객 동원 1위, 현재까지 장기 상영'

'<씨네 21>과 <한국판 프리미어>가 선정한 96년 최고 걸작'

이 문장들은 이 영화 <트레인스포팅>을 개봉한 극장이 배포한 리플렛에 쓰여 있는 것들이다. 어차피 그 리플렛은 할 수 있는 한 요란을 떨어야 했을 것이다. 하지만 아무리 그렇다해도 2백50만은 대단한 숫자이다. 다시 말해 그것은 흥행에 성공했고 따라서 대중을 끌어들이는 효과적 장치들이 완전하게 성공했음을 의미한다. 그 영화는 과연 무슨 장치를 사용했던 것인가. 영화에서 흥미란 보통 10분 이내에 결론나는 승부다. 감독은 그 10분의 승부를 위해 저 엄청난 스코틀랜드의 똥두간을 가져왔던 것이다. 나아가 스퍼드의 날으는 똥덩어리는 또다시 재탕된 막강한 장치 중 하나였다. 구토가 목구멍에 어른거릴 판인데 우리 모두는 그 장면에서 눈을 떼지 못했다. 그리고 영화는 수백만의 호주머니에서 유유하게 관람료를 챙겨내었던 것이다. 우리는 배설물을 이토록이나 사랑해왔단 말인가? 한편 만화는 어떠한가.

우리 시대가 소유한 천재들이 있다면 그중의 하나는 틀림없이 만화가 허영만이다. 개인적인 생각이지만 그의 작품들은 너무도 독보적이어서 그 자체가 넉넉히 사회 문화적 주제로 자리 잡고도 남는다. 그 갈팡질팡하는 불안하고 고통스런 형식과 역사, 허점과 미숙함까지 모두 포함해서 그렇다. 아동만화 <각시탈> 그 민족주의에서부터 시작하여 <무당거미 시리즈>의 괴기스러움, <카멜레온의 시>와 <고독한 기타맨>이 그려내는 심연의 욕망과 예술혼, 한참이나 머뭇거린 초능력과 신비주의 이야기, <오 한강!>에서 드러난 억눌렸던 이데올로기의 폭발하는 고뇌. 90년대 만화의 시기에 본격적으로 쏟아진 <벽>, <48+1>, 그리고 <Mr. Q>. 이 굉장한 다양성과 치열함 때문에 허영만의 만화를 한국 현대사의 또다른 축소판으로 불러야 할 지경이다. 그러나 사람들은 얼마나 아는지 모르겠다. 허영만식 요절복통이 사실은 살육과 오염의 고통스런 새디즘으로, 그 광기로 조제되었다는 역설을 말이다. 최고로 성공한 <날아라 슈퍼보드>는 실상 파괴와 살육의 묵시록이다. 삼장법사의 부적으로 사라져야 하는 괴물과 도깨비, 로봇들은 무자비하게 파괴되기 위해 만들어진 것들이며 실제로 그것은 파괴욕에 대한 백 퍼센트의 카타르시스를 제공한다. 바로 그 짝꿍쯤 되는 것이 여기서 요약한 <슈퍼보드> 이야기이다. 그리고 그것은 두말할 필요없이 배설물 이야기이다. 우리가 가장 좋아하는 바로 그 작가는 우리에게 가장 괴기스러운 것을 그려내고 있었다. <슈퍼보드>는 그 괴기스러움이 배설물로 이어지는 일탈의 극치이다. 그리고 그가 누구든 이 작품을 보고서 배꼽을 잡지 않기란 사실상 불가능하다고 보아야 한다. 또 묻는다. 우리는 배설물을 이토록이나 사랑해왔던 것인가? 아무도 변태가 아닌 우리들 모두가 말이다.

우리에겐 알 수 없는 그 무엇이 내재한다. 보통 사람들은 뱀을 싫어한다. 언젠가 극장에서 뱀이 출몰한 적이 있었다. 그 뱀이 관람 도중 관객의 무릎으로 기어 올라왔다고 상상해 보라. 심장이 좀 약했던 관객이라면 아마 실신이라도 했을 것이다. 무엇 때문에 우리가 뱀을 싫어하는지는 정확히 알 수 없다. 다만 우리는 그것을 위장의 뿌리에서부터 거부할 따름이다. 그러나 '파충류 대박람회' 같은 전시회장엔 사람들이 벌떼처럼 몰려든다. 물론 전시회장은 극장과 분명히 다르다. 거기엔 안전함이 확보되어 있고 거리가 주어져 있으며 적당한 치장이 준비되어 있다. 그럼에도 이 기묘한 애증은 종이

한 장 차이에 불과하다. 우리의 파충류에 대한 진정한 감정은 과연 무엇이겠는가.

배설물에 대해서도 비슷한 얘기를 할 수 있다. 배설물에 대한 우리의 거부감은 예상 외로 지독한 것이다. 그것의 냄새, 그것의 형태, 그것에의 근접. 이것들 중 어느 한 가지에 대해서도 우리의 모든 말초신경은 반란을 일으킨다. 옷 끝에 손톱만큼만 달라붙었다해도 그 냄새는 어지간한 크기의 공간을 즉시 가스실로 바꿔 놓는다. 그 강렬함은 진정 가공스러운 것이다. 왜 그렇게 강렬한 거부감을 느껴야 하는지 이 또한 우리는 알지 못한다. 그러나 다른 측면에서는 어떤가. 배설물은 생활 언어 일반의 곳곳에 침투해 있다. 대체로 그것은 비속어나 욕설 혹은 농담 속에 위치한다. 그 낱낱을 나열하자면 아마 한 권의 책이 될런지도 모른다. 게다가 우리는 그 언어들을 즐기고 있지 않은가. 옛말에 '제 새끼는 똥마저 달다'라는 속담이 있다. 이 말이 첫 아이를 가진 아버지에게 적용될 때는 이미 자식사랑의 범위를 넘어선다. 그 아기의 건강한 배설물은 아이 아버지에겐 황금색으로 빛나는 그 무엇이다. 어떤 의미에서 그것은 꿀보다 더 달콤하다. 모든 아버지가 이렇게 반응하진 않는다 해도 우리는 이러한 경우를 얼마든지 발견할 수 있다. 여기서 배설물은 그 의미가 돌변한다. 말하자면 그것은 신비한 것이며 신비하다는 점에서 또다른 강렬함이다. 그렇다. 문제는 주어진 상황이다. 파충류도 배설물도 어떤 상황에 따라 그 의미가 극과 극을 달리며 돌변한다. 양극의 공통점이 있다면 그것은 자극적이고 강렬하며 통렬하다는 점일 것이다. 영화 <트레인스포팅>과 만화 <슈퍼보드>는 배설물에 대한 이 특수성을 처음부터 알고 있었다. 최소한 무의식적 감각으로 통찰하고 있었다고 해야 하며, 어쨌든 그 통찰은 참으로 뿌리깊고 예리한 것이었다고 해야 한다.

그러므로 우리는 딜레마에 빠져 들었다. 인간은 정확히 포착할 수 없는 그 무엇을 항상 소유하고 있다. 파충류나 배설물이 그러한 것처럼 평소에 우리는 그것을 빈 호주머니처럼 방치한다. 그러나 여차하면 그 호주머니는 수백만 명을 극장으로 몰고 가기도 한다. 이 무엇은 어떤 상황에서 어떤 것이라도 될 수 있다. 우리는 이 사태를 어렴풋이 느끼고는 있다. 일반적으로 말한다면 우리는 이 어렴풋한 자각을 주로 억압하는 편에 속한다. 때로 도덕이라는 다소 애매한 이름이 그 억압을 정당화하기도 한다. 그러나 그것은 성공할 수 있는 것일까? 성공한 적이 있기는 했는가? 무엇보다 그것은 옳은 일일까? 이제 한 발짝만 더 나아가면 된다. 섹스라고 하는 것이 어렴풋한 무엇과 아주 깊은 관계에 있다는 것을 아는 것이 그것이다. 그 무엇이라 불리는 호주머니는 결코 비어 있지 않다. 우리는 어떻게든 그것을 다루어야 한다. 이제 본론에 들어섰다.

성적 시·공간의 특이성

내가 처음으로 여자의 성기를 본 것은 일곱 살 때였다.

그때 내가 처음 본 영순이의 성기는 무슨 자운영 꽃처럼 기억 속에 아직도 남아 있다. 골방이 어두웠기 때문일까. 영순이의 성기는 자운영 꽃 중에서도 보랏빛으로 불그스름하게 빛나 보였는데 그렇게 보랏빛으로 희미하게 빛나는 성기를 만져보면 그곳은 꽃잎처럼 보드라웠지만 한편으로는 여간만 건조하지 않아서 자칫 성기가 금방이라도 파삭거리는 소리를 내며 부서져 버릴 것 같은 위태위태한 마음이 되고는 하였다.

내가 장경희의 몸속으로 들어가자 그녀는 이미 미끈하게 젖어서 나를 기다리고 있었다. 나는 더이상의 움직임을 멈추고 그녀의 몸 끝에 닿은 나의 끝을 언제까지나 느끼고 있었다. 그러자 갑자기 세상의 모든 움직임들이 나를 따라서 멈추어 선 채 나를 주시하고 있는 것 같았다. 그 순간에 나는 서로 끝이 맞닿은 곳에서 전혀 새로운 풍경을 보았다. 나의 끝이 하나의 발광체처럼 눈부시게 빛나고 있었다. 그렇게 눈부신 발광체가 가닿은 곳은 하얀 설원이었다. 발광체가 어떤 절정에서 더없이 빛나는 것을 바라보면서 나는 드디어 사정을 했다. 그리고 나는 하얀 설원에 먹물처럼 번져가는 정액을 보았다.

손영아가 쓰러지듯 비스듬히 나에게 그녀의 몸을 던져왔다. 나는 그녀와 함께 방바닥으로 넘어지며 얼결에 그녀의 알몸을 껴안았다. 바로 그때 나는 손영아의 알몸에 겹쳐 난데없는 밤 짐승의 입이, 저 어린 시절 미친년의 성기에서 보았던 털투성이의 거대한 입이 나를 향해 덮쳐오는 것을 보았다. 나는 전신을 사로잡는 어떤 공포감 때문에 거의 숨조차 쉴 수가 없을 지경이었다. 그렇다. 추운

겨울밤에 저 불운한 시골 처녀를 강간하려 할 때 나타났던 밤 짐승의 털투성이의 거대한 입이 또다시 나타났던 것이었다.[……] 그때 나의 성기가 저 불운한 시골 처녀의 몸에 미처 닿기도 전에 바로 털투성이의 거대한 입에 나의 성기뿐 아니라 온몸을 통채로 삼켜 버렸다. 그리하여 나는 결국 시골 처녀가 아니라 저 거대한 털투성이의 입을 향하여 사정한 셈이었다.

그러나 임상적으로나 생리학적으로도 또다른 방식의 기술을 생각할 수가 있다. 즉 남성과 여성 모두의 성 반응이 실제로 두 가지 상으로 이루어져 있다고 생각하는 일이다. 이 기술 방식에 따르면 성반응은 실제로는 하나의 단일한 현상은 아니다. 그것은 뚜렷하고 비교적 독립적인 요소로 구성되어 있다. 하나는 성기의 혈관 충혈 반응으로, 남성에게 발기를 일으키게 하고 여성에겐 질의 윤활화와 팽창을 촉진한다. 또 하나는 반사적인 간대성 근육 수축으로 이것이 남성 여성 모두에게 성적 극치감이라는 감각을 일으키게 한다.

실제로 두 가지 상이 근본적으로 분리된 것임은 명백하다고 생각되기 때문에, 이것이 일반적으로 인식되지 못하고 있다는 점은 놀라운 일이다. 우선 첫째로, 두 가지 구성 요소는 별개의 해부학적 구조를 가지고 각기 다른 신경이 분포하고 있다. 발기는 자율신경의 부교감 신경계에 의해서 전달되고, 한편 사정은 주로 교감 신경계의 기능에 의해 이루어진다.

성 반응의 두 가지 요소는 중추신경계의 다른 부분에 의해 조정되고 있는 것이므로 한쪽이 장애를 받아도 다른 한쪽이 정상을 유지할 수 있다. 그 결과 성 기능 부전이 있는 경우에 다른 구성 요소의 성 반응을 상세히 검토해 보면, 명백히 다른 임상 증상이 나타나 있다. 사실 남성의 사정 장애와 발기 부전은 각기 별개의 병이다. 한편 이와 동일한 구별이 여성의 성적 억제 전반과 특정한 성적 극치감 부전 사이에서도 볼 수 있다.

첫번째 인용은 송기원의 소설 <여자에 관한 명상>으로부터, 두번째 인용은 카플란 여사의 <새로운 성치료>에서 발췌한 것이다. 이 두 가지 인용은 성적 시·공간의 특수성을 음미하기 위한 사례들 중 하나이다. 전자는 문학적 상상력이란 부분에서 다른 하나는 의학적 생물학적 사실이란 부분에서 그 의미를 부여받고 있다. 먼저 소설을 생각해 본다.

이 소설에 대한 문학적 평가는 여기서 중요하지 않다. 중요한 것은 성기에 대한 표현들이다. '자운영 꽃' '눈부시게 빛나는 나의 끝' '설원' '설원에 먹물처럼 퍼지는 정액' '밤 짐승의 털투성이의 거대한 입'.

남녀를 불문하고 성기에 대한 언표는 헤아릴 수 없이 많다. 이 소설은 그 엄청난 언표들의 극히 작은 예에 불과하다. 이것은 일종의 편집증이다. 성과 성기에 대한 언표들은 왜 이렇게 수다한가. 그 단순한 (사실 그것은 단순하지 않지만) 사물에 이름을 붙이는 일이 왜 그토록 사람들을 열광시키는 걸까? 어떤 사물이나 사건이 성기의 열광에 비교될 수 있는 것인지 우린 결코 알아낼 수 없을 것이다. 어떤 반복도 권태가 있는 법이다. 그러나 이곳에는 지루함이라는 단어가 없다. 그것은 영원한 변주곡으로 여전히 반복될 것임에 틀림없다. 반면에 우리는 이 굉장한 소우주의 또다른 측면을 발견하게 된다. 그것이 일상 안에 있으면서도 일상으로부터 철저히 유폐되어 있다는 사실이다. 이 표현의 소우주는 최소한 점잖치 못한 금기이며, 농담이 허락되는 시간이 아니면 기억에조차 잘 떠오르지 않는 것들이다. 이 엄청난 거대함과 엄청난 협소함의 동시성이 이 소우주의 특성인 것이다. 그러므로 우리는 이렇게 말할 수밖에 없다.

일상 속에는 작은 구멍이 하나 있다. 너무 작아서 그것은 눈에도 띄지 않는다. 그러나 일단 그 구멍을 통과하면 거기엔 일상만큼의, 혹은 그 이상의 엄청난 세계가 드러난다. 그 구멍은 일상과 성적 공간 사이의, 예측 불허의 블랙홀 같은 것이다. 기껏 성기에 대한 언표 하나만을 살핀다해도 이러할진대 그밖에 무엇이 존재하는지 보통은 상상조차 할 수 없다. 그럼에도 우리는 이 공간을 예의 호주머니처럼 늘상 매달고 산다. 사실은 그것을 감당하지 못한다. 도리없이 매어달린 혹처럼 우리는 그것을 당혹스럽게 바라 보아야만 한다. 어쩌면, 그 혹이 우리의 일상을 매달고 다니는지도 모른다.

두번째 인용문의 내용은 성 기능의 일부가 우리의 자율 신경계에 의존하고 있다는 것이다. 자율 신경계는 말 그대로 우리의 의지로부터 독립된 자율성을 가지고 있다. 그것은 수억 번 반복되는 심장의 박동을 통제하고 한 시간도 쉬지 않는 위와 장의 수축운동을 관장한다. 그럼에도 그것은 자율적이기 때문에 우리에게 아무런 느낌도 주지 않는다. 바로 그러한 자율 신경에 의해 남녀 성기의 발기와 사정, 성적 극치감이 조정된다는 것이다. 그에 따른 쾌락과 고통이 있다면, 그건 무엇일까? 그것은 또다른 신경계에 의해서 조율되고 있다. 따라서 성 기능은 알 수 있는 것도 알 수 없는 것도 아니며 양자 모두이기도 하다. 우리는 설명 불가능한 체험들을 호소한다. 종교인들의 신앙 간증은 그 대표적인 예이다. 성적 자극 일반도 이와 비슷하다. 엄밀히 말하면 신경이 전달하는 어떤 자극도 미묘하고 신비한 것이다. 칼에 손끝을 베었을 때 그 순간의 느낌을 정리하려고 해보라. 그것은 결코 언어로 완성될 수 없을 것이다. 문제는 그 미묘함의 범위와 정도, 각인되는 지속성이다. 성적 자극과 그것이 수용되어 감각되는 것은 신경 자극 일반에 비추어

두드러지게 유별난 것이다. 그리고 그 유별남은 우리가 알 수 없는 것과 알 수 있는 것 모두에 연관되어 있다. 어떤 노인은 "세상에 그것만큼 재미난 게 없지"라고 말한다. 그러나 무엇이 그렇게 재미있어야 하는지 우리는 알면서도 모른다. 성적 공간은 이처럼 우리의 생물학적 존재 내부에 물적으로 기초되어 있는 것이기도 하다. 더구나 그것은 일상으로부터 감추어져 있다.

"성기란 둘 중의 하나다. 전혀 존재하지 않는 것이거나 아니면 존재하는 유일한 것이다." 언젠가 <리더스 다이제스트>에서 보았던 말이다. 일을 하거나 사업 얘기를 할 때, 바둑을 두거나 뜨개질을 하고 있을 때 성기는 마치 그 존재가 없는 것마냥 느껴진다. 반대로 성적으로 집중되거나 성적 자극을 수용했을 경우 성기는 감각되는 모든 것이 된다. 그 경우에 감각은 성기 이외의 신체기관을 모두 차단시켜 놓는 것 같다. 이처럼 성적 감각은 일상의 감각으로부터 특별하게 차단되어 있다. 성에 대한 언표 일반이 그러한 것처럼 성에 관한 생물학적 신경계통과 감각도 구멍 속에 감추어진 소우주를 이루는 것이다. 이제 그 소우주엔 무엇이라도 존재하게 된다. 물론 그것은 감추어져 있으며 알 수 있기도 하고 알 수 없기도 한 무엇이다. 이것이 성적 시·공간의 특이성이란 말의 의미이다. 거기에선 무슨 일이 벌어지고 있는 것일까?

그 특이성은 지극히 현실적인 것이기도 하다. 하나의 자극이 그것을 수용하는 개인에게 얼마나 강하게 느껴지는가는 우선 자극 자체가 가지고 있는 에너지량에 비례한다. 가볍게 치는 것과 세게 때리는 것은 분명히 다르다. 그러나 훨씬 커다란 차이는 자극의 종류에 있다. 극단적인 예를 들자면 바늘로 발 뒤꿈치를 찌르는 경우와 눈의 동공을 찌르는 경우가 있다. 성적 자극은 이중 어느 쪽에 더 가까울까? 아무래도 동공을 찌르는 경우에 더 가까운 것 같다. 촉각, 후각, 청각, 미각들은 성적 자극에 관한 한 최소의 에너지로 최대의 효과를 유도한다. 성욕을 일으키는 대상으로부터 반사된 빛 에너지, 후각 수용체에 부딪히는 화학 분자들의 질량, 고막을 진동시키는 음파의 에너지를 수치로 나타낸다면 그것은 공부하라고 고함치는 어머니의 목소리가 가진 에너지량에는 비교될 수 없을 만큼의 소량일 것임이 틀림없다. 이것은 말초 신경에서 중추 신경에 이르는 어마어마한 신경계 전체가 조작하는 결과이다. 그리고 인간은 세계의 크기와 정도를 이 자극의 강도와 신경계의 선택으로 측정한다. 그러므로 '그녀(또는 그)는 내 인생의 모든 것'이라고 할 때 그 고백은 절대적인 진리가 된다. 그의 느낌과 신경이 선택하는 바 그것은 완전히 객관적이다. 이 에누리없는 현실성과 유물론이 문제이다. $1m^2$는 기껏해야 $1m^2$이며 가로 세로 1m에 둘러싸인 정방형의 면적에 불과하다. 그러나 그건 1만cm^2이며 밀리미터로 따지면 1백만mm^2나 된다. 최소의 자극이 최대의 효과를 유도하므로 성적 자극은 자극의 세계를 거의 무한대로 확장시킨다. $1m^2$는 하나에 불과하지만 그것은 백만 개의 응집이기도 하다. 모든 사람은 이 무한히 확대된 공간 속에서 자신만의 세계를 형성한다.

　페티시즘이란 말은 성적 자극과 연관된 여러 대상이나 대상의 일부분에 집착하는 것을 말한다. 구두, 속옷, 머리카락, 안경 그밖의 무엇이든 숭배의 대상이 될 수 있다. 제 정신으로 보면 이것은 정말 웃기는 노릇이라고 해야 한다. 그러나 성적 시·공에서는 사태가 다르다. $1mm^2$는 하찮은 먼지가 아니라 완전한 대상이기 때문이다. 왜 하필 그것이냐고? 그것을 누가 알겠는가? 당신에게 하나의 자극이 절대적이라면 페티시스트에겐 그것이 똑같이 절대적인 것이다. 안경을 만지면서 발기를 하는 미친 자와 '그대는 나의 모든 것'이라고 절규하는 미친 자 사이에 어떤 우열을 가려 낼 수 있는가. 이 모두는 처음부터 우리 모두에게 주어진 생물학적 가능성이었다. 물론 그 자극이 행동으로 드러나는 데서는 결코 웃을 수 없는 중대한 문제가 따른다. 단 한 개의 염기서열이 뒤바뀜으로 해서 인간의 수정란이 끔찍한 기형아를 만들어 낼 수 있는 것처럼 성적 집착의 작은 차이는 결정적인 외적 결과를 일으킬 수 있으며 때때로 그것은 돌이킬 수 없이 치명적인 것이 될 수도 있다. 그러나 우리 모두 각자의 유전자로부터 자유롭지 못한 것처럼 우리 중 누구도 이 성적 시·공간의 특이성으로부터 자유로울 수 없다. 그것은 교통사고에 외모가 무관한 것만큼이나 자유와 무관한 것이다. 하나가 변태이면 이미 모두가 변태이다. 모든 욕망은 진정으로 평등한 것이었다.

이제 욕탕 속의 세 남자와 한 여자는 전혀 특별하지 않다. 우리가 그들과 같지 않다면 우리는 그들을 이해하지 못하는 중일 것이다. 그러나 그뿐이다. 왜냐고 묻기 이전에 그런 일은 성적 시·공간에선 천번 만번이라도 발생할 수 있으며 본질적으로 '그대는 나의 인생'이란 절규와 다를 것이 하나도 없다. 우리는 '그대는 나의 인생'이라고 말하는 사람을 이해 못하는 경우가 얼마든지 있지만 그게 그러고도 남는다는 사실은 아주 잘 알고 있다. 욕탕 속의 네 남녀가 그렇다는 이 사실을 알지 못할 이유 또한 하나도 없는 것이다. 우리는 진작부터 그들이었기 때문이다. 물론 배설물에 대한 역설과 그 역설의 성적 시·공간 사이의 관계를 우린 알지 못한다. 그러나 그것들이 어쨌든 즉각적으로 연관될 수도 있다는 것을 알고 있을 뿐이다.

이것은 일종의 슬픈 숙명이다. 무엇 때문에 인간에게 성적 시·공의 특이성이 주어졌는지도 우린 아직 모른다. 이성적으로 돌이켜보면 그저 황당할 따름이다. 그러면서도 인간은 그것을 달고 다녀야 하며 어쩌면 그것에 매달려 살아야 한다. 최선은 무엇인가? 백일 참선을 백 번쯤 반복해서 우리 모두 성인이 되어야만 하는 것인가? 그러나 자유는 고뇌 속에 있다. 진보란 그 고뇌 속으로 뛰어듦을 선택하는 것이다. 우리는 생각할 수 있는 데까지 생각해 볼 것이다. 그리고나서 할 수 있는 것 중 가장 나은 것을 선택할 것이다. 무엇보다 중요한 건 이 결심 자체이다. 그렇지 않은 경우 아마도 십중팔구가 자기기만이자 타인에 대한 거짓말로 결론나지 않겠는가? 이제 마저 남은 길을 가기로 하자.

우선 그 시·공간 속에서는 가장 사소한 것들마저도 기꺼이 괴물로 둔갑한다. 엘리베이터 문이 열리고 한 여자가 걸어 나왔을 때 출근하려던 그 남자는 이 낯선 여자의 몸에서 풍기는 향수 냄새에 멈칫한다. 어느 남자가 매력적이었다면 한 여자는 그 남자의 지극히 간단한 질문 때문에 순간적으로 넋을 잃을 수도 있다. 도처에서 성적 자극은 중무장한 게릴라처럼 도사리고 있다. 이미 말했듯이 그 자극을 일으키는 에너지량은 가슴 아플 정도로 작은 것에 불과하다. 모양, 색채, 냄새, 소리. 적합한 상황과 조건만 주어지면 그 모두는 일순간에 메가톤급 폭격기로 둔갑한다. 더 근접되면 이 게릴라들은 더욱 막강해진다. 한 남자의 어깨에 한 여자의 가슴이 스쳤다면 대체로 양자는 바늘에 찔린 것처럼 예리한 자극을 느낀다. 그것이 불쾌함이든 유쾌함이든 자극의 절대량은 동일하다. 넓은 가슴, 둥그런 엉덩이, 붉은 입술, 좋은 쪽이든 나쁜 쪽이든 근접되어 자각되면 그것들은 분명히 괴물로 변신한다. 그것은 일관되게 일상 속에 감추어진 구멍 안에 있으며 때가 되면 그 구멍을 뚫고 튀어 나온다. 그때마다 세계는 형태를 바꾼다. 그것도 통째로 바꾼다. 성적 접촉, 섹스가 수행되는 구체적 시·공간 안에서 이 우주는 이제 전면화된다. 현미경은 가장 작은 것을 가장 크게 만든다. 최소한의 현실적 성 행위 공간은 최대한의 성적 시·공간을 유도한다. 어느 소설에서 보았던 표현처럼 '마치 땅이 흔들리는 것 같았다.' 어찌 땅만 흔들리겠는가. 우주가 꿈틀거렸다고 말한다해도 우린 이상하게 생각하지 않는다. 눈빛, 아주 작은 움직임, 깃털보다 가벼운 촉각마저도, 이 시·공간을 표현하는 데 수천의 단어 이상을 필요하게끔 한다. 성기를 자운영 꽃, 밤짐승의 털투성이의 입, 중력을 거슬러 일어서는 위대한 무골장군 등등으로 아무리 말해보아도 이 소우주를 그려내기엔 터무니 없이 모자란다. '난 당신 거예요,' '넌 너무 아름다워' 이 정도는 장난이다. 한 마디로 모든 것이 끝장나고 말 것이었다.

　　쟝 보드리야르라는 사람이 '유혹은 권력보다 강하다'라고 말한 적 있다. 일리가 있는 말이다. 유혹은, 성적 시·공의 특이성은 어느 곳에나 구멍으로 존재한다. 권력은 어떤 구멍도 막아내려 하며, 해서 완전한 철옹성으로 군림하려 한다. 때문에 대포가 그것을 깨뜨리지는 못한다. 그러나 유혹은 권력의 성벽 바로 그곳에 구멍으로 존재한다. 어떤 권력이라도 성적 시·공간의 블랙홀에 빨려들면 성냥개비로 지은 미니어처보다 하찮은 것이 된다. 폭군은 그녀의 귀여운 강아지에 불과하며, 근엄은 천덕꾸러기가 될 것이며 귀부인은 날제비의 하녀가 되고 말 것이다. 이 동네에서는 교환 방식의 룰이 뒤바뀐다. 절대로 부정할 수 없는 것은 이것이 철저한 현실이라는 사실이다. 남성이 권력을 가지는 사회에서 여성은 유혹을 거의 유일한 전략으로 선택한다. 권력자는 칼도 돈도 아닌 그 유혹을 아무것도 아닌 것처럼 착각한다. 또는 아무 것도 아니라고 마구 우긴다. 그러나 유혹은 이 칼과 돈과 조직의 틈새를 원하는 것 이상으로 파괴시킬 수 있었다. 사태가 거꾸로라면 어떻겠는가. 내 생각으론 남성이 유혹을 택할 것 같다. 이렇게 해서 남녀는 본질적으로 전쟁의 당사자였으며 언제나 적과의 동침이었다. 그것은 지금도 진행 중이다.

종교와 도덕이 그토록 성을 두려워 했던 것도 바로 이런 이유 때문이다. 그들이 악의를 가지고 있지 않을 때조차 일상을 질서지우려는 그들의 노력에 대해 성적 시·공이 가장 무서운 블랙홀로 실재함을 그들은 예감하고 있었다. 한마디로 말해서 그것은 명백히 실재하는 하나의 힘이다. 원자력 발전소가 되든 원자 폭탄이 되든 $E=mc^2$이 천문학적 에너지였던 것처럼 성적 시·공은 일상에 대한 엄청난 파괴력을 처음부터 소유하고 있었다. 더욱 놀라운 것은 그 시·공이 여기서 멈추지 않는다는 점이다. 그것은 확장된다. 영화에서나 볼 수 있는 엄청난 번식력과 성장력이 여기에 잠재되어 있다. 그리고 이 확장에는 상상 가능한 모든 무자비함이 존재한다. 그것은 커지는 것이 아니다. 무한한 부피로 항존하는 그곳에서 확대되어 간다고 하는 비유가 더 옳다. 성적 시·공은 스스로 자기 내부를 탐험한다. mm^2들의 무한성, 그 무한성은 차라리 영원한 확산이다. 그 시·공은 어떻게 밝아지는가.

하지만 여기서 잠시 여정을 멈추기로 하자. 제법 숨가쁘게 달려온 듯하므로 몇 개의 이정표를 달아두는 작업이 필요한 것도 같다.

우리의 일상에 존재하지 않거나 그 일상이 강력하게 거부하는 것, 또 우리 자신의 모습이 아니라고 생각되는 것들 중 어떤 것들은 분명히 우리 자신에 내재한다는 사실을 확인하려는 시도가 지금까지의 이야기였다. 성적 욕망의 다양성과 심오함은 그 대표적인 예이자 사례이자 대상이었다. 이것을 명확히 이해하고, 인식하는 것이 중요하다. 그것을 어떻게 처리해야 하는지는 아직 모른다. 그러나 우리는 인정해야 한다. 그것도 적극적으로 그렇게 해야 한다. 왜냐하면 스스로의 모습이 아닌 것들에 의해 우리가 너무도 억압 당해왔기 때문이다. 무엇을 욕망하는가의 문제와 그것을 어떻게 드러내어야 하는가는 분명히 다른 문제이다. 그럼에도 현실의 억압은 욕망의 내용 자체를 억누르고 거세해왔다. 모두가 알고 있는대로 이런 현상은 아주 좋지 않은 상황과 결과들을 유도한다. 그러므로 이에 임하는 우리의 자세는 당연한 것이었다. 있는 것을 우선 분명히 하는 것이기 때문이다. 이제 우리는 우리의 일상이 우리가 생각하는 것 이상이라는 사실을 알고 있다. 배설물에 집착하는 정서는 정신병자의 것이 아니라 우리 자신의 것이다. 성적 시·공간의 특이성이 정말로 특이하다는 것. 조금만 생각해 보아도 우리 호주머니 속의 그 공간을 명확하게 확인할 수 있다. 무엇보다 우리는 매일 대하면서도 그냥 지나갔던 대상과 사건들 속에서 '사실'을 읽어내려고 했다. 다른 말로 하자면 우리의 일상이 우리가 변태임을 증명하고 있다고 말한 셈이다. 우리는 이 작업을 계속할 것이다. 방금 전에 '그 시·공은 어떻게 밝아지는가' 하고 물었다. 바꿔 말하면 일상이 증명하는 더 무섭고 놀라운 내용을 살펴보아야 한다는 얘기다. 우리는 아직 절반밖에 지나오지 않았다. 성적 시·공간에 득실거리는 우리의 괴물들을 본격적으로 찾아내어야 하기 때문이다. 우리는 끝을 볼참이다.

<하몽 하몽>과 성적 시·공간

<하몽 하몽>이라는 스페인 영화가 있었다. 나는 지금도 그 말의 뜻을 모른다. 누군가 말해주길 아주 야한 영화라고 했다. 그러므로 그것은 삼류 에로물일 거라고 생각했었다. 하지만 그렇지가 않았다. 나중에 들어보니 꽤 유명한 사람의 작품이라고 했다. 어느 오후에 나는 멍청한 표정으로 그 영화를 보게 되었다. 소감이 어땠느냐고?

'이 괴상한 소리가 다 뭐야?'

바로 그것이었다.

호세, 젊은 청년. 그는 '삼손'이라는 속옷 회사를 경영하는 아버지 마뉴엘과 어머니 콘치타의 외아들이다. 그들은 40대 후반이나 50대 초반의 중년이었는데 그들의 회사는 전통이 있었고 가문도 세도가 있었다. 특별히 어머니 콘치타는 부르주아적 귀부인으로 행세한다. 그러나 호세는 온실 속의 화초처럼 자라나 결단력과 자립적 능력을 가지고 있지 못하다.

라울은 그리이스 시대 조각품처럼 단단하고 아름다운 근육을 가진 야성적 청년이다. 통상 그렇듯 녀석은 거동이 건달스런 하층민이기도 하다. 언젠간 성공할 거라는 꿈을 가지고 투우 연습에 몰두하는가 하면 소음과 먼지를 내던지며 오토바이를 즐기기도 한다. 무엇보다 그는 정력이 남아도는 남자이다. 옷이나 팬티에 덮인 그의 음경은 항상 발기되어 있으며 그것의 크기는 언제나 충분하고도 남음이 있다. 정력에 좋다는 이유로 생마늘을 우걱거리며 냄새를 피우고 생으로 햄을 씹어대며 그것이 섹스엔 그만이라고 중얼거리기도 한다. 그래서 그는 '삼손' 팬티회사 모델로 선발되었다. 의미심장한 것은 선발자가 호세의 어머니이고 마뉴엘의 부인인 그녀, 바로 부르주아 안방마님 콘치타였다는 사실이다.

실비아는 아주 예쁜 처녀이다. 세 딸을 가진 이모 카르멘과 함께 산다. 이상한 것은 이모 카르멘이다. 술주정뱅이인 남편과는 진작에 헤어졌다. 현재는 술집을 경영한다. 보아하니 일찍이는 창녀 생활을 했을 수도 있다. 매우 이해심이 많고 소박하지만 중년의 요부적 기질을 깊숙히 숨기고 있기도 하다. 처녀 땐 호세의 아버지와 관계가 있었으며 관객으로서는 실비아가 카르멘과 호세의 아버지 마뉴엘 사이에서 태어난 딸이라고 추측할 수도 있다.

그리하여 시작은 심심멀건한 멜로 드라마이다. 그러니까 호세와 실비아는 사랑하는 사이다. 못난 녀석들이 그렇듯 사랑의 결실이 임신으로 맺어지고 말았다. 멜로 드라마니까 둘은 결혼하려 해야하고 어머니 콘치타는 당연히 반대한다. 사실 호세는 그 사실을 어머니에게 얘기할 용기조차 없다. 고심 끝에 그녀를 소개시키려고 파티에 데려왔지만 어머니 콘치타는 사정을 듣기는커녕 창녀의 딸이라고 돌아보지도 않는다. 아버지 마뉴엘은 웬일인지 냉소적인 무관심으로 일관한다. 멜로 드라마니까 또 실비아는 울고불고 난리다. 이모 카르멘에게 호세와 결혼하지 못하면 죽어 버리겠다고 한다. 그 둘은 정말로 사랑하는 사이란 이야기다. 이모 카르멘은 그저 걱정 반 위로 반이다. 이제 도발적인 반전이 일어날 차례이다. 호세의 어머니 콘치타가 야성적 건달 라울에게 실비아를 유혹하여 그녀를 호세로부터 떼어내라고 꼬드긴다. 물론 라울은 기꺼이 승낙한다. 아마 몇 푼의 돈이면 충분했을 것이다. 자! 여기까지다. 끝이 빤히 보일 것 같지 않은가? 비극이냐 희극이냐의 선택만이 반반의 확률로 남아 있는 것 같다. 그런데 예상이 빗나간다.

그것도 아주 아주 많이 빗나간다. 다음은 그 빗나간 이상 궤도들의 목록이다.

① 무력감에 절망한 호세가 갑자기 카르멘의 술집에 나타나서 "당신이 필요해요"라고 말한다. 카르멘의 대답은 더욱 걸작이다. "이제 안 된다고 했잖아"라고 했기 때문이다. 그러나 그들은 기이하고 농염한 섹스를 나눈다. 이제 보니 그들은 과거에 그런 사이였던 모양이다. 20대 남자와 40대 여자. 그 남자와 그 여자의 조카 딸. 이건 확실히 멜로 드라마엔 없는 시나리오다. 뭔가 뒤죽박죽인 것 같다.

② 실비아를 유혹하라고 라울에게 사주했던 호세의 어머니 콘치타가 어느 순간부터 바로 그 라울을 사랑하기 시작한다. 부르주아 귀부인과 가난뱅이 건달 청년! 그래서 그들은 뜨겁게 정사를 나눈다.

③ 그러나 라울은 뜻밖에도 실비아에게서 난생 처음 사랑이란 걸 느끼게 된다. 느끼하게 껄렁거리던 이 건달이, 슥삭 해치우고 말아야 할, 또 그렇게 작정했던 작은 처녀의 시선으로부터 큐피트의 화살을 맞아버린 것이다.

④ 이번엔 실비아가 문제다. 쳐다도 안 보던 라울에게 빠져들기 시작했기 때문이다. 호세와 결혼하지 못하면 죽어버리겠다던 그 실비아가 이제는 라울에게 무슨 일이 생기면 죽어버리겠다고 소리치고 있다. 결국 호세에게 결별을 선언한다. 호세는 절망과 분노에 거꾸러지기 시작한다.

⑤ 호세의 어머니 콘치타가 라울과 정사를 나눈 얼마 후 그녀는 라울이 실비아에 빠졌다는 걸 알게 된다. 그녀는 라울을 미행하여 라울이 실비아와 나누는 섹스를 목격하게 된다. 더욱 가관인 것은 뒤늦게 어머니를 뒤따라온 호세가 그 장면을 같이 목격한다는 것이다. 게다가 콘치타는 자기 아들에게 그렇게 반대하던 실비아와 결혼하라고까지 말한다. 라울을 뺏기기 싫어서이다. 급기야는 실비아를 찾아가 라울이 자기와 연인 사이라는 폭탄 선언까

지 하기에 이른다. 호세는 이제 이성을 상실한다. 그는 라울을 죽여버리겠다고 한다. 그것은 진심이었고 그는 어느 오후에 라울의 집으로 뛰어간다.

⑥ 바로 그 직전에 호세의 어머니는 라울을 찾아가 실비아를 잊고 다시 자기와 지내자고 한다. 처음엔 라울이 격렬하게 반항한다. 하지만 콘치타가 벤츠를 사줄테니 자기를 원한다고 말해 달라고 하자 라울의 태도가 변한다. 그는 그렇게 말한다. 그러면서 그는 기묘한 표정으로 기묘한 말을 중얼거린다.

"인생은 이상해요. 당신과의 지난 번 섹스처럼 흥분했던 적은 없어요."

라울이 진정으로 사랑하는 사람은 누구일까? 라울 자신은 그것을 알고 있을까? 둘은 거기에서 다시 섹스에 빠져든다. 바로 그때 라울을 죽이기로 작정한 호세가 뛰어든다.

⑦ 프레임이 바뀌어 가장 황당한 장면이 등장한다. 호세의 분노에 놀란 실비아는 호세가 라울에게 달려간 후 어찌할 줄 모르고 안절부절한다. 궁여지책으로 마침내 실비아는 호세의 아버지 마뉴엘을 찾아가 사정 이야기를 하게 된다. 바로 이 대목이다. 물끄러미 바라보며 실비아의 얘기를 듣던 마뉴엘이 갑자기 실비아의 입술을 탐하기 시작한다. 키스 공세에 놀란 실비아는 "지금 뭐하는 거예요"라고 소리친다. 그러나 웬 걸. 실비아는 스르르 눈을 감고 이 기상천외한 키스에 잠기듯 응하게 된다. 두 사람은 영화 내내 마주하여 얘기 한번 나눠본 적이 없다. 사랑이란 도대체 무엇일까? 실비아는 도대체 누구를, 무엇을 사랑하는 걸까?

⑧ 예측된 난장판이 벌어진다. 라울의 집에 뛰어든 호세는 같이 있던 어머니도 발견한다. 멈칫 했지만 그건 이미 문제가 아니다. 피하려는 라울에게도 다른 도리가 없다. 난투극이 벌어진다. 결국 호세가 죽고 만다. 그리고

그때서야 실비아의 이모 카르멘이 달려오고 실비아와 마뉴엘을 실은 승용차가 들어선다.

⑨ 가장 중요한 마지막 장면이 있다. 카메라가 아주 먼 곳에서부터 느린 속도로 팬하며 장소와 인물들을 화면에 담는다. 격투가 끝나고 호세가 죽은 후 롱 테이크로 고정된 이 장면이 무엇일지 한번 상상해 보라. 마뉴엘은 실비아를 뒤에서 끌어안고 있고 실비아는 거기에 몸을 맡기고 있다. 그들은 망연한 표정으로 먼 하늘을 바라보고 있다. 어쩌면 그 망연함은 평화인지도 모른다. 어머니 콘치타는 고통에 무너져 앉아 있는 라울을 끌어안고——아들 호세가 아니라 라울이다!——역시, 그러나 다른 쪽의 하늘을 쳐다보고 있다. 실비아의 이모 카르멘은 죽은 호세의 머리를 무릎에 올려놓고 있다. 길게 늘어진 이 장면은 영화의 엔딩 크레딧이 올라올 때까지 계속된다.

이번에도 이 이야기가 일개 우스개 소리가 아니라는 점을 짚어 두어야겠다. 이것은 어엿하고 당당한 한 편의 영화이며 하나의 작품이다. 마찬가지로 우린 진지해져야만 한다.

얘기를 모두 듣고 보면 독자 또한 예상이 많이 빗나갔음에 동의할 것이라고 생각한다. 또 나와 같은 생각, '이 괴상한 소리가 다 뭐야'라는 생각이 들 것이라고 믿는다. 그러나 그렇기 때문에 한번 더 돌아볼 필요를 느끼는 건 아닐까? 나른한 오후처럼 멀쩡히 진행되는 이 이야기는 바로 우리의 코 앞에서 가만 놔 둘 수 없는 무언가를 웅변했다. 폭죽놀이 화약을 가지고 노는 아이 같았던 이 영화는 관객이 멍청스럽게 졸고 있는 동안 크레모아를 한 열 개쯤 터뜨려 놓았던 것이다.

성적 시·공간의 특이성은 항존하는 무한성이며 스스로를 탐구하여 자

기 내부에 조명을 들이댄다고 했다. 거기에선 모든 규칙이 반전되며 그럼에
도 그것들은 실재하는 것이라고도 했다. 그것은 굉장한 힘이어서 이 이야기
속에서는 한 청년의 목숨을 간단히 해치우고 말았다. 지금 그 확산 과정이
문제이다.

실비아는 호세를 사랑했다. 봄풀처럼 푸르고 싱싱한 처녀가 부잣집 도
련님을 사랑하게 된다는 이야기는 너무도 흔하고 자연스런 이야기다. 그것
은 우리의 일상에서 성과 사랑과 결혼에 관한 가장 상식적인 시나리오이다.
이 하나만 가지고도 우리의 관심과 노력의 대부분을 장악할 수 있다. TV
드라마는 수십 년간 이 시나리오를 반복했으며 미혼 처녀들은 이 시나리오
의 빛나는 주인공이 되기 위해 그들의 청춘을 기꺼이 투자한다. 뿐만 아니라
그것은 우리의 정열을 사로잡는 이야기이기도 하다. 수많은 로맨스의 핵심
적인 뼈대가 바로 이것 —— 한 처녀가 부잣집 도련님을 사랑하는 것 ——
이기 때문이다. 그것은 아마도 일상이 허락하는 사랑에 관한 기본적인 룰
중의 하나일 것이다.

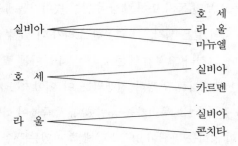

그러나 실비아는 어느 날 라울을 사랑한다. 이미 변태의 시작이다. 그렇

게 천박하고 음탕한 녀석을 사랑하다니. 도대체 이 정열은 어디서 온 것일까? 미녀와 야수. 교양있는 규수와 기름투성이의 근육질 놈팽이. 지극히 온전한 가정 주부의 상상을 초월하는 불륜행각. <아라비안 나이트>는 일국의 왕비와 후궁들이 숯검정의 하인들과 나누는 농탕질로부터 시작된다. 정숙한 여성이 다름 아니라, 자기 자신의 내부로부터 음란의 열정을 폭발시킨다는 전형적인 신화들이 여기에 있다. 그래서 끊임없는 역설과 불화가 반복된다. 부모가 반대하는 결혼, 매일 자신을 학대하는 바로 그 남자를 사랑하는 여자들. 요부와 성녀의 공존. 이것들은 일상이 추하고 음탕하다는 이름으로 단죄하는 목록들이다. 그러나 그 목록은 너무도 다양하다. 게다가 이 목록은 우리들의 은밀한 호기심 거리로 항존한다. 싸구려 잡지에서 개탄을 빙자한 신문 사회란까지 이 목록은 쉬지 않고 수면을 넘나든다. 솟았다 사라지는 것이다. 그러나 그것은 무한하다. 성적 시공간은 이 목록들의 자리를 끝없이 탐색하고 드러낸다. 어디서 무슨 일이 벌어질지 아무도 모르고 있는 반면 어디서 무슨 일이라도 벌어질 것임을 우리 모두가 알고 있다.

마뉴엘이 등장할 때는 이미 오싹함을 느껴야 한다. 20대의 처녀가 50대의 아저씨에게 영혼을 뺏긴다는 시나리오는 단순히 음탕하다는 것만으로는 해석이 안 된다. 거기엔 너무 많은 비합리성이 들어 있다. 처녀에게 중년의 사내란 무엇일까? 안정감? 편안함? 노련함? 성공한 또는 성공하지 않은 중년이 자신의 딸 같은 처녀와 애정 행각에 빠져들고 거기서 인생의 참맛을 본다는 이야기도 그리 드문 것만은 아니다. 오랫동안 잠자던 심연의 박쥐 같은 것이 날아 오른 것이다. 성적 시·공간에 이처럼 날아든 욕망의 색깔과 형태는 그 이전과는 완전히 다른 것이다. 20대의 처녀는 이 박쥐가 날아 오르는 소리를 들었다. 더 나아가 이 이야기는 그 악명높은 주제 바로 근친

상간이란 말에 근접하고 있다. 근친상간은 일상이 알고 있는 금기 중에 그 족쇄가 가장 단단한 것이다. 실비아는 마뉴엘의 딸일까? 그건 알 수 없다. 그러나 성적 대상과의 한없는 밀접성은 자기의 씨로 창조된 그 대상이란 것과 연결되어 엄청난 증폭 작용을 일으킨다. 이 영화가 의미심장한 부분은 그것을 논리로 설명하려 하지 않는다는 점이다. 그것은 그냥 그런 것이다. 최후에 실비아의 영혼이 정착하는 곳은 너무도 뜻밖이지만 마뉴엘의 가슴 이었다. 가장 극적이지만 가장 설명이 적은 지점이다. 성적 시·공간은 알 수 있고 알 수 없는 모든 것의 보루이다.

중요한 것은 실비아의 이 세 가지 정열에 순위가 매겨져 있지 않다는 것이다. 작가는 그것을 의도했는지도 모른다. 그러나 실비아의 모든 순간은 주어진 욕망에 절대적으로 고착되어 있다. 일체의 정열은 그러므로 동시에 같은 곳에 존재한다. 하나가 조명되면 그밖의 모든 것들은 어둠 속에 묻혀버리는지도 모른다. 하지만 박쥐들은 동시에 날아오를 수도 있다. 낮에는 성녀이며 밤에는 창녀라는 드라마도 결코 심심치 않은 소재이다. 성적 시·공간은 이렇게 존재하고 이렇게 확대된다.

호세와 라울의 이야기는 이 혼란을 주인공만 바꾸어서 얘기하는 것이 된다. 등장인물 전부에 대해 그렇게 말할 수 있다. 호세는 실비아를 사랑한다. 하지만 다른 심층에서는 창녀이고 요부이고 어머니이자 누이인 이 농염하고 풍만한 카르멘이 자리잡고 있다. 라울은 본래 사랑이라는 개념을 모른다. 그러나 실비아는 그에게 사전에 없던 큐피트의 화살이 무엇인가를 알려준다. 한편 벤츠를 사주고, 자기를 아기처럼 다루는 콘치타는 그에겐 또다른 운명이다. 이 주체들 하나 하나의 내면을 추적하는 것은 그 자체로 한 권의 소설이거나 한 편의 영화가 될 수 있다. 성적 시·공간은 어떻게 확대되었는가? 일탈이라고 불리는 수많은 것들이 우리 모두에게 공존하게 되었다. 이 영화는 아무도 변태가 아닌 우리들에게 전혀 변태적이지 않은 방법으로 그 메세지를 전달한다. 우리는 그 메시지를 그냥 이해할 뿐이다. 불륜, 성적 음란함을 향한 정열, 세대와 나이를 완전히 초월하는 성적 정열의 초월성, 근친 상간의 무서운 에너지, 세간에서 별별 소리를 떠들어 봐야 아무 소용없다. 그 모든 건 처음부터 우리 내부에 존재해 왔던 것이다. 일체의 일탈에 대하여 우린 한 발짝 더 나아가게 되었다. 그러면 여기가 끝인가? 그러나 아직 '보스꼬'의 연설(27쪽 참조)이 남아 있다.

<죽음의 한 연구>와 '어느 수줍은 황색의 새디즘'

공문 空門의 안뜰에 있는 것도 아니고 그렇다고 바깥뜰에 있는 것도 아니어서, 수도도 정도에 들어선 것도 아니고 그렇다고 세상살이의 정도에 들어선 것도 아니어서, 중도 아니고 그렇다고 속중 俗衆도 아니어서, 그냥 걸사 乞士라거나 돌팔이중이라고 해야 할 것들 중의 어떤 것들은, 그 영봉을 구름에 머리 감기는 동녘 운산으로나, 사철 눈에 덮여 천년 동정스런 북녘 눈뫼로나, 미친 년 오줌 누듯 여덟 달간이나 비가 내리지만 겨울 또한 혹독한 법 없는 서녘 비골로도 찾아가지만, 별로 찌는 듯한 더위는 아니라도 갈증이 계속되며 그늘도 또한 없고 해가 떠 있어도 그렇게 눈부신 법 없는데다, 우계에는 안개비나 조금 오다 그친다는 남녘 유리 羑里로도 모인다. (9)

박상륭을 아는가? 이것은 그의 소설 <죽음의 한 연구>의 첫 장 첫 문장이다. 내가 생각하기에 이 소설가는 이광수나 최인호나 이문열처럼 널리 알려져 있는 것 같지는 않다. 그러나 이 소설가는 상당한 지적 수준을 지닌 매니아들을 자신의 독자로서 가지고 있다. 한때 문학 소년 티를 내 보았거나 뭔가 낭만적이면서 심오한 그래서 무언가 비범함을 추구했던 사람들은 이 박상륭을 한번씩 거치는 것 같다. 특히 이 책 <죽음의 한 연구>가 유명하다. 아닌게 아니라 이 책은 그럴 만한 소지를 충분히 내포하고 있다. 여기에 첫 문장을 인용한 이유는 혹시 읽어보지 않은 독자가 있다면 그 맛을 한번 보라는 의미이다. 첫 느낌은 어지간해서는 질려 버린다는 것이다. 우선 그 문장의 길이가 그러하며 어투가 그러하다. 한 가지 분명한 것은 요즘의 어중 이 떠중이들은 흉내조차 낼 수 없는 압도적인 필체라는 사실이다. 나는 모든 예술의 밑바탕에 우선 단단한 기술의 기초가 존재해야 한다고 생각한다.

예술이 기술은 아니지만 기술이 준비되지 않은 예술은 본질적으로 사기이다. 현 시기 작가라고 불리는 정체 불명의 사람들이 파렴치한 사기꾼인 사유는 바로 여기에 있다. 소설은 누구나 쓸 수 있고 누구나 읽을 수 있다. 그러나 그것으로 족하다. 하지만 몇만 부나 몇십만 부씩 팔리는 잡글을 써 놓고 작가입네 작가정신입네 운운하는 작태는 보기에 실로 딱한 데가 있다. 글이 쓰고 싶어서 썼다고 하면 그만인 것을 왜 그들은 그렇게 위선을 떨고 있는 걸까? 예술 작품이 작품으로서 가치가 있다면 통속소설은 통속소설로서 가치가 있다. 그런데 우리 시대의 통속소설 작가들은 허영이 너무 야무지다. 여기서 논의될 것은 아니지만 사실 그것은 자기 콤플렉스의 고백이나 다름 없는 것이다. 가부간에 박상륭의 소설 <죽음의 한 연구>는 가히 압권이다. 듣는 바로는 문학계에서도 이에 대한 평가가 아직 이루어지지 않았다고 한다. 시대도 현재와 너무 가깝고 하니 이 작가와 작품이 온전히 이해되기에는 아직 시간이 필요할 것이다. 대신 이 책 말미에 붙여진, 지금은 작고한 김현의 해설을 한 구절 따오기로 한다.

나는 근 500면에 달하는 그 소설을 나로서는 이상한 독법으로 읽었다. 다시 읽기 시작한 바실라르의 4원소론에 관한 책들을 한 1, 2백면 읽다가 지치면 그의 소설을 1, 2백면씩 읽는 그런 독법으로 나는 그의 소설을 거의 일주일을 걸려서 정독을 했다. 그리고 완전히 감동했다. 그것이야말로, 내 좁은 안목으로는 **70년대 초반에 씌어진 가장 뛰어난 소설이었을 뿐 아니라, <무정>이후에 씌어진 가장 좋은 소설 중의 하나였던 것이다.** (474, 강조는 인용자)

유리가 있었다. 그리고 그가 유리에 들어섰다. 그것은 구도의 길일까?

그는 상상할 수 있는 또 상상할 수 없는 모든 고뇌와 고통 속으로 잠수한다. 또한 그것들은 그의 옷이자 음식이다. 그는 모든 것을 이루고 또한 모든 것을 잃는다. 그리고 그는 죽는다. 나로서는 이 소설을 요약할 엄두가 나지 않는다. 나는 독자가 그것을 스스로 읽어 보기를 원한다. 왜냐하면 무엇보다 독자 스스로가 혼란을 느끼길 바라기 때문이다. 왜 혼란이 필요한가? 고등학교 때 배우기로 소설이란 인간의 탐구라고 한다. 소설 <죽음의 한 연구>야 말로 거기에 적합하다는 생각이 든다. 그럼에도 그것은 철학책이 아니다. 거기에는 엄청난 열정과 흥미가 숨어 있다. 문학 소년들을 흔들어 놓은 그 무엇이 있다. 혼란이란, 그런데 그 무엇이 잘 잡히지 않는다는 것이다. 내가 말하고 싶은 것이 바로 그 점이다. 장장 500면——요즘 같이 큰 활자로는 그 두배나 될 것이다——에 걸쳐 삶과 죽음과 구도를 추적하는 이 방대한 소설이 폭탄 터지듯 무서운 열정을 뿜어내고 있다면, 그것이 도대체 어디서부터 오느냐는 것이 묻고 싶은 내용의 핵심이다. 어느 날, 나는 거기에, 그 정체불명의 무엇에 제목을 붙일 수 있었다. 독자도 동의되는가 한번 보라.

‘어느 수줍은 황색의 새디즘’

① 그는 그 한 개의 눈으로 살煞과 피를 흘려내며, 물고, 차고, 할퀴고, 치고, 쑤시며, 내게 육박했고 [……] 아마도 오래잖아 나는 그의 맥을 못추게는 해놓으리라. [……] 아마도 나는, 저 처참한 초조로움, 심장이 미친 듯이 뛰며 숨통을 막는 괴로움, 피에 의해 가중하는 살기, 흥분, 공포, 힘이 소모되어 가는 피로, 그런 것들을 즐기고 있는 것이었다. 그러다 종내, 내가 한주먹 살인적으로 윽박지른 것에, 그가 콧잔등을 부러뜨리고 팩 쓰러져 꿈틀거리며 더 일어서지를 못하게 되어서, 이 실랑이는 아마 파장에 온 듯했다. 이제는 그의 혀를 잘라내도 좋을

것이라고 생각하며 나는, 조금 방심한 채 들을 한번 둘러보았더니, 그것이 허였든 지, 저 늙은 놈이 느닷없이 내 불알을 훑고 늘어져, 나를 질식 직전으로 몰아부쳤 다. [……] 그리하여 나는 아까부터도 유혹을 느끼고는 있었으나 아직까지 보류해 두었던, 피흘리는 그의 한 고장에다가 손가락을 푹 쑤셔넣어 휘저어 버렸다. [……] 나는 결국, 그의 마지막 눈을 파내 버린 것이었다. 그 파내 버려진 눈구멍으 로 먹피가 주루룩 흘러 내리자, 그는 그 구멍에다 오히려 제 손가락을 쑤셔 넣으며 [……] (51~52)

② "그렇게 우멍만 떨라면 말이라우, 구만 둬져요. 나도 잠도 옹만이요 아까부텀 본개 솔찮히 꼴릿는디도, 우멍이나 실실 떰시나, 한숨이나 폭폭 쉬어대고 있구만 이라우 시방. 그랄라면 무신 옘병허겄다고 빨개는 홀딱 벗고, 워짤라고시나 넘을 지다려 눈이 빠지게 서 있었단대요? 요것 참 재수 없는 디라우. 워짤란대요 시방?" [……]

"헤헤, 헌데 우리 서로 바람난 놈들끼리 만났으니 말야, 헤헤 우리, 이만쯤 서로 뜨거워도 나쁠 것 뭐 없지."

"그란디 워짤라고 요라제라우 시방? 월레, 월레, 두고 본개, 두고 본개로, 요, 요 씨발놈이, 요, 요, 더 허네 더 혀."

"고추야 어디 암대궁이 있더라구? 거 모두 잠지를 서른 개씩도 더 매달고, 그냥 서 있기만 해도 글쎄, 서로 너무 매워진당 말이거덩" [……]

한데 이 대사 나으리 해탈도 아주 기저귀 뗴어내 버렸을 때부터 해 버린 모양으로, 새끼똥구멍에 괴어 놓은 서 말의 그늘 말고, 다른 것은 아무 것도 입혀 있지 않아서, 내게 경련을 일으켰다. 그것은 어쩐지, 꽃뱀 쓰륵여서 숨어드는 해당화 덤불이었고, 산 그늘 막 서리고 드는 아랫녘답 모밀꽃 한 뙈기였다. [……] 나는 어쩌서라도 떨림을 멈출 수가 없고, 그래서 그 경련으로, 저 둔중한 엉덩이에 서른 차례 한하고 손바닥찜을 퍼부어대기 시작했다. 그러자, 그럴 때마다 저

모밀밭 한 떼기로 바람이 불어 갔던가, 꽃들이 스적이고, 스적이며 엉기고, 엉겼다가는 스적이며 석양이었을거나, 꽃들이 붉어 달빛도 붉어졌다. 그제서야 나는, 손찌검 그만두고, 장옷 거칠게 잡아 채, 저 신음하며 우는 불쌍한 짐승 위에 덮어 주었다. [……]

내가 걷는 사이에, 아주 잠시, 흐느끼며 푸념하던 소리가 단절되었었는데, "음지랄옘병쟁여라우 시님은" 하고 다시 이어졌다. 동시에 가슴팍으로부터 배꼽 언저리까지로, 견딜 수 없이 뜨겁고 예리한 것이 북 긁고 내려가, 내려다보니, 거의 두 줄 반이나 되는 긴 선이 그어져, 피를 송송 배어내놓고 있었다. 오래잖아 그 핏방울들은 그리고 한데 모여서는, 배꼽 아래를 타고 하초 뿌리를 감돌더니, 거무틱틱한 흙바닥으로 방울져내리는 것이었다. [……] 그래서는 내게 미친병이 솟아나, 저 푸념하는 것에게로 한달음에 내달아, 덮치고 들며 죽이려 했더니 죽지는 않고, 그런 대신 그늘만 엎질러지고, 그런 대신 난 한 비구니의 환속을 보았다. 그 부화는 아름다왔다. 내 목구멍에서는 숫갈매기의 끼욱거리는 소리가 나오려고 했다. 저 아름다운 짐승은, 그때는 아무 저항도 푸념도 없이, 장옷을 깔고 달을 정면으로 하고 누워, 속에 밤이 깊은 붕어처럼, 달빛을 머금었다 뱉었다 하며, 배 언저리를 출렁이게 한다. 그럴 때마다, 저 암컷의 깊은 배꼽에도 황록빛의 달이슬이 그득히 채워져 넘치고, 허리의 깊고 둔한 선에서랑, 가슴의 높은 봉우리에서랑, 그렇지만 거웃은 한 올도 보이지 않아 거무틱틱한 흰 수미산에서랑, 꽃뱀이 그늘 속으로 미끄러져 드느라 스물거린다. (31~35)

③ "거참, 중놈 치고도 어리석은 돌팔이로고! 이런 고장을 헤매는 녀숙이, 그래서 장옷까지는 그만두더라도 물 항아리 하나 챙겨들 줄을 모르겠더니? 그만한 지혜로, 도를 닦아 보자고, 설마하니 이런 고장을 헤매고 있지는 않겠지? 네게서는 피 냄새가 독하구나."

"뭘 우물 쭈물 하고 있어?"

"해골에 담긴 음식은 음식이 아니더냐? 다는 말고 조금만 집으라는데두."

"에? 헤헤, 헤. 거, 저어 저, 그게 그러니깐두루 말입습죠, 후, 후후, 훗날의 머리통
이군입쇼."

"이 선사禪師 나리께서는 말입지요, 분명히 거꾸로 서서 죽었군입쇼, 헤헤헤,
아 허지만 세월이 그렇게나 흘렀을깝쇼?"

"흐흐흐, 듣고 보니 그 젊은 스님네가 거진거진 설익어 가는구만, 흐흐, 훗 허나
이 세상에 무엇이 옳게 서 있더니? 그것 좀 대답해 볼 만하겠읍쇼."

"거꾸로 서서 보면 아무것도 옳게 서 있는 게 없겠읍죠."

"으흐으흐으, 그러면 거꾸로 서서 죽었어도 거꾸로 죽은 것이 아닐 것이라."

"색욕이 과한 놈이로고!"

"소승 인사 올립니다."

"인사는 무슨 개뿔다구 같은 인사라는가?"

"소승 인사 올립니다."

"자네가 전에, 내 집에서 누룽지나 빌었던 그 검은 개이기라도 하단 말인가?"

"소승 문안 올립니다."

"흐흐흐, 그래서?" 그는 그제서야 킬킬 거리고 웃었다.(63~66, 대화를 부분 발췌)

①은 싸움이다. 짐승처럼 싸우다가 마지막에는 불알을 훑고 눈을 파버
리는 이야기다. ②는 결국 남녀의 교접이다. 여자는 엉덩이를 내놓고 남자는
그 엉덩이에 붉은 꽃이 필 때까지 서른 차례를 사정없이 후려친다. 여자는
거꾸로 그 남자의 배를 인정사정 없는 손톱으로 긁어 버린다. ③은 대화이다.
이 소설을 형성하는 세 가지 요소가 있다. 한계를 초월한 잔혹함과 가혹한
성행위, 선문답과 관념, 중요한 것은 이것들을 다루는 작품과 작가의 언어
또는 언어 기술이다. 예를 들어 갖가지 배설물로 화려한 케익을 만들어 놓았
다고 생각해 보라. 그 케익의 모양이 비범한 장인의 손에 의한 그만큼 비범

한 것이라면 그 자체로 그것은 범접할 수 없는 예술이다. 다소 지나친 비유지만 그 장인이 온갖 양념을 섞어서 이 재료에 기묘한 향을 심어 놓았다면, 그것이 먹을 수 있는 것이건 없는 것이건 그 기교만은 최고 요리술로 불릴 수 있다. 인용된 문장들에서도 볼 수 있다고 생각되거니와 이 소설은 직설법으로는 엽기적 언설에 해당되었을 사건이나, 사물을 전혀 다른 차원으로 부상시킨다. 내용 중 주인공은 살인을 자행하는데 그것을 누군가 구도적 살인이라고 말한다. 살인에 구도적이란 수식어는 어불성설인 듯 싶다. 그러나 박상륭이 손대면 그 어불성설이 어성설로 바뀐다. 작가를 흔히 언어의 마술사라 부르는데, 이 작품에 한해서 그 말은 진실이다.

앞서 이 작품의 알 수 없는 열정과 흥분이 어디서 오는 것이냐고 물었다. 그것은 바로 배설물로 제작된 최고급 케익이라는 역설에서 오는 것이다. 재료 그 자체는 잔혹한 성욕, 그리고 선문답과 관념이 내포하는 것 다시 말해 권력과 권위이다. 어떤 식으로든 이것들은 인간성의 피를 끓게 하는 소재들이다. 박상륭은 이 곤란한 물건들을 완전한 문학으로 재구성해냈다. 누가 감히 이런 일을 해낼 수 있겠는가? 소재와 문학이라는 형식간의 모순은 너무도 거대해서 가만히 보면 이 모순의 지양을 위해서는 사실 500면도 모자라는 분량이라고 해야 한다. 모르긴 몰라도 이 아슬아슬한 대형 건물을 구축하기 위해 작가는 단 일초도 긴장을 풀 수 없었을 것이다. 단 하나의 나사못만 빠지면 작품은 문학이 아니라 곧바로 개똥으로 전락할 것이었기 때문이다. 그러나 작가와 작품은 결국 스스로를 완성시켰다. 그것은 실로 전인미답의 경지였던 것이다.

이제 우리는 이 거대한 미궁 속으로 들어가야 한다. 어쩌면 그것은 배설물로 만들어진 최고급 케익을 시식하는 일일런지도 모른다.

여기 절대적인 비의가 하나 있다. 무엇인지 어디에 있는지도 모른다. 혹간 그것은 화두라고 불린다. 마른 늪에서 고기를 낚는 것, 행자는 그것을 알아야 한다. 그래서 행자는 지옥불을 알몸과 맨발로 지난다. 혹자들은 감히 언저리를 두리번거리지도 못한다. 용 중의 용만이 그 끝을 알 수 없는 운명과 더불어, 천애의 우주적 고독과 고뇌와 더불어 그 길로 들어선다. 그것은 모든 것이다. 그래서 그는 간다.

그렇다면 이것은 무엇인가? 이 수수께끼 같은 숙명은 그러나 아주 낯선 것만은 아니다. 절대적인 비의란 인간성 내부에서 처음부터 수수께끼로 상징화된다. 왜냐하면 이 비의야말로 절대권력의 부적이거나 징표이기 때문이다. 낯설지 않다는 것은 비의와 절대권력의 이러한 상관관계를 두고 하는 말이다. 동네 어귀에 귀신이 나온다는 폐가가 있으면 그 동네의 골목대장은 폐가 안을 홀로 탐험하고 돌아올 수 있어야 한다. 여기서 비의는 폐가의 내부이며 권력은 골목대장의 지위이다. 인간은 태고 이래로 이 비의에 대한 동경을 불살라 왔다. 아프리카의 오지를 탐험하고, 남극에 깃발을 꽂고 가장 높은 산의 정상에 발자국을 남긴다. 이것은 결코 호기심만으로는 설명될 수 없는 행위이다. 이것들 속엔 초월된 자아에 대한 염원이 스며들어 있다. 나아가서 그 행위는 타인과 세계를 향한 하나의 징표로서 기능하게 된다. 그리고 그 징표는 곧 권위나 권력의 징표로 비상한다. 한편 이러한 징표는 비범한 흔적으로 수놓이게 된다. 징표는 육체와 정신에 새겨진 흉터로 남아야 한다. 마라톤으로부터 달려온 병사는 승전을 알리고 숨진다. '숨진다'는 이 징표의 흉터가 마라톤을 마라톤 경기로 만든다. 모든 영화는 주인공의 영광을 위해 그에게 처절한 혈흔과 흉터를 남겨둔다.

본래 권력은 물리적인 힘으로부터 발생한다. 그 물리성은 조직이며 무력이다. 그러나 그렇게 주조된, 그렇게 주조된 것이 알려진 권력은 그것이 권력인 한 하나의 통제 수단밖에 가지지 못한다. 그 수단은 폭력과 폭력의 위협이다. 따라서 그것은 땅에 발 딛고 있는 우연에 불과하다. 칼이 그의 목을 치면 그것으로 끝난다. 그러나 절대 비의의 권력은 이것과 다르다. 그것은 비물리적이다. 그것은 정신의 마력이며 주술이다. 그러므로 절대 비의는 알렉산더나 징기스칸을 거뜬히 넘어선다. 절대 비의의 권력은 영원하며 천의무봉의 완벽함을 동시에 함유한다. 이 소설 <죽음의 한 연구>의 생명은 이 절대 비의의 마력을 독자에게, 아니면 작품 스스로에게 설득할 수 있는가에 달려있다. 배설물이 케익으로 바뀔 수 있는 비법의 근원이다. 그렇다면 박상륭은 그 설득에 성공했을까? 내가 보기엔 실패했다. 이 소설은 비의에 대한 설법으로서는, 관념과 학문으로서는 다른 요소에 비추어 사실 형편 없는 수준에 불과하다. 더 중요한 것은 이 작품이 정말로 하려고 했던 것은 그 설득이 아니라는 사실이다. 절대 필요했음에도 그 설득은 무엇인가를 위한 수단일 뿐이었다. 그렇다면 그 무엇은 무엇인가?

　'권력의 한계 없는 행사, 무제한으로 발산하는 권력에의 욕망, 그 완전한 성취'

　돈을 버는 쾌감은 어차피 소비의 쾌락에 근거한다. 권력 획득의 치열함과 기쁨은 어차피 그 행사의 무한함에 근거한다. 소설의 기술이 밑받침하고 있는 진정한 내용은 이 권력의 에누리 없는 실현을 대리 체험하는 데 있다.

　보라. 주인공은 들어서자마자 잔혹한 살인을 자행한다. 하나는 마을의 사실상 2인자인 존자 스님이다. 그는 비의에 접근하는 2인자를 살해한다. 그렇게 함으로써 그는 그의 존재를 증명하며 또한 전면화시킨다. 그를 따르는 애꾸눈 스님을 또한 살해한다. 그것은 확인이며 반드시 무자비함으로

확인되어야 한다. 눈을 파버리고, 혀를 잘라내고 싶어한다. 승자의 살육은
중력의 인과율만큼이나 자명한 것이다. 그는 자기의 아버지이자 스승이며
비의의 담당자인 5조 촌장을 돌로 쳐 죽인다. 모든 절대 권력에는 살부 의식
이 따른다. 그것이 수행되지 못하면 권력은 절대로 고독한 절대 권력이 되지
못한다. 이것이 비의를 빙자한 절대 권력의 첫 입문 과정이다. 얼마나 통절
하며 얼마나 완전 무결하며, 얼마나 잔인하며, 얼마나 후련한가!

그는 이제 비의 자체의 접경에 이른다. 마른 늪에서 그는 고기를 낚는다.
낚아내는가? 결국 낚아내는 것으로 된다. 모진 풍파와 고뇌, 그러니까 획득
한 자의 보임직한 상처와 혈흔과 흉터를 충분히 보여주며 그는 비의를 손아
귀에 쥔다. 그리고 그는 유리를 나와 읍내, 그러니까 속세로 나들이를 간다.
그것은 그 비의의 권력이 확인되는 자리이기도 하다. 비의의 권력은 타자
없이 존재할 수 없다. 타자를 통한, 주인과 노예의 변증법을 통해서만 비의
의 권력은 비로소 권력이다. 물론 그것은 백 퍼센트 확인된다. 그래서 그는
자신의 살인 행각들을 그 본질에 있어 구도적 살인으로 승화시킨다. 비의의
권력에게 죄란 처음부터 없는 것이다.

이 권력에겐 여자가 갖추어져야 한다. 그는 두 여자를 완전하게 소유한
다. 한 여자는 야성적이고 맹목적이며 무조건적인 헌신과 사랑으로 충만해
있다. 다른 여자는 혈통과 때깔이 완벽한 읍내 장로의 손녀딸이다. 한쪽이
야생화이면 다른 한쪽은 방중의 백합이다. 권력은 거기서도 에누리 없이
실현되고 완성된다.

그렇게 해서 박상륭은 인간성의 내면이 열망하는 극단적인 권력 형태의
한 극을 완성한다. 그것은 '죽음의 한 연구'이자 바로 '권력의 한 연구'이기도
했던 것이다. 이 점은 언젠가는 깊이 연구해 볼 기회가 있을 것이다. 하지만

지금은 본래의 주제로 돌아가기로 하자. 우리는 성적 시·공간의 확대에 대해서 얘기하고 있는 중이었다. 박상륭과 <죽음의 한 연구>는 이 이야기와 관계가 있는가? 독자는 그 관계를 이미 예감하고 있을 것이다.

　　인용 ①은 화려한 잔혹성의 표현이다. 진흙벌에서의 이전투구. 불알을 훑고 외눈을 파버린다. 먹피가 주르륵 흘러 내린다. 어린 아이들은 종종 곤충을 학대한다. 파리의 날개와 다리를 찢어 보는 것은 아동기의 일반적인 체험이다. 개구리 해부, 해부된 개구리에 대한 전기 충격 실험은 그 거부감에도 불구하고 소년들의 눈빛을 빛나게 한다. 바퀴벌레를 짓이기는 충동이 또한 그렇다. 어떠한 이유에서든지 인간은 공포와 거의 사촌간인 스릴과 모험을 열망한다. 물론 이와 같은 폭력 충동의 많은 부분이 제한되고 억압된다. 그리고 예술은 때때로 그 제한과 억압을 완전하게 분쇄한다. 이것을 쾌락이라 부를 수 있을까? 아마도 그렇게 불러야 할 것이다. 보스꼬는 말한다. "너를 때리고, 팔다리를 자르고, 손을 잘라 왕관처럼 머리에 두고, 귀를 잘라 먹게 하고, 산 채로 창자를 꺼내겠다"고. 박상륭은 그의 주인공으로 하여금 눈을 파버리게 한다. 이것은 일회적 에피소드가 아니다. <죽음의 한 연구>는 주인공에게 부여된 형벌을 또한 묘사한다. 눈동자, 동공 안에 비상으로 만들어진 초를 태운 촛농을 떨어뜨리는 장면이다. 이 무시무시한 장면에 박상륭의 전율에 가까운 언어의 마술이 더해진다. 형의 집행자 촛불 스님이 말한다.

　　아 그리고입지, 지금 보고 계십지? 말씀드렸다시피 이 초는 소승의 특제품입지. 향 대신에 비상이 함유됐읍지. 소승은 오랫동안 생각해 보고입지, 빛은 빛으로

용해시킬 수밖에 없다는 묘리를 터득했었읍지. 빛에 의해 어둠은 깨뜨려지나 말읍지, 빛이 계속 있다면 어둠에 의해 빛은 분쇄 당하지 않는 것, 그러나 빛이 빛을 칠 때, 빛은 빛을 더 하나, 종내 빛에 의해 그 핵심에 공흑 空黑을 남기는 것, 헤헤헤, 그래서 소승은 이제, 대사의 눈꺼풀을 까뒤집고, 저 찬연한 햇빛 아래에서 눈물을 말릴 터인데읍지, 눈물이 마를 때마다 말읍지, 이 촛농을 그 눈물 대신 대사의 저 영기 서린 안구에 떨어뜨려 주려 합지. 한눈에 오십 번씩의 촛농을 떨어뜨리려 합지. 소승의 모든 밤과 낮은 이 장면을 떠올려 보는 것으로 바쳐졌었읍지. 흐흐흐. 그것은 육교보다도 척추를 시리게 하곤 해 왔읍지. (392)

절대 비의의 권력. 그리고 그것의 징표로서 흉터와 혈흔이라고 한다면 이것은 예수의 십자가형을 훨씬 넘어선다. 먼저 눈꺼풀을 뒤집어 해를 정시 시켜 눈물을 말린다. 그것만 해도 상상을 초월하는 고통일 것이다. 거기에 비상으로 지어진 초를 태워 떨어지는 촛농을 백 차례나 떨어뜨린다. 절대 권력이 자신을 증명하는 데 있어 이토록 휘황한 수단은 다시 없을 것이다. 배설물로 지어진 최고급 케익, 잔혹으로 빚은 박상륭식 호화궁전. 문제는 이 잔혹의 가없는 파열과 그 가없는 희열과 쾌락이다.

흐흐으, 아 즐겼읍지, 즐겁읍지, 그렇습지, 재미가 있었읍지. 그러느라 말읍지, 그 일을 천천히, 아주 천천히 말읍지, 마음을 가다듬어 가며 했었읍지, 어쨌든 이것 좀 들어 보십지. 꿀물입지. 대사의 정신은 떠나고 없었읍지, 숨도 쉬는 듯 하지 않았으며, 맥도 뛰는 듯하지 않았읍지, 그건 거의 완사 完死 상태라고 해도 좋았읍지. 헤헤헤, 그래도 그 눈으로 눈물이 어리고 들었었느니, 생명이 떠나 버린 건 아니었었읍지. 그러면입지, 입술로 바람불어, 그 눈물 말렸읍지.

하고 입습지, 흐흐으, 눈물 말라 그 눈이 죽은 물고기 빛깔을 띠면 말입습지, 소승이 그렇습지, 한방울의 촛농을 말입지, 대사의 눈썹을 끄슬릴 그만쯤의 거리에서 눈물삼아 뚝 떨구어 주며 입지, 이렇게 위로해 주었읍지, 눈입지, 고통받는 눈입지, 이승 너무도 센 바람에 눈물조차 못 흘리는 슬픈 눈입지, [……] 이런 시각마다 소승은 소리를 찾습지, 찾다가 말입지, 대개의 밤으론 입지, 물론 수도부와 방금 전에 헤어지고도 말입지, [……] 소승은 이제 돌아가, 그렇습지, 만약 가능하다면 말입지, 긴 수음을 한번 하고 말입지, 조금 울다 잠들어 보려 합지, 이 수분을 조금 더 마셔 보십지, 대사께 도움이 되겠읍지, 남기지 말고 다 드십지, 그리고 대사도 쉬십지. (394~397)

성적 시·공간이란 블랙홀을 달고 다녀야 하는 인간의 슬픈 숙명을 언급했었다. <죽음의 한 연구>의 이 행자. 무엇 때문에 사람이란 그 먼 곳을 쳐다 보아야 하는가? 절대성, 그 완전성으로서 절대 비의의 권력에 대한 추구, 동경, 상상, 몸부림, 한없이 위대하게 비상하고, 그러기 위해서 또 그것의 증명을 위해서, 행자들은, 바로 우리들은 생명 일체를 박살내고자 소망하며, 그 열병에 마취되고자 하며, 마침내 그토록 위대하게 스스로 갈갈이 찢기고 싶어 한다. 가학과 피학, 이 불멸의 합주를 열망하며 우리는 실신할 듯 스러진다. 유리의 6조 촌장인 그는 발가벗어 알몸이 되고, 음탕과 초월의 법의를 한 손짓에 찢어 버리고, 생명을 쪼개고 찌르고 짓이기고, 가망없는 비의의 꿈에 진흙탕에 몸부림치고, 마침내 온 세포를 모조리 쪼아대는 형벌로서 스스로를 분살시킨다. 우리들, 인간, 무엇이 이 비애스런 운명을 만들었을까. 잔혹은 이처럼 환락적이고 이처럼 슬프고 외롭다. 그럼에도 그것이 지금 바로 여기에 현존한다. 그렇기 때문에 이 한 권의 소설책도 여기에 있다. 성적 시·공간에서 출발한 우리의 지평은 지금 여기까지 넓어져 있다.

인용②. 유리에 들어선 행자는 온통 벗어젖혀 실오라기 하나 걸치지 않은 벌거숭이로 황야의 달밤을 어슬렁 거린다. 수도부라 불리는 그녀는 두건처럼 걸친 장옷 말고는 아무 것도 입지 않았다. 그리하여 한 수컷과 한 암컷이 서로를 어른다. 우선 욕설. "아까부텀 본개 솔찮히 꼴릿는디도…… 무신 **염병**허겄다고 **빨개는 홀딱 벗고**……월레, 월레 두고 본개로, 요, 요 **씨발놈이**,…….''(강조는 필자) 다음은 뜻하지 않은 폭력이다. 암컷이 고개를 내리고 다리와 엉덩이를 그에게 향했다. 그것은 행자에게 경련을 일으키게 하는데 음모와 외성기가 심히 도발적이다. 전자는 꽃뱀이 스며드는 해당화 덩굴이며 후자는 아랫녘답 모밀 꽃 한 뙈기란다. 행자는 어쩨서라도 떨림을 멈출 수가 없어, 다름 아니라 경련으로 그렇게 까놓은 엉덩이를 서른 차례 한하고 손바닥 찜질을 퍼부었다. 단 한 차례만 두들겼어도 시뻘겋게 손자국이 드러났을 것이다. 서른 차례면 남녀노소를 불문하고 일주일이나 시퍼런 멍이 들 것이다. 엉덩이는 그 순간 피라도 터질 것처럼 울긋불긋해졌을 것임에 틀림없다. 이번엔 암컷의 사갈이다. 가슴팍으로부터 배 언저리까지 알몸 사내의 껍질을 긁어 버린다. 손톱 자국이 두 줄 반이나 그어지고 핏방울들이 그의 아랫배 음경을 타고 바닥으로 떨어진다. 그리하여, 그래서 그는 미친병이 솟아나, 쉽게 말해 더이상 주체할 수 없는 성욕이 폭발하여 내달아 덮치고 죽이기라도 할 듯이 달려든다. 그리고 섹스다.

성적 시·공간 내부에서, 예의 섹스 속에서, 주체는 소리치고 희롱하고, 핧고, 물고, 깨물고, 움켜 쥐어짜고, 때리고 할퀸다. 이것이 잊을 수 없이 아름다운 섹스에 대한 모든 문화적 표현들의 일관된 기호들이다. 수도부와 행자는 그것보다 한 발 더 나아갔다. 온건한 문화적 기호들은 욕하고 때리고 깨물고 할퀴되 너무 심하게는 하지 않는다. 그러나 거기에 얼마나 차이가 있는가? 때때로 그 한 발자국은 영원보다 멀다. 좀더 보수적인 사람이라면 이 영원의 차이를 극명하게 시인한다. 그러나 다른 주체에게 이것은 조금도 다르지 않은 동어반복에 불과하다. 그리고 이 동어반복은 한번 시작되면 끝까지 동어로 반복된다.

헌디 발자국 소리가 들리라우. 헛들은 것이라고 생각헐람선도 [……] 헌디 시님, 시님이 아니었어라우. 촛불 시님이어라우 [……] 그래 내가, 임자 있는 몸잉개, 우리 동무들헌티나 가 보라고, 그래도라우, 징그럽게 웃음시나, 날 같은 똥갈보헌 티 무신 정절이 있겄남시나, 우악을 부리각고 날 씨러눕힐러고 허요이, 사정도 안 두고 쎄리팸선 쥐리를 틀고라우, 옷을 찢고라우, 머리 끄뎅이를 끄셔라우. 누가 말기 줄 사람이 있으면 좋겄는디 없고라우, 속으로 바쁨선 무섭고라우. 똑 죽겄는디, 본개 꽹이자루가 비는디도 영 손을 못 삐치겄어라우. 허다못해 펄뚝을 물었더니라우, 찔끔험선 장깐 손을 풀어라우, 그람선 히히 웃고 일어나더 니라우, 요번에는 지 옷을 벗니라고 히어요. 맘으로 요때다 싶어서라우, 얼렁 꽹이를 잡아 쥐고라우, 찍었는디, 워디가 찍혔는지는 몰라도라우, 고시님 팩 씨러져 누움선, 뻐둥개질을 쳐라우. 그라고 난개 내가 어지럽겄는디, 워떻기 된 것인 중은 몰루겄어라우 [……] 깨나 봤일 때는, 내 곁에 암껏도 없어라우. 아랫도리만 씨리라우. (359)

아 헌데, 헤헤헤, 바로 요 며칠 전이굽입지. 한 수도부가 강간을 당했읍지. 그것도 말입지, 혼도에 처했을 때입지, 손톱에 찢겨서 흐른 피로 기름을 삼아, 강간을 당했읍지. 입속에도 그득히 묻은 피를 살려넣어 주었읍지. 죽었읍지, 그 계집 지금은 말입지. 그때 한번 그 사내는, 그 사내가 질투하는 사내를 한번 이겼다고도 생각했었읍지. 처음에 곬에, 다음엔 항문에, 마지막으로 목구멍에, 그리고 일어났 을 때 그 사내는입지, 쇄락함을 느끼고 입지, 그 계집의 모든 열린 곳마다에

오줌을 갈겨주었읍지. (396~397)

소설 <죽음의 한 연구>가 첫발을 내딛었을 땐 이미 여기까지 동어로 반복된 것이었다. 이 굉장한 장면을 보라. 폭력을 동반하는 강간, 그러나 잔혹을 그려냄에 있어 두 눈을 절단내던 그림을 그려내었듯이 박상륭의 강간 폭행은 못지 않게 푸르딩딩한 서슬이다. 손톱으로 찢어 피를 내고 그것을 질액 대신 윤활액으로 사용한다. 그리하여 피가 뚝뚝 떨어지는 자신의 음경을 피강간자의 입속에 쑤셔 넣는다. 구멍이란 구멍 모든 곳에 오줌을 싼다. 앞서 욕탕 속의 한 여자와 세 남자의 이야기를 했었다. 박상륭의 이야기는 욕탕 속의 사람들보다 온건하거나 점잖은가? 박상륭의 이 이야기는 조금 복잡하다. 이 행위가 피강간자의 남편이나 애인에게 이기기 위한 무엇이 되고 있기 때문이다. 그 또한 성적 시·공간의 전도된 규칙 속에 존재한다. 그러나 어쨌든 여기까지 왔다.

일상 안에서 일류급 작품으로 인정되는 이 소설은 성적 시·공간의 해부학을 통해서 완성되었다. 그러면 이제 되묻는다. 이 소설에 대한 규정이 '어느 수줍은 황색의 새디즘'이란 것에 대해 얼마나 동의가 되는지를 말이다. 절대 비의의 권력은 새디즘의 연옥을 통해서 달성된다. 그것이 황색인 이유는 서구의 발산적이고 전투적인 내용보다 훨씬 절제된 비의와 연관되어 있기 때문이다. 이 새디즘은 동양적이거나 한국적이며 전통적이면서도 급히 전개된 한국 현대사, 그 피와 황폐의 근대화 과정에 연관되어 있다. 바로 황색이다. 또 그것이 수줍은 이유는 언어의 밀폐와 은유, 비의의 관념성으로 은폐되어 있기 때문이다. 그렇게 하지 않고서는 이 새디즘은 한국 문화의 지평에서 결코 온전히 주어질 수 없는 것이었다. 그래서 '어느 수줍은 황색의 새디즘'이다. 그러나 우리의 주제는 문학 평론이 아니다. '어느 수줍은 황색의 새디즘'이 왜 필요했을까? 성적 시·공간의 온전한 드러냄이 없이 인간과 세계를 그 절반밖에 이해할 수 없기 때문 아닐까? 우리는 이제 마지막에 도달했다.

지금까지 무엇을 했는가 돌아보기로 하자. '보스꼬의 중얼거림'과 '욕탕 속의 남녀'라는 수류탄을 하나 터뜨렸다. 그리고 우리는 만화와 영화 속에서 우리의 일상 구석에 숨쉬는, 그러나 거대한 에너지가 잠재된 비합리성을 검토했다. 나아가 이러한 비합리성의 우주로서 성적 시·공간이란 개념에 다가섰다. 그리고 그 다가섬은 '어느 수줍은 황색의 새디즘'까지 내달았다. 결국 '보스꼬'의 대사와 '욕탕 속의 남녀'는 수류탄이 아닌 셈이다. 그 단초와 에너지는 우리 모두의 일상 속에 항존하는 것이었다. 우리는 이 사실에 동의하는가? 그보다 그게 어쨌다는 건가?

소년들은 몽정이나 자위를 경험한다. 때때로 그들은 주어진 욕정에 몸부림치기도 한다. 그들은 이성에 눈 뜨고 성적 열정과 관련하여 무수한 사연들을 경험한다. 많은 소년들은 큰 문제 없이 이 시기를 지나간다. 그러나 어떤 소년들은 좀더 특이하게 반응한다. 그것들의 일부는 이제 사회문제가 된다. 확률적으로 이 '어떤 소년들'은 이집트 시대부터 있어 왔다. 그런데 그것을 두고 사람들은 '청소년 문제'라고 부르려 한다. 조금만 생각하면 이 말이 엉터리라는 것을 단번에 알 수 있다. 왜냐하면 그 문제는 모든 어른들의 문제이기 때문이다. 특이한 소년들은 '하지 말라'는데 '하고 만다'. 그러나 특이한 어른들 또한 '하지 말라'는 모든 짓을 '하고 만다'. '하지 말라'는 그것을 그토록 '해대고 있는' 이 문제가 과연 애 어른의 문제일까? 이것은 인간성을 근본적으로 곡해하는 것이다. 가장 악의 없는 보수주의라 할지라도 성을 은폐하는 그 점에서는 심각한 억압을 가져오게 된다. 우리는 거의 대부분 성적 시·공간의 특이성 앞에서 당혹해 한다. 교양있는 남자나 여자라 해도 그들의 부부생활 속에서는 아주 다른 모습을 보일 수도 있다. 거꾸로 그 당혹성 때문에 그들은 스스로를 억압할 수도 있다. 나아가서 불륜, 강간, 각종의 엽색 행각과 그것들에 대한 보도는 유혹인지 경고인지 구분하기 어려운 대상이 되어 버렸다. 우리가 무언가를 제대로 정립하려 한다면 이 특별한 시·공간에 대한 자기 인식을 분명히 하지 않으면 안 된다는 말이다. 무엇을 해야 하는가는 그 다음의 문제다. 그러므로 그 선언이 절대로 정당하며 절대로 필요하다.

'하나가 변태이면 모두가 변태이다.' '모든 욕망은 평등하다.'

이걸로 우리는 뭔가를 해야 하는 것이다. 이 공간의 특이성에 대해 더 이야기해야 한다면 우리는 하루 종일이라도 할 수 있다. 도움이 될 만한 문헌을 추려내기로 한다면 서점에서 골라내는 것만 솎아내도 몇 박스는 채울 수 있다. 그러므로 그것은 이만하면 됐다.

중요한 소 결론 —— 선택, 인식, 결단

70년대 중반 십수 명을 연쇄적으로 살해하고 붙잡힌 희대의 살인마가 있었다. 그 시기 사회 전반에 충격과 경악을 일으킨 사건이었다. 알다시피 그는 사형을 언도 받았다. 돌아보면 생각해 보아야 할 것도 허다하거니와 다른 측면에서는 뭐라 할 말이 없는 사건이기도 하다. 지금 그것을 음미하고자 한다. 문제의 핵심은 죄에 대한 벌, 바로 사형이다.

법은 간결하고 냉철하다. 법이 수행되는 지평은 그 법이 제정된 근원이나 동기의 차원이 아니다. 주어진 법조문이 무어라고 선포했는가가 중요하다. 사법과 그 평결의 집행은 입법의 과정을 묻지 않는다. 그러므로 이 지평은 우리의 이야기 바깥에 존재하는 대상이다. 물어야 할 것은 이른바 도덕, 윤리학의 문제이다. 그것은 이러하다. 우리의 마음은 이 살인마에게 분명히 사형을 언도하고 있는가? 지금 죽음을 다루고 있다. 그런데 한 인간이 다른 어느 인간에게 죽음을 선포할 수 있는가? 이것은 한 사람이 어떤 이유, 분노나 복수심 혹은 이기적인 이익을 위해 살인을 자행하는 것과는 전혀 다른 문제이다. 왜냐하면 이 경우 죽음의 선포, 사형의 언도는 '그래야 하는 필연적인 당위와 정의'를 따지고 있기 때문이다. 누군가는 이렇게 되물을 것이다. '지금 장난치고 계시나? 죽어 마땅하니 죽어야지. 당신은 지금 성인 군자의 도 같은 것을 설법하려는 중인가?'

'죄 없는 자 먼저 돌을 들라!' 분명히 이렇게 말할 생각은 없다. 성인 군자의 도라든가 근원적인 형이상학적 범주를 말하는 것은 이 책의 범위를 확실히 뛰어 넘는다. 내가 묻고 있는 것은 전혀 다른 것이다. '우리 중에 살의를 체험하지 않은 사람이 아무도 없다'는 것! 단 한 마디의 모욕적

언사에도 우리는 살의를 느낀다. 늦은 시간 유흥가를 걷다보면 피범벅에 엉망이 되어 싸우는 사람들이 있다. 대체 무슨 일이 있었든지 간에 그 순간의 처절함이 일촉즉발의 살인적 폭탄임을 우리는 잘 알고 있다. 숨가쁘게 바쁘고 고된 지하철 안에서 언뜻 잘못 부딪히고 밟히는 어느 순간에 우리의 뇌리에 분명히 살의가 스쳐간다. 고참에게 시달리는 졸병은 군 내무반에 M-16소총을 난사하거나 203유탄을 날려버릴 수 있다. 물론 그런 일은 실제로 발생했다. 게다가 행동하기 어려운 일이라는 것들도 대체로 한번만 하게 되면 다음부턴 일사천리이기 십상이다. 사람은 누구나 그러한 자신을 두려워 해 본 적이 있기 마련이다. 그렇다면 우리 중에 살인마의 소질이 없는 자가 그 누구인가? 따라서 우리 중에 살인마의 명패로부터 제외된 자가 어디에 있는가? '죽어 마땅하니 죽어야지'라는 말 자체는 살인마 자신의 생각과 과연 얼마나 다른가? 물론 생각과 행동은 확실히 다른 것이다. 하지만 다시 한번 교통사고를 생각하기로 하자. 그 누구에게도 교통사고의 확률은 매우 작다. 그것이 조금이라도 커진다면 차량 일반이 폐기될 것이다. 그러므로 교통사고를 두려워하는 것과 교통사고를 실제로 당하는 것은 분명히 다른 것이다. 그러나 아무도 교통사고로부터 자유로울 수는 없다. 살인마는 왜 살인마가 되었을까? 하지만 당신과 내가 그 살인마가 아닌 이유가 당신과 내가 교통사고를 당하지 않았다는 것과 정말 많이 다른가? 이유 없는 사건이 없으며 사연 없는 인생 또한 없다. 살인마에 대한 사형의 선고는 도덕적 지평에서 바라볼 때 본질적으로 자신에 대한 언도이다. 이것은 심각한 딜레마다. 인간은 욕망과 평가와 해석을 동시에 소유하면서 동시에 맞세우는 존재이기 때문이다. 이 사실은 그 밖의 훨씬 많은 지점에도 가지를 뻗치고 있다. 그러나 우선은 이 딜레마가 문제다. 이 살인마에게 우리의 윤리학은 어떻게 사형을 언도할 수 있는가?

첫째, '나'라고 하는 평가 주체와 '남'이라고 하는 평가 대상이 윤리적 지평에서 본질적으로 동일하다는 사실을 '감정적'인 동시에 '지적'으로 이해할 것. 둘째, 그 행위는 결코 용납될 수 없으며 행위의 당사자는 죽음의 형벌로 처리해야 한다는 것을 순수한 이성의 눈으로 결단할 것. 셋째, 따라서 자신이 행위의 주체였거나 주체가 된다면 스스로에게도 그 형벌이 분명히 적용되어야 함을 확인할 것.

이 세 가지가 이 책에서 말할 수 있는 사형 언도의 윤리적 지평이다. 너무도 평이하지만 좀체로 실천되지 않는 것이 바로 이 세 가지 강령이기도 하다. 가장 크게 실패하는 지점은 첫번째 강령이다. 주체는 완고하다. 두번째와 세번째는 제법 냉철하게 수행할 수 있어도 첫번째에 대해서는 좀처럼 동의하려 하지 않는다. 그러나 그 동의 없이 두번째와 세번째가 객관적이기는 이미 틀려 버렸다. 첫번째 강령을 상실한 모든 선포는 '이 밥통들아 빵이 없으면 케익을 먹으란 말이다'라고 민중에게 소리친 루이 16세의 마누라 마리 앙트와네트의 괴성과 본질적으로 동일한 것이다. 특히 중요한 것은 '감정적' '정서적' 동화라는 부분이다. 사실 이 점이야말로 비통스러운 현실이다. 누군가 인류의 보다 나은 진화를 말한다면 타자에 대한 이러한 동화의 진보를 빼놓고는 더 말할 것이 없다고 해야 한다. 이 첫번째 강령의 거부에는 그 이면에 기득권을 가진 사람들 일체의 잔혹성이 깃들어 있다. 그들은 말한다. 돕거나 동정할 수 있다고. 또 자비와 너그러움을 베풀 용의가 있으며 실제 그렇게도 한다. 그러나 그들의 내면은 대상과의 동일성만은 모지락스럽게 부정한다. 실인즉 인류의 역사란 이 완고한 자들에 대한 대가를 올바로 치루어 주려는 역사였다. 이 말이 거짓말이라면, 그들이 그렇게 완고하지 않다면, 세상에 어떻게 부자들이 존재할 수 있겠는가? 그러나 거기서부터는 지금 우리의 주제가 아니다. 우리는 대책 없이 확대된 성적 시·공간이란 블랙홀을 다루고자 여기에 왔다. 그러니 다른 이데올로기가 무어라고 소리치든 상관하지 않는다. 우리는 우리의 부족을 알고 있다. 단지 가져야 할 기준을 정립하고 싶어할 따름이다. 그것은 이 책 전체에 걸쳐 움켜 쥐고 있어야 할 최소한의 윤리적 강령을 의미한다. 그것이 필요한가? 물론이다. 필요하다.

인간의 복지를 문제삼는 한 세계 안에는 단 하나의 이념밖에 존재하지 않는다. 그것은 '쾌락주의'다. 인간의 이름으로 수행되는 어떠한 노력, 지향, 추구라 할지라도 여기로 환원시킬 수 있다. 우리는 그렇게 이해한다. 하위 개념은 오로지 두 가지의 분류만을 허락한다. 그것 곧 쾌락이라는 대상은 ① 이기적이고, 불공정하고, 폭력적이고 야비하게 획득되는 것인가? ② 더불어, 공정하고 온화하며 품위있게 획득되는 것인가? 이 두 가지이다.

이 분류는 당위 이전의 것이다. 그것은 개개의 사람들이 내면화시키고 있는 인간성에 대한 그러나 명백하고 현실적인 전제들이다. 그것은 차라리 고백의 대상이다. 인간성, 인간의 복지와 연관하여 우리는 분류 ②를 선택한다. 이것을 '선택 공리'라 부른다.

대상, 세계와 인간을 주시함에 있어 우리는 그 필연성의 한계에 이르기까지 감정적으로 지적으로 동화될 것을 요구한다. 이해하지 못한 것에 대해서는 본래 언급이 불가능하다. 동화되지 못한 대상에 대해서는 그러므로 도덕적 선포가 존재할 수 없다. 스스로가 변태일 수 있음을 이해하지 못한다면 '변태'라는 규정 자체가 불가능하다는 논지가 그 한 예이다. 근본적으로 동화되지 못하는 것, 이해되지 못하는 것들 사이에는 규정도 도덕도 없다. 그것들 사이엔 영원한 무관심이 아니면 영원한 투쟁만이 존재한다. 예컨대 살인마를 이해할 수 없다면 결론은 다음과 같을 뿐이다. '살인마가 우리를 죽이거나 우리가 살인마를 죽일 것이다.' 여기엔 무작위의 살의와 전쟁만이 있을 뿐이다. 여기엔 도덕이나 법 그중 아무 것도 존재하지 않는다. 이 또한 당위 이전의 문제다. 도덕성과 대상에 대한 동화는 상호 전제이며 상호 인과 관계이다. 어떤 주체, 어떤 사람들은 이것을 부정한다. 그들은 이질성 자체가 부도덕이라고 말한다. 그러나 우리는 그들을 파시스트라 부른다. 우리는 그들의 부정을 부정한다. 그들의 운명은 그들과 다른 자들로부터 '이질성의 부도덕'을 언도 받을 뿐이다. 결론은 권력을 쥔 쪽이 자행하는 살육뿐이다. 일체의 도덕적 평가에 앞서 우리는 철저히 그 한계까지 대상과 감정적으로 지적으로 동화되려고 노력할 것이다. 이것을 '인식의 공리'라 부른다.

우리는 거리화 가능한 우리 자신의 합리성을 신뢰한다. 그러나 어떤 설명이나 견해도 오류와 편협의 가능성을 또한 내포한다. 그럼에도 불구하고 우리는 최선의 결정을 선포해야 한다. 그것은 쉬운 일이 아니다. 가령 살인마에 대한 최종 언도가 사형이어야 하는지 우리는 확신할 수 없다. 사형제도 일반이 재고되고 있으며 거기엔 충분한 근거가 있다. 따라서 언도의 결정은 우리의 순수한 이성과 폭넓은 토론과 숙고 속에 이루어져야 하며, 무엇보다 보다 나은 최선에 대해 열려 있어야 한다. 이것을 '열린 보편성'이라 부른다.

지금 초등학교 바른생활 책이 떠오를지도 모른다. 그러나 누가 그랬던가. 우리는 알아야 할 것을 이미 유치원 때에 다 배웠다고. 남은 것은, 그러니까 가슴으로 느끼는 일이다. 사람은 그걸 쉽게 느끼는가?

'사람은 누구나 이기적이야. 할 수만 있다면 무슨 짓도 하겠지. 다만 교육 등을 통해서 좀 절제하고 억제하는 것뿐이야.' 얼마나 많이 들어왔던 이야기인가. 이것은 궁극적으로 쾌락주의 하위분류 ①을 선택했다는 의미 이다. 이렇게 되면 모든 도덕률과 규범은 즉시 수단으로 전락한다. 왜냐하면 그것들은 보다 나은 이득을 위해 타인에게 전시하는 것에 불과하기 때문이 다. 그러므로 그 선택은 이렇게 말하기 시작한다. '부부란 서로의 이익을 위해 결합한 것이다. 따라서 누가 더 이득을 보는가는 밀고 당기기 게임에 달려있다. 똑똑한 자가 승리한다.' 선택 공리는 당위 이전에 전제된 것이라 고 했다. 한번만 돌아보라. 하위개념 ①의 선택이 얼마나 광범위하며 가공스 러운 전제인가를. 이제부터 모든 쾌락은 투쟁하여 획득해야 하는 재화 같은 것이다. 그러나 이 절망스런 전투가 과연 쾌락일까? 성적 시·공간 내부에서 이 주체가 획득해 낼 수많은 괴물들은 이제 무엇이 될 것인가? 내가 보기엔 이것은 완전히 자가 당착이다. 쾌락은 본질적으로 대상과의 관계이다. 위의 주체는 그 관계를 지배 이외의 것으로는 전혀 이해하지 못한다. 앞서 말한 사오정 대왕의 치명성이 바로 이것이며, 뭐라고 둘러치건 간에 이러한 선택 은 사오정의 독선과 동일한 것이다. 이게 왜 쾌락인가? 정말로 의미 심장한 것은 왜 이것을 우리 시대가 쾌락으로 이해하게 되었는가에 있다.

"자본주의의 사회적 관습, 즉 실제에 있어 주관적으로 느껴지는 모든 필요라든지 불행이라는 것은 보다 많은 상품을 구매할 수 있게 된다면 제거 될 수 있다는 견해를 유발시켰다. 경쟁적이며 경제적으로 불안정한 세계(거 기서 노동자들이 기능하고 있다)는 일반적으로 주관적인 불안, 고독, 소외감 을 야기시킨다. 이러한 감정의 원인은 대부분 노동자들에 의해서 그들은 만족할 만큼의 충분한 양의 상품을 구매할 능력이 없기 때문이라는 것으로 인식되어 왔다.……거기서는 많이 가질수록 소유욕이 더욱 커지며 빨리 달릴수록 속도가 더욱 느리게 느껴지며 열심히 일할수록 미래에는 더욱 열심히 일할 필요가 커지게 된다."

이렇게 말해도 우리들은 대체로 심각성을 크게 느끼지 못한다. 우리가 그 안에 있는 탓에 시대를 불문하고 사람들은 본래 그래왔다고 생각한다. 그러나 그렇지가 못하다. 하지만 이것을 언급하자면 범위가 너무 넓어진다. 그러므로 이 레이스도 뒤로 넘기기로 하자. 다만 우리의 주제나 소재들이 얼마나 거대한 체계와 연결되어 있는가를 자각할 수 있으면 된다. 여하간 우리의 현실은 쾌락에 대한 굉장한 오해를 보여준다. 그것들은 교묘하게 은폐되어 있다.

A: 사태를 가장 단순화시키면 이렇다고 할 수 있어. 여자는 애를 낳아 기르도록 만들어져 있고 남자는 그것을 도와 주도록 되어 있지. 그러니 여자는 애만 잘 기르면 되고 남자는 도와주면 돼.
B: 그래? 그렇다면 말이지. 네 아내가 애를 잘 키우는 한, 그러는 한 무슨 짓을 해도 되나? 예컨대 다른 남자들과 마구 놀아나도 애만 잘 키우면 되는 거야?
A: 무슨 얘기를 그렇게 극단적으로 하나? 원칙이, 자연이 그렇다는 거지!
B: 맙소사 내가 극단적이야? 내가 보긴 네가 훨씬 극단적인 것 같은데. 나는 이렇게 생각해. 모르긴 몰라도 너는 종래 대가를 치르고 말 것이다.

이것은 내가 체험했던 실제의 대화이다. 이 A라는 남자의 가정생활은 과연 어떠할까? 이 남자의 눈에 여성은 무엇으로 보일까? 이 A의 성적 시·공간에서는 무슨 일이 벌어지고 있을까? 그에게 쾌락이란 도대체 어떤 걸 의미하는 걸까? 그러나 그의 내면에는 무수한 사유의 체계가 있다. 예컨대 '자연'이란 말이 그렇다. 그는 온 힘을 다해서 우주의 규칙까지 새로 만들어 낸 것이다. 진리가 욕망을 한계 지은 것이 아니라 욕망이 진리를 무로부터 건설했다. 중요한 것은 그것을 그가 추호의 의심도 없이, 철썩 같이 믿고 있다는 것이다. 우리가 유치원에서 배웠던 것은 지금 전혀 가슴으로 느껴지지 못하고 있다. 우리의 공리들은 하늘에 있는 것이 아니다. 우리는 스치는 책갈피에 손을 벤다. 우리의 공리들이 선택되지 못함으로써 우리의 한 순간들이 얼마나 잔혹한지 우리는 너무 잘 알고 있지 않은가? 인간의 적응력은 실로 대단해서 그것들을 무쇠 가죽만큼이나 질기게 견디고 있을 뿐이다. 설마하니 이 엄혹한 현실 하에서 누가 그 공리를 완벽하게 짊어지고 있겠는가? 그것은 일평생 수양의 문제이다. 단지 무엇이 우리의 본래 본성인가를 묻고 있을 뿐이다. 도덕은 그 자체가 욕망의 대상이다. 우리는 도덕을 욕망한다. 그 욕망으로 우리는 우리를 되묻는다. 어떤 공리이고 싶은가? 우리 인간성의 심연은 쾌락을 투쟁으로 이해하는가? 이질성 자체를 적으로 규정하는가? 그렇지 않다. 우리는 우리의 공리를 선택한다. 왜 그것이 그다지 어려운 문제인가는 전사회적 구조의 혁명과 연관되어 있다는 것을 아주 잠시 언급했다. 그러나 그 이전에 우리의 실존이 먼저 고백한다. 우리의 공리들을!

우리는 '어느 수줍은 황색의 새디즘'까지 도달한 성적 시·공간의 특이한 세계를 검토하고 있었다. 그것은 아직도 먼 길이다. 여기 그 탐색의 한 귀퉁이를 짚어두고 간다.

예시 하나 —— 강간

사람들은 누구나 환상을 즐긴다. 그 환상의 내용이 세속적이거나 변태적일 수도 있다. 예를 들면, 남녀 모두가 강간을 당하거나 범하는 환상을 즐긴다. 그러나 그 내용들이 단순한 환상에 불과하다면 문제가 되지 않지만, 실제 행동으로 표현된다면 무모한 것들이 대부분이다. 수우 David Sue라는 심리학자가 23명의 대학생을 대상으로 실시한 연구에서 30%의 여학생과 21%의 남학생들이 적어도 한번 이상 강간을 당하거나 범하는 공상에 잠긴 적이 있었다고 보고하였다 (Psychology Today, 1987년 10월). 또한 203명의 여대생들만으로 실시된 연구에서도 응답자의 50%가 의식적으로 강간에 대한 환상을 해보았다고 대답하였다. 역시 그러한 경험을 했던 여성들의 반 이상이 스스로 그러한 환상을 통하여 성적 쾌감을 얻었다고 말하였다. 그 환상들은 강간에 대한 것일지라도 낭만적인 만남을 전제로 한 것이 대부분이다.

여러 연구들에서 여성들이 강제로 당하는 성교에 대한 환상을 자주 한다고 밝히고 있다. 특히 성적으로 억압하는 도덕적 전통에서 자라는 남녀가 강간에 대한 환상을 더 즐기는 경향이 있다. 물론 남성들도 여성으로부터 당하는 강제 성교에 대한 환상을 하지만 여성들보다도 강제로 성 행위를 시도하는 환상의 비율이 높게 나타난다. 또 성교 도중에도 여성들은 남성들보다 강제 성교를 당하는 환상을 더 자주 보고한다. 그러나 여성들이 그런 강간에 대한 환상으로부터 즐거움을 얻는가 하는 문제를 생각해 보자. 여성들은 강간에 대한 환상을 하더라도 실제 장면에서는 강간을 원하지 않는다. 설령 남성으로부터 강간을 당하는 환상에서 즐거움을 얻을지라도 실제의 강간과는 다르다. 환상에서는 여성 스스로가 그 상황을 통제할 수 있지만 실제의 강간은 그렇지 못하다. 여성의 환상에서 나타나는 강간의 장면은 자신의 매력에 못 이긴 남성이 등장하고, 또 그 남성도 자신에게 매력적인 상대인 경우가 대부분이다. 그러나 여성운동가들은 그러한

환상이 여성에게 존재하더라도 여성들의 강간 발생에 기본 조건이 되지 못하며,
또 강간발생에 어떠한 기능도 하지 않는다고 반박하였다.

(윤가현, <성 문화와 심리>, 학지사, 1996, 360쪽, 강조는 인용자)

강간에 대한 성적 공상은 실제로 많은 이들에게 보편적으로 나타나는 자연스러운
증상이라고도 한다. 헌트라는 심리학자에 의하면 남자들의 경우 수음을 할 때,
그리고 여자들의 경우는 수음이나 성 관계 중에서 성적 공상이 많이 이루어
진다고 한다. 이때 남자들은 여자에 비해 낯선 이와의 성 관계나 집단혼, 강간을
행하는 내용을 갖게 되고, 여자들은 알고 있는 누군가로부터 강간 당하는 공상을
하는 경향이 있다는 점이 다소 다르다.

그런데 여기서 유의해야 할 것은 강제적인 성 관계를 꿈꾼다고 해서 그 강제의
의미가 모욕적이거나 동물적인 것이 결코 아니라는 점이다. 즉 강제라는 의미는
지극히 심리적인 것으로 수치감을 일으키는 것이 아니라 매우 자기 고양적이라는
것이다. 말하자면 자신의 쾌감을 증폭시키는 데 도움을 준다는 의미에서다.
그래서 성적 공상으로서의 강간이 심리적 테두리 안에서 존재할 때만이 의미가
있다는 것은 강간의 공상 내용 연구결과에서 더 자명해진다. 사실상 성적 공상의
주제 중 70~80 퍼센트를 차지하는 것은 역시 남녀 공히 사랑하는 대상과의
관계라는 점이다. 낯설거나 사랑하는 대상이 아닌 평소에 알고 있던 이더라도
대부분 강간하는 대상이나 강간 당하는 대상은 자신이 그런 행위를 하는 데에
일종의 보상이 따르는 존재라는 특징이 있다고 한다. [……]
더욱 재미있는 보고는 최근 미국에서 조사된 것으로 가정이 안정되고 학력이나
사회적 안정도가 높은 여성들이 강간당하는 꿈을 잘 꾼다는 사실이다. 아마도
대부분의 사람들은 뭔가 부족함이 있거나 지나치게 수동적인 여성들이 아니라는
점에서 적잖이 놀랄 것이다. 자신이 겪지 못한 미지의 경험을 꿈 속에서 즐기는
것 자체가 건강함의 반증인 듯 하다. [……]

여성 역시 마찬가지다. 다른 점이 있다면 막연히 힘과 섹스를 결합시켜 남성다움의 이미지를 연상함으로써 강간까지 달콤한 것이 아닐까 하고 상상하는 여성은 예외 없이 강간을 경험하지 않은 여성들이라는 점이다. 물론 이 차이는 매우 커다란 차이다. 여성은 불행인지 다행인지 강간의 실제를 깨달을 수 있지만 남성은 어쩌면 아주 오랫동안 그 실제를 깨닫지 못하기 쉽기 때문이다. 또한 여성은 이렇듯 막연하고도 달콤한 강간의 상상 속에 존재하지만 남성은 실제화될 가능성이 많기 때문이기도 하다. [……]

그런데 첩첩산중이라고 한 것은 앞서 언급하기도 했지만 여자들 중 상당수가 실제로 강간의 본질은 모른 채 환상을 갖고 있다는 점이다. 이런 현상은 남성과 여성 모두가 왜곡된 성의식을 가지고 있다는 점을 여실히 드러내 준다. [……] 언젠가 한국성폭력상담소에 취재차 갔다가 이런 말을 들은 적이 있다. '어느 누구라도 강간 당하길 바라지 않는다'라고. 그렇다. 잠시라도 곰곰이 생각해보면 자명한 일이다. '강간은 섹스가 아니라 섹스를 빙자한 폭력일 뿐이다. 정신적인 이상자가 아니라면 누가 폭력에 노출되길 바라겠는가?…… 강간은 결코 사랑이 아니다. (이재경·김영미, 『주부가 쓴 성이야기』, 지성사, 1997, 51~54쪽)

이렇게 말할 수도 있다. 뭘 어쩌자고 강간을 왈가왈부하고 있는가? 그건 범죄이며, 그것도 용납할 수 없는 범죄이다. 단지 그뿐이다. 하물며 운운하는 그 자체가 수상하지 않은가? 그런데 그렇지가 않다. 이것은 중요한 예시이다. 안방에서 기어나온 살모사를 외면한다고 해서 사태가 다 해결되는 건 아니다. 그리고 성적 시·공간의 특이성은 도로에 흩어진 수천 마리 살모사 따위로도 비교가 안 된다. 이 경우에 눈을 감는 것은 진보가 허락하는 태도가 결코 아니다. 여기서도 우리는 무언가를 알아내어야 한다.

첫번째 인용은 심리학 교수가 저술한 책에서 두번째 인용은 여성이 쓴

에세이집에서 발췌한 것이다. 한 눈에 보이는 것이 있다. 양자 공히 환상과
실제간의 문제가 그 핵심을 이룬다. 다소 새삼스러운 것이 있다면 강간에
대한 공상이 그토록 광범위하다는 것, 특히 여성에게도──그것이 환상에
멈추는 한──그러하다는 점일 것이다. 그러나 별로 새로운 것이 없는지도
모른다. 성적 시·공간이 그러하다는 것을 지금껏 논해왔기 때문이다. 가장
되먹지 못한 경우는 이러한 보고서── 하나는 전문적인 학술 논문으로
다른 하나는 여성 자신의 입으로 보고된──가 어떤 남성들에게 묘한 자족
감을 가져다 주는 때이다. '여성은 누구나 당하길 원해. 그러니까……' 이
바보들 또한 우리가 처치해야 할 대상이다. 이 미묘한 사안은 다음과 같이
정리될 수 있다.

첫째. 환상이란 것과 실제 상황이라는 것. 그 의미하는 바의 실상에 대한
이해. 양자가 아주 밀접한 관계에 있다는 것은 누구나 알고 있다. 쌀밥을
맛있게 먹는 환상을 가지게 되면 주체는 쌀밥을 먹게 된다. 경치가 좋은
숲이나 산을 꿈꾸면 그는 그런 산에 가기가 쉽다. 이렇게 환상은 그 환상을
현실화시키는 동력 중의 하나가 된다. 게다가 양자는 많이 닮아있다. 그러므
로 양자는 밀접하게 연관되어 있다. 너무 상식적이므로 이는 동어반복이다.
문제는 양자가 얼마나 다른가에 대해서 우리가 몹시도 무감하다는 것이다.
정확히 말해서 알고 있으면서도 자각하지 못한다고 해야 한다. 진화 생물학
자들은 이 무감성의 원인에 대해 생물학적 근거를 제시할지도 모른다. 공상
과 현실의 차이를 우리는 잘 느끼려 하지 않는다. 그러나 조금만 환기시키면
그것은 극도로 자명한 사실이 된다.

스카이 다이빙. 비행기를 타고 높은 고공에 올라 뛰어내리는 스포츠다.
우리는 다음과 같은 경우를 상상해 볼 수 있다. 하늘을 나는 꿈에 젖어 있던

사람이 그 꿈의 실현을 위해 스카이 다이빙을 결심했다. 훈련과 노력 끝에 그는 드디어 첫번째 점프에 도전하게 되었다. 그는 비행기에 올랐고 드디어 뛰어내리기 직전 아슬아슬한 출구에 섰다. 그리고 뛰어내렸다. 질문은 이렇다. 비행기에 타기 직전까지 이 사람이 꿈꾸던 공중낙하와 비행기를 탄 이후 실제 낙하 과정까지 사이에 느끼는 공중낙하는 과연 동일한 것일까? 천만의 말씀이다. 양자는 연관의 밀접성 못지 않게 극단적인 차별성을 가진다. 여기에 심리학적 실험 보고도 뒤따른다. 첫 공중낙하를 앞두고 있는 사람의 스카이 다이빙에 대한 기대감과 공포감을 수치로 환산해 보았다. 낙하 순간이 시간적으로 멀리 떨어져 있을 때 기대감은 공포감보다 훨씬 높았다. 당연하다. 소풍가는 당일보다는 그 전날이나 일주일 전쯤이 훨씬 즐거운 법이다. 낙하순간이 시간적으로 가까워짐에 따라 기대감과 공포감의 곡선은 큰 교차를 이룬다. 기대감은 비스듬한 경사처럼 상승한다. 공포감은 지수곡선 이상으로 급상승한다. 그렇다면 더 멀리까지 추측해 보기로 하자. 뛰어내린 이후 중력의 부재와 엄청난 속도를 느껴야 하는 다이버의 감각은 '새처럼 하늘을 날면 얼마나 좋을까'라고 공상하던 그 느낌과 같을 것인가? 보기는 좋았던 바이킹이라는 놀이기구를 타본 사람은 그 첫 경험과 상상간의 차이를 참으로 실감나게 체험했을 것이다.

아주 간단하다. 환상과 실제는 다르다는 관점에서 보면, 정말이지 완전하게 다른 것이다. 사람들은 권투를 구경한다. 그 현란한 기술과 힘을 구경하지만, 선수들은 가볍게 런닝이라도 하듯 움직이지만, 당사자(관람자) 자신이 링에 올라서면 얘기는 크게 달라진다. 축구나 야구를 열광적으로 좋아하는 여성 중엔 실제 운동과는 아예 담을 쌓고 있는 사람들이 얼마든지 있다. 돌아서서 생각하면 우리 모두가 환상과 실제간의 이 커다란 간극을

매우 잘 알고 있다. 그렇다. 환상과 실제는 본래부터 다른 것이며 사실 양자
는 동기나 목적에서부터 다른 것이다. 인간이 환상을 체험하는 이유는 아마
생존을 위해 현실과 다르게 기여하는 바가 있기 때문일 것이다. 마찬가지로
현실을 자각하는 능력도 환상을 체험하는 기능과 다소 다른 곳에 있다. 왜
우리가 때때로 이 양자를 완고하게 동일시하려 하는가는 또다른 문제이다.
그러나 한편 현실이 문제인 경우 사람들은 이 양자를 너무도 분명하게 구분
한다. 예컨대 사업에 성공할 거라는 환상과 성공한다는 실제 상황을 우리는
칼날처럼 구분한다. 우리는 그런 때 굉장히 냉담하다. 돈이나 현실적 목적을
앞에 두고서 이 양자의 차이를 구분하지 못하는 자를 우리는 절대 신뢰하지
않는다. 단지 어떤 경우에만 우리는 언제 그랬느냐는 것처럼 양자를 스스로
혼돈시킨다. 참 묘한 일이다. 이 현상 자체가 차라리 연구대상이다. 가부간
에 강간이라는 대상과 관련하여 후자들은 이처럼 혼돈한다. 권투를 좋아하
는 남자들은 핵주먹 타이슨과 권투를 하고 싶어 하는가?——시작한지 10초
이내에 어딘가 한 군데 부러지고 말 것이다. 전원 생활을 꿈꾸는 도시인이
정말 시골로 내려가 농사를 짓고 싶어 하는가? 강간 환상에 젖었던 사람이
실제로 강간을 원할까?

　　그러나 중요한 것은 균형이다. 환상과 실제간의 극단적인 차이가 양자
의 밀접성을 전면적으로 부인하는 것도 아니다. 우리가 명심해야 하는 것은
이 차이와 밀접성의 균형이다. 이것을 여기서 **상대적 독립성**이라 부르기로
한다. 그러니까 환상과 실제는 상대적으로 독립되어 있는 것이다. 지금 환상
과 실제 상황, 그 의미하는 바의 실상을 규정하는 중이다. 그런데 그것이
어쩼다는 건가? 그 구분과 구분을 위한 개념이 왜 필요한가? 그에 대한
대답은 몇 쪽만 미루기로 하자. 다만 우리는 건전한 상식을 분명히 해두고자

한다. 환상과 실제는 상대적으로 독립되어 있는 무엇이다. 이 상식이 무너질 때 거기엔 인간성의 놀라운 균열이 발생한다. 이제 좀더 구체적인 두번째 이야기로 넘어갈 차례이다.

둘째. 실제 강간, 강간 행위, 그 의미하는 바의 실상에 대한 이해.

우선 인식의 공리. 인용에 의하면 강간에 대한 공상은 남녀 불문하고 그 내용이 다양하다. 남자가 능동적 행위자로, 여자가 수동적 피해자로 공상되는 경우가 압도적인 비율을 차지하지만 그 반대의 경우도 있다. 앞서 얘기한 살인마와의 동일시를 회고해 본다면 이 모든 경우에도 우리는 그 한계를 추적해 볼 수 있을 것 같다. 하지만 여기서 가장 일반적인 상황을 선택하기로 하자. 그것은 이렇다. 강간을 하는 남성이나 당하는 여성 모두가 이 인식의 공리에 대해 무척이나 불성실하다는 것이다. 그러나 실제로 무슨 일이 벌어질 것인지 우리는 정말 모르고 있는 것일까?

어떤 남성들은 자신의 발기한 성기가 여성의 성기로 침투해 들어갈 때 주로 쾌락을 상상한다. 따라서 당연히 여성도 그럴 것이라 믿으려 한다. 그러므로 그것이 남성 자신의 항문에 각목을 쑤시는 행위나 다름 없다라고는 꿈에도 생각지 않는다. 어떤 여성이 한 남성에게 '네 항문에 각목을 밀어 넣으면 너는 참으로 좋아할 거야. 너희는 여성과 달라서 무언가 들어오는 걸 느낀다는 게 뭔지 모르는 하등 동물이거든. 그러니 그렇게 해주면 아마도 너희는 열락에 젖어 감격의 눈물을 흘리게 되겠지'라고 말했다고 상상해 보라. 헛 소리라고? 일리가 있다. 이런 말이나 생각을 하는 여성들이 거의 없을 것이며 또 말한다 해서 여성에게 좋을 일이 하나도 없다. 왜냐하면 그건 말에 불과해서 실제로 남성이 권력을 부여잡고 있는 이 세계에서는 벌어질 가능성이 거의 없기 때문이다. 되려 이 음탕한 공상 자체를 놈씨들은 낄낄거리고 환영할지도 모른다. 말이야 어쩌면 어떻겠는가? 실제는 거꾸로일 것이 햇살처럼 명백할 것인데 말이다. 결국 권력의 문제다. 그것은 실제를 부정할 수 없다. 다만 실제를 외면하고 왜곡한다. 이게 어떻게 권력의 문제인가를 보라.

> 이와 반대로 성교 도중에 남성의 목을 조이면 남근의 혈관이 긴장하면서 남근의 팽창이 더 강하게 나타나므로 성적 쾌감을 극도로 얻는다. 이와 같은 방법들은 생명을 앗아가는 극히 위험한 행동들임에는 틀림없다. 그렇지만 제2차 세계대전 당시 독일 여군들은 유대인 남성들을 죽이기 직전 이와 같은 방법으로 성적인 쾌감을 얻었다고 전해진다. (윤가현, 463쪽)

……라고 전해진다. 그러므로 사실은 모른다. 하지만 사실이 아닐 것도 없다. 강간은 통상 어둡고 인적이 드문 음험한 장소에서 순식간에 해치워지는 행위라고 인식된다. 그러나 내일이면 생체실험으로 찢기거나 염소가스로 폐와 심장이 도배될지도 모르는 절대 무력한 이 대상을 아주 느긋하게 박살내는 행위가 강간이 아닐 이유는 전혀 없다. 공상으로만 따지면 남성으로서도 그렇게 당하는 것이 제법 황홀한 일일지도 모른다. 소설 <이갈리아의 딸들>은 남녀간의 권력 관계가 뒤바뀐 가상세계에 대한 이야기이다. 이 땅에서 한때 여자들은 가위를 소지하고 다녔다. 왜 그랬을까. 말 안 듣는 되먹지 못한 남자들의 튀어나온 소시지를 잘라버리기 위해서다. 이갈리아에서도 시대가 흘러 사회가 좋아지고 민주화되었으므로 그런 법은 사라졌다고 한다. 하지만 힘 좋은 불량 소녀들이 있어 잘 갈려진 가위를 들고 어둡고 음험한 뒷 골목에서 먹이를 기다리는 사건들이 왜 없겠는가. 이 모든

것은 상상이 자못 힘겨운 남녀의 사회적 관계를 제쳐 놓고라도 알 수 있는 현실이다. 실제로 강간을 당하는 여성에게 그 행위는 남성의 항문에 각목을 밀어넣거나, 수갑을 채워 놓고 목을 조르거나 재미삼아 가위로 음경을 잘라 버리는 것과 크게 다르지 않다. 이 사실은 남성 자신들이 스스로 구조화한 권력 관계에서 얼마든지 체험하는 것이다.

> 남성 희생자들의 특성은 잘 알려지지 않았지만 남성 희생자 115명을 상대로 한 면담 결과는 다음과 같다. 그 중 100명(87%)은 적어도 1명 이상의 남성으로부터 강간을 당했는데 대부분 강제적인 항문 성교였고, 7명(60%)은 남성 1명과 여성 1명으로부터 당했으며, 여자들에 의하여 강간당한 사례는 8명(7%)이었다. [……] 또 가족이나 친척들로부터 희생된 자는 30% 정도였다. 특히 나이가 들어서 강간 희생자가 된 경우, 그중 15%는 자신의 성적 지향에 대한 혼동이 생겨 성 행동을 전혀 표출하지 않았다. (윤가현, 362쪽)

이 정도면 좀 심하다. 그런데 남성들은 어린 시절에 집안의 어른들에게 강제로 고추가 만져지는 체험을 한다. 모르긴 몰라도 굉장히 일반적일 것이다. 역설이지만 그들은 어른이 되어 스스로 추행자가 되기도 한다. 그러나 그것을 당하는 순간 그 마음은 어땠었는가? 자신을 사랑하고 귀여워해 주는 어른의 고마운 마음씨에 물씬 젖어들었던가? 그래서 목덜미를 만져줄 때 나른하게 쾌감에 젖어드는 고양이처럼 뿌듯하고 행복했었던가? 거의 대부분의 아이들은 기를 쓰고 그 상황을 탈출하려 한다. 그건 조금도 좋은 일이 아니었다. 군대에 가서도 마찬가지이다. 모든 졸병은 여차하면 직·간접의 성희롱을 체험한다. '에이, 탁 준비!' 졸병은 벽에 머리를 대고 선다. '실시!'

'……에이, 탁.' 고참이 되면 이번엔 명령자가 된다. 에이, 탁이 뭐냐고? 백만 장병의 수만 개 내무반마다 문화가 다를 것이므로 그건 그냥 넘어가기로 하자. 만일 재수가 나쁘면 그 내무반에서 누구나 옆에서 자기 싫어하는 고참 옆에서 잠들어야 한다. 고참에게 귀염받는 졸병이어서 그는 무척이나 행복 했었는가? 감미로웠는가? 답을 말해야 하나? 실제 강간이 무엇을 의미하는 가를 모르는 남자는 없다. 단지 알려고 하지 않을 뿐이다. 왜일까? 그러나 그것도 접어두자. 그저 내친김에 한 마디 더 해보기로 하자.

강간은 어쨌든 성 행위다. 즉 그에 불과하다. 그러는 한 거기에 커다란 상처나 피해 같은 것은 없다. 신체의 일부가 재생 불능으로 파괴되거나 잘리 는 것이 아니라는 말이다. 나아가 심리적 상처 운운 하는데 기껏해야 그것은 심리 현상에 불과하다고 말한다. 한 마디로 대수롭지 않다는 얘기다. 시인 김지하의 아버지는 아들이 독재정권에 욕을 했다고 해서 끌려가 전기고문 을 당했다. 김지하는 때문에 박정희 정권에 대한 한을 품었다고 한다. 시인 의 아버지는 전기 기술자였다. 그러나 고문을 받은 이후로 다시는 전기 제품 을 만지지 못했다고 한다. 강력한 충격은 신체 외부에 아무런 기능 장애가 없다 해도 사람을 뿌리부터 파괴시킬 수 있다. 임상적으로 이것은 내부, 즉 뇌 기능과 구조에 상혼을 남겨 놓을 수 있다. 프로이트는 아직 잘 몰랐지 만 현대 신경생리학은 심리 현상이 뇌의 물적 기능과 직접적인 연관이 있다 는 것을 잘 알고 있다. 전기 화학적 반응으로 환원되는 신경과 뇌 기능은 어떤 의미에서 자극 전달을 위한 용량의 한계를 가지고 있다. 그 한계를 넘어설 때 우리는 그것을 통상 타격이라고 부른다. 그런데 무엇이 그 용량 초과를 가져오는가? 자극의 실현 에너지와 종류가 그것을 결정한다고 앞서 말했다. 더 결정적인 것은 그 종류이다. 바늘로 찔리는 부위가 발 뒤꿈치인가 눈동자인가에 따라 결정적인 차이가 생기며, 성적 자극은 후자에 가깝다고 했다. 모든 남성이 이 사실을 알고 있다. 감각 일반, 통각, 압각, 냉온각, 그리고 오감의 메카니즘은 제법 잘 알려져 있다. 그러나 성감이 어떻게 작용하는지 의학과 신경학은 아직도 아는 바가 거의 없다. 그것은 고통도 즐거움도 아니다. 동시에 양자 모두이다. 중요한 것은 그 변덕의 극단성에 있다. 한 남성 성인이 자기 아내에게 성기를 자극 당할 때와 강도에게 붙잡혀 성기를 희롱당하는 상황 사이에는 천지간의 차이가 있다. 이는 손을 잡힐 때의 차이에 비하면 대조가 더욱 두드러진다. 이것이 성적 시·공간의 특이성을 기초짓는 바로 그 물적 토대이기도 했다. 별 것 아니라고? 이렇게 말하는 사람은 분명히 머리가 어떻게 된 사람이다. 때에 따라서, 다시 말하지만 남성이 외성기를 절단당하는 구체적 외상보다 더 심각할 수도 있는 것이다. 그러므로 인식의 공리가 적용된 결과는 명백하다. 실제 강간이란 살인을 방불하는 사건이다. 생각하기로 한다면 이 사실을 모르는 사람은 없다.

다음 선택 공리. 그렇다고 해서 실제 강간에 대한 욕망——강간 환상이 아니라—— 이 없다는 것은 물론 아니다. 우리에겐 복수심을 충족시키기 위한 혹은 새디즘을 만족시키기 위한 살해 욕망이 존재한다. 자살에 대한 욕망, 절도와 강도에 대한 욕망도 존재한다. 단지 그것은 환상과는 다르다는 것이며 실제에 있어서는 무시무시한 사건이라고 말했을 뿐이다. 그렇다. 구체적인 행위로서 강간은 환상과는 아주 다른 욕망의 대상이다. 그리고 누군가는 이 욕망을 실행한다. 살인이나 절도처럼 그 확률은 그리 높지 않다 (혹시 내가 그 빈도를 과소 평가하는지도 모른다). 그러나 살인이나 절도처럼 그것은 자행된다. 무엇이 잘못되어 있는가? 여기에는 절대적인 전제가 사전에 주어져 있다. 그것이 선택 공리에 반대되는 것, 쾌락주의의 하위분류

①이다. 강간의 진정한 본질은 그 기묘함에 있는 것이 아니라 세계에 대한 이 명백한 선택 속에 있다. 그런 주체는 세계와의 통신을 두절시킨 것이다. 당하거나, 가하거나 타협하거나 도망치거나 단지 이것뿐이다. 인식의 공리에 의하면 우리 중의 누구도 이런 선택으로 빠져들 수 있다. 우리가 강간범이 아니라면 어떤 의미에서 우리는 교통사고를 당하지 않았다는 것, 곧 재수가 좋았다는 뜻이다. 선택 공리 속엔 논리가 없다. 다시 말하거니와 그것은 우리의 인간성이 고백하는 것이다. 누군가 어떤 정황에 따라 이 고백을 거꾸로 뒤집는다면 거기에도 논리가 없다. 그렇다면 뒤집어진 그는 그래서 행복한가? 아주 괴상한 욕망(실제 강간)을 성취시킨 주체가 행복한가는 살인마의 살인이, 마약중독자의 중독이 행복한가에 대한 질문과 본질적으로 동일하다. 그들 자신은 그것이야말로 진실이자 삶의 정수라고 믿을지도 모른다. 그러나 뒤집어진 선택만큼, 그들의 쾌락도 분명히 선택되었으며 한계지워진다. 사오정 대왕의 욕망, 지배되고 탈취된 욕망 이외에 그들은 아무 것도 성취할 수 없다. 때문에 더욱더 선택이다. 우리는 그러므로 이렇게 결정한다. 그것은 틀렸다. 적당한 처리와 처벌을 수행해야 한다. 우리 자신의 경우라도 그 처벌과 처리는 에누리 없이 관철되어야 한다. 어떤 처리와 처벌? 그 논의는 열린 보편성의 결단에 맡겨 두기로 하자.

삼 일 굶은 인간은 불가분 절도나 강도 행위를 저지르고 말 것이다. 누군가는 그러므로 이것이 인간의 본성이라고 말한다. 물론 웃기는 얘기다. 인간의 본성을 알고 싶으면 그러므로 지구상에 아무도 삼 일 굶은 사람이 없게 해야 한다. 삼 일 굶은 사람이 짐승이지 사람인가? 짐승의 언행이 왜 인간 본성인가? 이것도 선택의 문제라 그리 떠들고 싶으면 떠들라고 할밖에 없다. 가소로운 것은 그렇게 굶을 일이 없는 사람들이 이렇게 떠든다는 사실

이다. 왜 그럴까. 그들은 자신의 탈취와 지배의 욕망, 그것을 위한 자신의
유리한 기득권을 변호하고자 하는 건 아닐까? 허다한 경우가 그렇다. 강간
이나 살인은 이 굶은 인간의 조건 속에서 횡행한다. 섹시하게 차려입은 여성
이 아름다워 보여야 마땅함에도 혹자는 거기에서 열등감이나, 분노나, 강간
의 유혹을 느낀다. 강간이 그토록 회자되고 있다는 것은 우리 자신의 조건에
뭔가 문제가 있다는 반증이다. 그 문제는 아마도 굉장히 복잡한 것 같다.
강간이 위협으로 등장하는 이유는 그러므로 좀더 깊은 심급에서 찾아져야
한다. 조금만 숙고하면 강간은 살인이나 강도처럼 재고의 여지도 없는 욕망
이다. 문제는 이 명백한 사실을 환상과 교묘하게 비틀어 배합시킨 조건이나
정황이다. 가장 큰 것으로 치자면 앞서 말한 가부장 사회 안에서 구조화된
남녀사이의 권력의 문제가 있다. 귀결은 결국 끝으로 간다. 혁명은 여기서도
붉은 깃발을 펄럭이고 있다.

  셋째. 강간 환상. 그 본질에 대하여.

  앞서 환상과 실제 양자간의 상대적 독립성에 대해 말했었다. 이 개념과
구분이 무슨 의미가 있느냐고 자문했으며 그 대답은 쪽 뒤로 유보되었었다.
거기가 바로 여기다. 다르다는 측면에서 보자면 양자는 극단적으로 다르
다고 했다. 하면 무엇이 얼마나 다르다는 건가?

  여기 지극히 건전한 한 쌍의 부부를 가정한다. 건전하므로 그들이 공유
하는 공리들은 우리의 공리와 동일하며 그들은 환상과 실제간의 상대적
독립성을 충분히 이해하고 있을 뿐만 아니라 실제상황 일반에 대한 분명한
통제력을 소유하고 있다. 이들이 어떤 식으로건 강간 환상을 또한 가지고
있다 하자. 통계에 따르면 이들이 환상을 소유하고 있다는 사실 또한 지극히
건전한 것이다. 그리하여 그들은 어떤 일들을 하기 시작했다.

서로를 깊이 이해하며 신뢰하는 두 사람은 서로가 가진 강간 환상에 대해 전면적이고 솔직하게 이야기하기 시작했다. 그것은 두 가지 의미를 가진다. 하나는 서로에 대한 더 깊은 이해이다. 살아온 역사와 성격을 누구보다 잘 알고 있으므로 그 환상들은 서로의 삶 모든 곳에 끼워 맞춰지게 된다. 다른 하나는 대화 자체가 성적 쾌락을 강화시켰다는 사실이다. 그런 측면에서 그들은 그 대화를 흡족하게 즐겼다고 할 수 있다. 이 모든 것은 두 사람이 함께 공유했다는 전제에서 가능하다. 어느 한쪽, 주로 남편에 의해서 강요된 것이라면 그것은 단지 폭력에 불과하다. 이렇게 공유된 환상 놀이는 어느 날 한 걸음 더 나아가게 되었다. 침실에서 섹스 도중에 두 사람이 모의 강간을 시도하게 되었다. 사전에 계획을 했거나 자연스런 감정의 동화에서 이심전심으로 그랬을 수도 있다. 그것은 점점 대담해졌다. 폭력이 사용되거나 그 유치한 소문 그대로 수갑을 사용할 수도 있다. 여전히 그것은 공유된 것이며 상황에 대해 두 사람은 확실한 통제력을 소유하고 있다. 아주 위험한 경계까지도 실험할지 모른다. 목을 조르거나 어느 정도 상처를 내기도 한다. 그럼에도 이 모든 행위를 블랙홀 내부에 확실하게 가두어 두었다.

어느 날 그들은 이 공간을 확대시켰다. 사람이 가득한 지하철 안에서 그토록 말 많은 성추행을 연출하였다. 다른 사람들에게 들킨다면 그들은 단단히 창피를 당하거나 좀더 나쁜 경우를 당할 수도 있다. 그래도 그들은 했다. 강간 환상이 다양한 것처럼 추행 실험도 다양할 수 있다. 남성이 수동적인 피해자로 등장하기도 했다. 좀더 나아가서 그들은 어두운 밤거리에 으슥한 골목에서 비슷한 시도를 하게 되었다. 이 경우도 들키면 낭패다. 풍기문란으로 경범죄에 적용되어 벌금을 물어야 할지도 모른다. 다시 반복하지만 이 모든 것은 공유된 것이었고 아무런 강제나 폭력도 게재되지 않았으며 여전히 일상과 환상 양자에 걸쳐 분명한 통제가 행사되고 있었다.

참으로 많은 생각이 들게 하는 가정들이다. 몇 가지는 짚고 넘어가야겠다. 이 가상의 부부가 건전하다는 가정을 도대체 이해할 수 없다고 말할 수도 있다. 그러나 금욕 또한 이 부부의 환상 못지 않게 환상적이라는 점을 알아야 한다. 어떤 부부는 문자 그대로 절제된 부부생활을 수행하거나 꿈꿀 수도 있다. 이 경우에도 결벽증에 걸린 남성 쪽의 폭력과 억압이 게재될 위험성이 상존한다. 그 위험은 강간 환상을 강요하는 남편의 폭력 못지 않게 크다. 편집증이 심각하면 결벽을 강요하는 남편은 아내의 옷매무새 하나 때문에 당장에 주먹을 휘두를 수 있다. 폭력의 위험은 양자 공히 가부장적 폭력과 권력 구조에서 기인하는 것이지 환상의 종류에서 기인하는 것이 아니다. 이 절제된 부부생활이 의미를 가지려면 이 또한 두 사람간의 공유된 생각과 마음이 전제되어야 한다. 이때의 의미 또한 이해와 쾌락 두 가지를 함께 내포한다. 절제되었다는 것이 얼마나 평화롭고 아름다운 것인지를 우리 모두 알고 있다. 그럼에도 그것은 대단히 어렵다. 환상의 힘이 부부를 환상적 생활 패턴으로 만들어가기 전에 수정처럼 절제된 부부생활이란 존재하지 않는다. 따라서 할 수만 있다면 그 또한 못지 않은 하나의 작품이다. 그러나 이것은 앞서 가정한 부부의 경우보다 덜 위험할까? 그렇지 않다. 건전성이 어디에 있는가는 본질적으로 환상과 실제간의 상대적 독립성 그 자체를 얼마나, 특히 실천적으로 얼마나 이해하고 있느냐에 달려있다. 이것이야말로 성숙이란 단어의 진짜 의미이다. 그러므로 환상의 종류에 시비를 거는 일은 온당치 못하다. 선택된 취미가 요리인가 장기인가를 누가 상관할 수 있는가. 다만 그 취미들이 얼마나 세련되게 다듬어졌는가가 문제일 따름이다. 우리가 가정한 부부의 건전성은 반론되기 어렵다.

곧바로 이어지는 얘기는 '바늘 도둑이 소도둑 된다'는 익숙한 속담이다. 그런데 바늘 도둑이 소도둑 되는가? 물론 된다. 하지만 어린 시절에 도벽이라는 괴벽을 경험한 사람들이 숱하게 있다. 그들중의 대다수가 소도둑으로 발전하지 않는다. 소설가들은 엄청난 환상을 쏟아낸다. 그것을 쏟아낸다는 것은 작가들이 그 환상들에 깊게 침잠했었다는 것을 반증한다. 그들은 가상의 부부보다 훨씬 더 아슬아슬한 환상 시뮬레이션이나 실험을 수행했을 수도 있다. 그러나 공포소설 작가들, 악한 소설의 저자들이 그 환상의 백분의 일이라도 닮았다고 할 수 있을까? 환상을 환상적 체험으로 실험하는 현상은 인간의 삶에 있어 일상적이다. 바이킹이란 놀이 도구를 말했었는데 그 아찔한 기구들을 다시 감상해 보라. 위험과 스릴에 조금이라도 가까워지려는 그 악마 같은 묘기들을 돌아보라. 때때로 사고가 발생한다. 그 확률이 교통사고보다 조금만 높아지면 그 실험은 즉각 중단된다. 이런 일은 얼마든지 있다. 가장 무서운 중독성의 한 예는 도박이다. 도박에는 초인과 영웅에 육박하는 초월된 권력에의 탐욕이 있다. 한 장의 화투패를 솟게 하는 손끝에는 동해에서 태양을 끌어 올리는 마력적 주술이 숨어 있다. 이 엄청난 스릴을 사람은 돈을 놓고 실험한다. 그러나 그렇게 해서 패가망신하도록 중독되는 사람들의 수 또한 교통사고의 통계치를 많이 상회할 수 없다. 그 가상의 부부가 올리버 스톤이 만든 킬러들로 돌변할 것이라는 우려는 당신이 놀이 기구를 타다가 언젠가는 추락해버릴 거라는 얘기와 별로 다르지 않다. 왜냐하면 그 부부에게도 삶이 너무도 중요할 터이기 때문이다. 그런데도 이 부부는 왜 그렇게 위험해 보이는가? 왜? 그 느낌은 낯설음에서 온다. 위험 중에 낯설다는 요소보다 큰 것은 몇 개 되지 않는다. 이 부부의 위험성은 성과 섹스가 우리에게 그토록이나 낯설다는 것, 어떤 이유로 지독히 억압되었다는 사연에서 온다. 환상 자체는 성에 대한 것이 아닌 다른 것들에서처럼, 성숙한 인간 실존 앞에서는 조금도 위험한 것이 아니다.

짚고 넘어가야 할 마지막 얘기를 들어볼 차례이다. 이 부부에 대한 가정은 남성이 만들어낸 가정이라는 것이 그것이다. 전적으로 공감하는 바이며 사실은 공감해야 하는 일이기도 하다. 정황을 돌아볼라치면 이 가상 부부는 여성 일반에게 모욕을 주기 십상이다. 그렇지만 물러설 의도는 없다. 지적해야 될 것은 환상이 여성에게 철저한 억압으로 작용하는 현실 자체이다. 환상이 억압된다고? 이것도 남성 자신이 늘상 체험하는 현실이다. 서열이 높은 사람에겐 말도 제대로 못한다. 목마를 때 목마르다고, 배고플 때 배고프다고 해서도 안 된다. 권력이나 권위가 있는 사람 앞에서는 맛있거나 시원한 상상 자체가 억압된다. 그러면서도 남성은 여성에게 거꾸로의 권위를 내세운다. 반면 권력 있는 남성은 권력이 없는 남성에게 맛있는 것, 시원한 것에 대해 마음대로 상상하고 마음대로 말한다. 그런데 권력 있는 자의 그 상상이 권력 없는 남자로 하여금 상상된 그것들을 사오도록 시키거나, 그 상상된 것들을 권력자만 마음대로 처리한다면 권력 없는 그 남자는 어떻겠는가. 상상의 내용이 작아서 그렇지 이런 일들이 얼마나 황당하고 기막힌 일인지는 짐작하고 남음이 있다. 이 경우 권력자의 상상은 그 자체가 약한 자에 대한 폭력이다. 강간 환상, 성적 환상, 아니 환상 일반이 여성에게는 이것처럼 작용한다. 본래 성 희롱의 언사는 말이나 행동 자체가 문제인 것이 아니다. 기본적으로 여성들에게 불리하도록 조건 지워진 상황 전체가 문제다. 공부 잘하는 학생이 공부 못하는 학생들에게 시험 점수 얘기만 한다고 생각해 보라. 설혹 악의가 없다 해도 공부 잘하는 그 학생의 언사는 매우 잘못된 것이다. 이 경우도 공부가 중요한 게 아니다. 공부 얘기 자체가 어떤 사람들을 몹시

괴롭히는 그 조건이 문제다. 그 조건이 온당하다면 공부 못하는 학생이 공부 잘하는 학생의 얘기에 스트레스 받을 일이 없다. 내가 못하는 재주넘기를 잘하는 친구가 그에 대해 얘기한다면 나는 기분이 나쁘기는커녕 아주 흥미로와 할 확률이 높다. 친절하게 가르쳐 주기라도 한다면 매우 재미있어 할지도 모른다. 문제는 공부가 이 재주넘기와 다르게 된 조건 속에 있는 것이다.

가상 부부의 이야기에 대한 어떤 여성들의 이의가 있다면 대답은 이처럼 주어질 것이다. 나는 대단한 휴머니스트도 페미니스트도 아니다. 가장 쉬운 건 우선 자기 입장에서 생각하는 것이다. 이렇게 비틀리고 억압된 상황에서 여성들이 얼마나 고통스러울까는 우선 제쳐두자. 먼저 생각나는 건 남성 자신이 얼마나 고통스러운가라는 점이다. 남성은 권력자라서 행복한가? 그래서 그는 자신의 애인이나 아내의 인간적인 저항으로 몸과 마음에 그토록 극심한 손톱자국을 달고 다니는가? 그래서 그의 외로움은 해소되는가? 온통 쥐어패고 쥐어짜서 왕 같이 행복한가? 궁극적으로 그 인간의 품위와 가치와 아름다움과 쾌락이 온전히 충족되는가? 아마 빈 깡통의 거지보다 춥고 비참할 것이다. 환상이 문제가 아니다. 무척 드물지는 모르지만 우리의 가상 부부는 잘 정의되어 있다. 싸워야 할 것이 있다면 환상이 아니라 현실이다. 왜곡된 현실의 구조이다.

무엇 때문에 환상이 존재하는 것일까? 때때로 환상은 쓸데없는 낭비이거나 사치처럼 보인다. 앞서 말한 놀이기구나 도박만이 아니다. 스포츠와 영화는 이 환상을 위해 엄청난 재화를 사용하고 있다. 그건 없어도 괜찮은 것 아닌가? 환상의 시간이 지나고 나면 우린 허탈감이나 한심한 느낌에 빠져들지 않던가? 이와 같은 질문들은 실용성의 차원에서 제출된다. 때문에 대답은 생존논리에 근거할 때 가장 설득력이 있다. 결국 생물학자들이 대답하게 된다. 몇 가지 그럴듯한 추론을 전개해 보자. 뇌 기능이 인간 유기체의 생존에 필수적이란 사실을 부인하는 사람은 아무도 없다. 나아가 그 기능의 복잡성과 위대함도 잘 알려져 있다. 뇌는 우선 감각한다. 보고 듣고 냄새 맡는 등 물리적 외부 세계의 물리적 자극에 무서울 만큼 예민하게 반응한다. 어떤 생물학 교과서는 팔에 난 솜털을 느껴지지 않을 만큼 부드럽게 만져보라고 권한다. 실제로 해보면 거의 불가능하다는 것을 깨닫게 된다. 아무리 부드럽게 만져도 촉각은 손끝을 알아채고 만다. 곧이어 뇌는 지각한다. 감각된 것이 무언지를 아는 것이다. 어지간히 다른 차림이나 화장을 했다 해도 뇌는 감각하자마자 그 대상이 수십 년간 자기와 지내온 어머니라는 사실을 즉각 이해한다. 분신된 감각정보를 통합된 대상으로 지각하는 이 메카니즘도 적잖이 놀라운 일이다. 어떻게 뇌는 그것을 알까? 거기에 비하면 현대의 컴퓨터는 백치 수준도 안 된다. 계속해서 뇌는 기억한다. 기억을 통해 눈앞에 없는 것을 머리 속에 그려낸다. 표상 기능이다. 지금까지 보지 못했던 것을 상상하기도 한다. 결과를 실제로 보지 않아도 그 결과를 추론한다. 너무나 당연한 우리 자신의 기능이지만 이것과 비교할 만한 무엇을 찾아보는 순간 우리는 이 기능이 경악할 만한 사건이란 것을 깨닫는다. 뇌 신경학자들은 우주에서 가장 신비한 것이 바로 뇌이며 우주 자신이 창조한 최고의 산물이라고 자신 있게 말한다. 한번만이라도 진지하게 고민해 보았다면 우리는 이 호언장담에 대충 고개를 끄덕거리고 만다. 어쨌거나 놀라움과 더불어 뇌와 뇌 기능의 유용성은 생존을 위해 절대적이다. 그리고 바로 그 뇌가 환상을 생산한다. 현실과 상대적으로 독립된 그 환상은 우리의 사고와 행동에 굉장한 영향력을 행사하고 있으며 어떤 것보다 정서적인 집착을 강하게 유도한다. 뇌에게는 왜 이 능력이 필요했을까? 환상은 생존에 필요한 욕망을 강화시킨다? 환상은 욕망되는 대상을 효과적으로 처리하기 위한 시뮬레이션이다? 환상은 피로한 뇌를 쉬게 하는 기능을 수행한다? 이렇게 나열하기 시작하면 아마 백 가지라도 써내려 갈 수 있을 것이다. 보다 권위 있는 전문가가 논문에서 나열한 목록이라면 더 볼 만 했을 것이다. 나아가 실용성에 입각한 우리의 의문도 좀 수그러들 것 같다. '그럴 듯 하군. 밥을 먹어야 하는 것처럼 환상도 인간 유기체의 생존에 꼭 필요한 것이군……'이라고.

여기에서는 그 대답들을 채용하지 않을 것이다. 학문적인 탐구와 노력들은 존경스러운 것이며 진지하게 귀 기울일 만한 것이다. 그러나 어떤 인간성도 개별 학문의 영역으로 환원되지 않는다. 나는 우생학을 필두로 한 그 잔혹한 학문적 교만에 대한 혹독한 대가들을 치르고 나서, 20세기 후반 인류가 깨달은 가장 중요한 명제 중의 하나가 바로 그것이라고 생각한다. 깨달은 만큼 우리는 신중하고 지혜로워야 한다. 우리의 숙고가 선택한 것은 어쩌면 싱겁다. 환상은 인간 조건 속에 전제된 것이다. 종종 숙명을 언급해 왔다. 간혹은 살아야 한다는 것이 황당해진다. 아이는 성장하여 그 황당함 속에서 숙명을 이해한다. 환상은 이와 다른가? 학문이 발달하면 이 숙명들은 우연과 필연이 조합된 합리적 해석으로 수렴될런지 모른다. 그러나 그것으로 위안을 삼기에는 삶 자체가 너무 엄혹하고 당혹스럽다. 나서 살고 사랑하다 죽어야 하는 것처럼 우리는 환상이라는 거대한 궁전을 끌어안고 산다. 삶이 그런 것처럼 환상 또한 해석 이전에 몸으로 끌어안아야 한다. 그러므로 '그 지저분하고 사악한 오욕칠정의 분화구를 영원히 잠재우라'는 어떤 고언들은 옳지 않다. 무엇보다 그 자체가 격렬한 환상이다. 우리의 최선과 고백은, 한편에서 보면 기형아를 낳은 어머니의 고백 같은 것이다. 물론 지나친 비관 쪽에서의 이야기이다. 환상에 대한 시인의 열정적인 찬사도 있기 때문이다.

중요한 것은 결단하는 것이다. 우리는 이 환상을 어떻게 마주하겠는가? 우리의 일상은 환상에 대하여 몹시 분열된 태도를 보인다. 환상하는 자아를 의심하고 두려워한다. 그것은 잘 숨겨지지 않는 무언가를 쓰레기통에 숨겨야 하는 것처럼 당혹스러운 것이다. 우리는 이제 이것을 꺼내 놓을 것이다. 그것을 이해하려고 노력할 것이며 잘 다루기 위해 또한 노력할 것이다. 해방이라고 말했을 때 환상에 대한 대자적 자세의 획득만큼 중요한 게 얼마나 되겠는가? 환상은 전제된 인간 조건이다. 우리는 그것에 정면으로 맞선다. 그리고 그 일은 가장 인간적인 것이며 실인즉 우리의 의무이기도 하다. 이제 우리의 가상 부부, 상대적으로 독립된 환상 이야기로 돌아가자.

앞서 가정된 부부의 행각은 자못 퇴폐적이어서 보는 이의 눈살을 찌푸리게 할지도 모른다. 그러나 그것은 어떤 점에서도 실제 강간과 다르다. 근본적으로 그것은 우리의 공리체계 내부에서 수행되고 있다. 본받을 만한 일은 아닐지라도 비난받을 만한 일도 아니다. 더 나아가 그것은 그들의 삶이 창조한 풍성함이라고 해야 한다. 이제 환상은 자기만의 광대한 영역을 소유하게 된다. 어떻게 그러한가? 환상은 예술 일반, 환상이 현실에 자기를 드러내는 일체의 표현을 가능하게 한다. 그것은 풍요이며 쾌락이며 그것도 위대한 즐거움이다. 또 그 영역 내부에서 환상은 어떤 극단까지도 허락된다. 궁극적으로 환상은 인간적 실현의 극치 중 하나에 다다른다. 실제와 환상간의 상대적 독립성은 최초의 갈림길에서 이제 천당과 지옥간의 간격으로 분리되었다.

강간 환상과 실제 강간이 다르다는 것은 누구나 알고 있을 것 같다. 그것은 식욕과 식량에 대한 절도만큼 다른 것이다. 그러므로 양자가 상대적으로 독립되어 있다는 사실은 별 문제가 아니다. 문제는 이 차이를 축소시키거나 무시하려는 태도이다. 거기엔 무엇이 개입되어 있는가? 누누이 말해왔던 대로 구조적으로 형성된, 권력을 쥔 자로서 남성의 사오정식 욕망이 침투되어 있다. 권력은 피지배 대상에 대한 갈취 자체를 보편적 욕망이라고 항상 주장한다. 또 그것은 채찍과 당근을 동시에 사용한다. 권력의 기술이다. '남성다움의 이미지를 연상함으로써 강간까지 달콤한 것이 아닐까 하고 상상하는 여성은 예외 없이 강간을 경험하지 않은 여성들이라는 점이다.' 이렇기 때문에 '알 거 다 알잖아. 여기까지 와서 왜 이래!'라는 고전적 웅변이 영원처럼 반복된다. 그러나 강간 환상이나 그밖의 다른 이유 때문에 강간을 당하는 여성들에게 주어진 것은 명백한 사기 행위에 불과하다. 어떤 사기 행위도 피해자가 사태를 모르고 동의했다는 점 때문에 무죄가 되는 것이 아니다. 오로지 강간에 대해서만 이 명백성이 흐트러진다. 인상이 좋아 보여 쫓아갔다가 유괴를 당한 어린아이가 동의해서 따라왔기 때문에 유괴 당한 것이 아니라는 논리는 어디에도 없다. 또 남성들은 스스로 권력의 피해자이면서, 어린 시절에 고추가 만져지던 성 희롱을 충분히 경험하고서도 사태를 다 잊어버린다. 그 자신이 이제 권력을 가졌거나 권력을 행사할 수 있는 공간을 가졌기 때문이다. 이것은 마술거울에 일그러진 세계상이다. 우리의 세계는 암암리에 우리의 공리와 거꾸로 진행된다. 이 비뚤어진 구조의 렌즈를 치워두고 나면 강간 환상과 실제 강간 사이에 부당한 연관성이라고는 존재할 수 없다. 그러나 일그러진 현실은 고통스러운 것이다. 그것은 전기 고문의 후유증만큼 겁나는 것이어서 환상 자체마저도 위험스런 금기로 유폐시키려 한다. 악의 없는 단 한마디 '너 참 예쁘다'는 말조차 어떤 땐 범죄적 뉘앙스를 풍긴다. 하물며 환상을 언표한다는 것은 본래 그래야 할 아무 이유가 없음에도 여성 일반에게 폭력이 된다. 전기 고문 후유증에 시달리는 사람에게 전기 얘기를 하는 것과 똑같다. 따라서 엄격한 성 희롱 문제의 법제화는 올바르다. 남성들은 그것이 심하다고 말한다. 그럴지도 모른다. 그러나 이런 남자들에겐 전기 고문을 시킨 후에 전기에 대한 얘기를 한번씩 들려주어야 한다. 그래도 심하다는 소리가 나올까? 일그러진 세계 속에서 그것은 남녀 공히 치르어야 하는 당연한 대가이다. 그러나 그러한 현실이 우리의 숙고까지 제한하는 것은 아니다. 환상이 우리가 진행해 온 논의처럼 자유로워지기 위해서는 대단한 변혁이 요구될 것이다. 반면 현실 속에서 그 자유는 굉장히 좁은 공간에서만 실현될 것이다. 가령 인격적으로 깊게 결합된 부부 사이 같은 경우 말이다. 하지만 이 좁은 공간이 참으로 중요하다. 변혁된 미래에 대한 비전과 그리로 겨냥된 가장 작은 공간에서 창조되는 해방과 자유는 우리의 삶에서 가장 중요한 것이다. 실천에 있어 진보란 바로 이것이며, 이야말로 보편성이 녹아든 실존의 투쟁이다.

　강간 환상과 실제 강간 사이의 상대적 독립성, 실제 강간에 대한 이해, 강간 환상의 본질, 이렇게 세 가지를 꼽아서 우리는 험악한 예시, 곧 강간이란 사안을 정리했다. 하지만 우리가 무얼 하는 중이었는가를 잊지는 말자. 우리는 성적 시·공간의 특이성을 다루고 있었으며 이 예시는 바로 그것을 위한 예시였다. 이렇게 말하는 건 어떤가? 우리는 인간의 합리성을 믿는다. 합리성이란 무엇인가? 비합리성을 수긍하고 통제할 수 있는 능력을 의미한다. 정말로 그것을 믿는다는 말인가? 우리에게 오천 년의 문명사가 기록한 살육과 범죄, 곧 비합리성의 역사를 모조리 가지고 오라. 그 모든 것을 똑똑히 기억해 두겠다. 그리고 다시 대답한다. 우리는 인간의 합리성을 믿는다. 그러므로 비합리성도 믿는다. 양자는 변증법적 통일 속에 상존하고 있으며 언제고 그 지양을 기다린다. 그래서 우리는 그렇게 지양될 것이다.

예시 둘 —— 동성애

먼 곳에 있을 때와 가까운 곳에 있을 때 주어진 대상은 다르게 보인다. 앞에 서는 스카이 다이빙 얘기를 했었다. 어떤 사물이나 사건들에서 이 편차는 특별히 두드러진다. 배설물 이하 성적 시·공간 안에 존재하는 대상들이 그렇다. 동성애도 마찬가지다. '이 호모 같은 자식, 너 호모냐?'라고 말할 때 동성애는 가소로운 농담일 뿐이다. 하지만 좀 다른 경우도 있다.

> '창백해 보일 정도로 하얀 피부에 가는 턱 선이 인상적이다' 싶은 생각을 하던 차에 돌연 그 청년이 놀라운 제안을 했다.
> "어디 따뜻한 곳에서 같이 있지 않을래요?"
> 무슨 말인가 싶어 그 청년을 돌아보다 이 친구는 갑자기 뒤통수를 꽝하고 때리기라도 한 양 멍청해졌다. 말로만 듣던 '호모'였던 것이다. 술이 확 깨는 듯하기도 했지만 그 친구는 술김에 고래고래 소리를 질러댔다. 뭐라고 소리를 질러댔는지는 모르지만 세상에 아는 욕이란 욕은 다 퍼부었던 것 같았다. 그 청년은 그저 아무 말 없이 친구의 욕설을 한참 동안 듣고 있다가는 미안하다는 한 마디만 남기고 골목으로 사라졌다.
> "내 평생 그렇게 이상한 기분은 처음이더라. 내가 호모 같이 생겼냐? 뭐 할 짓이 없어 멀쩡한 놈이 그러고 다니는지 내 참 기가 막혀서. 패왕별희니 뭐니 호모 나오는 영화는 그럴 듯 하기나 하지. 너희 사내 녀석들도 종로 나가면 조심해라. 내가 그 일 있고 나서 며칠은 입맛이 다 없어 밥을 제대로 못 먹었다."
> 그 친구는 그때까지도 '호모 사건'에 기분이 상해 있는 듯 했다. (이재경·김영미, 197쪽)

아는 욕이란 욕은 다 퍼붓고 평생 그렇게 이상한 기분은 처음이었단다. 먼 곳의 농담과 이렇게 다르다. 나는 남성 이성애자이어서 여성의 경우엔 잘 모르겠다. 그러나 인용된 이 남자의 기분만은 이해할 것 같다. 동성애는 이성애자에게 정말 두려운 것이다. 멸시와 경멸도 이 두려움과 상호 작용한다. 성적 시·공의 일반이 그렇듯, 이렇게 두려우면서도 동성애는 우리의 일상에서—— 의식에서—— 끊임없이 떠오르고 또 가라앉는다. 상품화된 가십이며 놀이대상이기도 하다. 나아가 도저히 떨궈낼 수 없는 현실이기도 하다. 그것은 수천 년간의 기록 속에 상존해 왔으며 인류가 오백만 년 전에 호모속으로 분리되었다면 이미 그때에도 항존했던 것이다. 인류학적 관심이 적은 사람은 처음 듣는 얘기겠지만 침팬지나 보노보 같은, 인간과 최근친 관계에 있는 영장류에게도 동성애는 다반사다. 이 거대한 두려움과 외면할 수 없는 절대 현실 속에서 통상의 이성애자들은 이제 무슨 생각을 해야 하는 걸까?

성적 시·공간을 다루는 데 있어 이 예시가 선택된 이유 중의 하나는 인식의 공리가 제대로 적용되지 않는다는 것이었다. 강간 환상 같은 것은 통계가 말해주듯이 상당히 광범위하게 체험되는 것이다. 따라서 유추가 수월하다. 동성애는 그렇지 못하다. 이성애자가 동성애자의 쾌락구조를 추론하는 것은 남성이 여성을 추론하는 것보다 훨씬 어렵다. 90년대 중반에 동성애는 우리 사회에 첫 목소리를 전달했던 것 같다. 그들의 목표 중의 하나가 이성애 사회에 동성애와 그에 연관된 문제를 알리는 것이었다면 그들은 나 같은 사람에겐 충분한 성과를 거두었다고 할 수 있다. 어쩌면 전혀 충분치 못할지도 모른다. 의사 소통은 아직 그만큼 빈약하기 때문이다. 하여간 생각해야 할 대상을 잘 모른다는 것이 문제다. 인식의 공리는 여기서 좀 다르게 적용되어야 한다.

선택 공리. 동성애라는 개념은 쾌락을 이기적이고 불공정하고 폭력적이고 야비하게 획득한다는 의미를 내포하는가? 이 단순한 질문은 아주 분명하게 대답되어져야 한다. 동성애는 너무 낯설기 때문에 우리 사회는 이 간단한 질문조차 쉽게 처리하지 못한다. 그들은 육체적인 혹은 정신적인 병자인가? 동성애는 그 자체로 에이즈를 발생시키는가? 그들은 섹스 중독자들이며 음험한 범죄형의 인간들인가? 또는 사고 방식이 음흉하고 간교한 사람들인가? 이것은 이성애자가 동성애자의 쾌락을 이해해야 하는 문제와는 완전히 다른 것이다. 21세기를 목전에 둔 지금 이 시점에서 위의 의문들은 모조리 부정되었다. 조금만 노력을 들여서 정신의학 서적이나 성 관련 서적의 동성애 부분을 찾아본다면 이 사실은 이미 언급할 가치조차 없다는 것을 단번에 알게 된다. 최소한 그 의문들을 긍정할 만한 근거가 제시될 수 없다는 게 분명하기 때문이다. 우생학 이후 학문이 범한 교만의 대가를 말했었는데 동성애와 연관된 과거의 의학은 그 명부에서 절대로 빠져 나오지 못한다. 단적으로 말해서 선택 공리가 동성애에 이의를 달 수 있는 조건은 한 군데도 없다. 악의적인 이야기들이야 얼마든지 있다. 한 통계는 미국 내의 에이즈 환자 중 동성애자와 양성애자가 전체의 70%를 차지한다고 말했다. 그러나 이 통계는 선택 공리와 아무런 상관도 없다. 그 말은 제3세계 국가 중 어느 하나, 가령 60년대 한국에 기생충 보유자 수가 엄청났다는 통계와 아무 차이도 없다. 원래 무전유죄 유전무죄이다. 성 생활이 감옥보다 엄혹하게 통제되는 동성애자들이 에이즈 균에 쉽게 노출된다는 것은 불을 보듯 뻔한 것인 바, 에이즈가 동성애 자체와는 무관하다는 사실은 이미 지겨운 옛날 얘기가 되었기 때문이다. 동성애자를 싫어하든 좋아하든 그건 관여할 바가 아니다.

우리에게 중요한 것은 도덕적인 측면에서 동성애가 선택 공리에 위배되는 바가 전혀 없다는 사실이다. 그것은 그냥 사실이므로, 다시 말하지만, 동성애를 이해하고 말고의 문제도 아니다. 이 모든 것은 단지 진실일 뿐이다.

인식의 공리. 이성애자는 동성애자를 이해하는 데 치명적인 곤란을 느낀다고 했다. 미래에 어떨지는 모른다. 또 지금부터 열심히 고민한다면——먼저 그럴 필요를 느껴야 하겠지만——좀더 나은 이해에 도달할지도 모른다. 하지만 그건 나중 문제다. 지금 우리는 굉장히 중요한 지점에 시선을 돌려야 한다.

'왕따' 현상이 문제라 한다. 이것은 우리가 쉽게 이해한다. 사람은 누구나 환영과 따돌림 모두를 경험하기 때문이다. 이것이 너무나 중요하며 너무나 강렬한 체험이기 때문에 예컨대 <미운 오리새끼>는 불후의 명작으로 남아 있다. 상황이 주어지면 이 현상은 가공할 만한 사건들을 일으킨다. 일제시대에 일본에서 발생한 관동 대지진은 일본 내에 거주하는 조선인을 수 천인가 수 만을 학살케 했다. 2차 대전의 악몽은 더 말할 것도 없다. 규모와는 상관없이 심리적 잔혹함 또한 심히 인상적이다. '왕따'로 찍힌 아이들이 당하는 수난의 내용이 그렇다. 더욱 의미심장한 것은, 어떤 의미에서 피해자나 피해자가 당한 수난이 아니다. 추측컨대 대부분의 사람들은, 비록 스쳐가고 말지라도, 가해자들의 심리를 공감했을 것이다. 이 점이 더 놀라운 것이다. 우리 내부에 그토록 맹목적이고 살벌한 가학성이 내재하고 있는 것이다. 문제는 여기에 있다. 수적으로는 물론 정치 경제 사회 문화, 그 어떤 지점에서도 압도적 권력을 쥐고 있는 이성애자들에게 동성애자는 도대체 어떤 존재일까? 멀리서 보는 농담의 대상으로서가 아니라 그 잔혹한 심리가 먹이로 노리고 있는 동성애 말이다. 이것은 동성애 문제가 아니다. 이것은 인간으로서 수치다. 그게 뭐 그럴 수도 있는 것 아니냐라고 되물을 수도 있다. 물론 그럴 수 있다. 우리는 살인마도 이해한다. 그러나 지금 자문하는 것은 반성적 도덕성이 무엇을 가리키고 있느냐는 것이다. '나는 당신에게 동의하지 않는다. 그러나 당신의 의견을 끝까지 개진할 수 있는 권리만은 내 목숨을 걸고 보장한다.' 볼테르가 말했다. 그래서 볼테르는 볼테르고 볼테르는 인간이다. 동성애를 우리 앞에 세운다는 것은 이 전율할 만한 우리의 악마성을 실험대에 올려놓는 일이다. 그밖의 문제, 도대체 동성애가 무엇이며, 동성애에 대해 구체적으로 어떤 태도를 가져야 하는지는 우선 제쳐두고 하는 얘기다. 인식의 공리가 적용되는 곳은 여기 이 지점이다. 동성애자들은 집으로부터 버림받는다. 우리의 가족 중 누군가가 그렇다면 사태는 똑같이 전개될 것이다. 그들은 친구로부터 외면 당한다. 우리들의 친구가 그렇다면 역시 십중팔구다. 그들은 직장에서 받아들여지지 않는다. 우리들의 직장 동료가 동성애자면 마찬가지로 그렇다. 왜 그래야 하는가? 우리의 도덕성은 여기에 무슨 대답을 할 수 있는가.

우리는 동성애가 무언지 동성애자가 어떤 사람인지 아는 바가 없다. 별로 알고 싶어하지도 않는다. 우리의 심연 어느 곳에서는 그들에 대한 두려움과 거부감을 즉각적으로 발산할 준비가 되어 있다. 그러나 그게 우리의 전부는 아니다. 우리가 그러하다면 그렇다는 점에서 우리는 정직할 수 있으며 정직하게 표현할 수 있다. 우리 자신은 동성애에 동의하지 않는다. 그러나 그럼에도 불구하고 그들이 그처럼 잔인하게——일부는 눈에 보이도록, 더 많은 부분은 눈에 보이지 않도록—— 처우되어야 하는 것에는 동의할 수 없다. 동성애 이전에 우리 자신의 문제이기 때문이다. 이것이 동성애에 대한 우리의 한계이자 최종 결론이다. 앞으로 무엇이 더 얘기되어야 하는지 우리는 아직 모른다. 그러나 무엇이 더 생겨나든 이 결론에는 변함 없다.

성적 시·공간의 특이성을 거론한 이후로 거기엔 무엇이든 존재할 수 있다는 말을 반복해 왔다. 동성애는 그중에서도 유별난 것이다. 그러나 그만큼이나 우리는 관대해지지 않았는가? 그것은 무엇보다 우리 자신에 대한 관대함이었다. 그러므로 이해되지 않는다 해도 그것이 일상을 손상시킬 수는 없다. 동성애자는 먼저 인간이다. 그것도 우리와 일상을 완전히 공유하는 존재이다. 이 어설픈 이야기를 반복할 가치나 있는가? 이질성이 범죄와 등가를 이루는 사태, 우리는 언제쯤 여기에서 해방될 수 있을까?

페미니즘. 사람들마다 그에 대한 생각이 있을 것이다. 곰곰이 돌아보건대 그것은 전역사에 걸쳐 획기적인 사건이었다고 나는 생각한다. 말했던 대로 그 이론과 실천에 대해 깊이 이해하고 있는 것도 아니고 열광적인 지지를 보낼 만큼 아는 바도 없다. 내가 놀랍게 생각하는 것은 여성 해방 운동의 이론과 실천이 다름 아니라 남성 자신이 남성을 이해하는 데 결정적인 역할을 수행했다는 점이다. 그들이 말하고 행동하지 않았다면 나는 나 자신을 얼마나 이해할 수 있었을까? 이해한다는 것은 시험점수 1점을 더 받을 수 있다는 얘기 따위가 아니다. 이해의 부재는 타인을 괴롭히기 이전에 자신의 팔을 밖으로 접으려는 몸부림에 빠지게 한다. 한 여성이 내 앞에서 담배연기를 뿜어 냈다면 몰이해의 주체는 아무런 무례나 악의를 발견할 수 없음에도 광견병 걸린 개처럼 낑낑거리며 분노의 땀을 쏟아낸다. 좌변기에 앉아 어떻게 용변을 봐야 하는지 몰라서 끙끙거리는 촌놈처럼 이 얼마나 한심한 일인가. 페미니즘은 그저 인권운동이 아니다. 그것은 어둠에 묻혀 있는 인간성의 절반을 개화시킨 사건이다. 그것은 인간 자신을 자유롭게 했으며 마땅히 있어야 할 풍요와 자유를 일깨우고 있었다. 그 자유와 풍요는 궁극적인 전망에 비추면 아직도 요원하다. 그럼에도 그것은 이미 돌이킬 수 없는 역사적 계기가 되고 말았다. 종내는 무언가를 해내고 말 일이다. 하면 동성애는, 동성애 인권운동은 어떠할까? 몰이해가 제 팔을 밖으로 꺾기는 여기서도 마찬가지다. '어디 따뜻한 곳에서 같이 있지 않을래요?' 당황스럽긴 하겠지만 '아, 나는 동성애자가 아닙니다. 사양하겠습니다'라고 하면 충분하지 않았을까? 있는 욕 없는 욕 다하고 며칠씩이나 밥맛이 사라지는 우리들의 이 모양은 광견병 걸려 끙끙거리는 개와 뭐가 다른가? 본질적으로 우리가 두려워 한 것은 어둠에 갇힌 우리 자신이다. 페미니즘이 그렇듯 동성애 운동도 바로 그 어둠을 계몽시키는 중인지 모른다. 그렇게 되는 순간 동성애는 공포가 아니라 또다른 인간성의 자유와 풍요를 향한 한 걸음일 것이다. 최소한 우리는 기다릴 줄은 알아야 한다. 그게 우리의 마지노선이다.

간음, 수간, 유아성욕, 시간, 근친상간, 끝을 알 수 없는 성적 농탕질, 새디즘과 매저키즘, 관음증, 페티시즘, 온갖 변태들, 성적 시·공간의 영토는 이렇게 넓다. 우리가 그토록 힘겹게 탐구해 온 것은 우리 자신의 내부에 실재하는 이 영토였다. 그래서 무엇을 어찌했는가? 두 개의 위험한 단견을 제거하고자 했다. 첫째는 이 영토를 수만 길 지하 뇌옥에 영원히 묻어 두려는 노력이다. 그 노력은 이 영토를 외부에 존재하는 악마가 이식시켜 놓은 것쯤으로 이해한다. 따라서 암세포 잘라내듯 도려내면 그만이라고 생각한다. 그러나 그 자체가 변태스런 것이다. 그럼에도 우리는 이 단견으로 드러나는 슈퍼에고超自我의 위협에 전전긍긍한다. 그것은 곧바로 억압과 폭력을 양산한다. 우리는 그 억압과 폭력으로부터 이 영토를 해방시키고자 노력했다. 방법이라는 게 있었다면 이 단견이 얼마나 자가당착에 빠져있는가를

예시하는 것이었다. 지하 뇌옥은커녕, 성적 시·공간은 일상의 코 앞에서
폭발하는 무대를 전개하고 있지 않았던가. 우리는 이 현실을 똑바로 주시할
것을 작정했다. 감히 말하건대 거기엔 진보와 자유의 깃발이 주어져 있다.
제거하려고 했던 두번째 단견은 이 영토 속에 존재하는 괴물들이 사오정식·
독단과 동일하다는 주장이다. 예컨대 그것은 강간에 대한 환상과 실제 강간
에 대한 욕망이 동일하다고 말한다. 그러나 그게 어떻게 동일한가? 새디즘
과 매저키즘의 욕망이 존재한다는 것이 죽도록 두드려 패면 행복한 것이라
는 말과 동치가 된다. 그게 어떻게 동치인가? 우리가 분명히 한 것은 양자의
동일성이 실제로는 다른 욕망이 일그러뜨린 또 다른 세계라는 것이었다.
그것은 쾌락주의의 하위분류 중 첫번째 것이었다. 이 선택은 근본적으로
사기다. 우리에겐 그들이 부당하다고 말할 생각조차 없다. 오히려 정직하라
고 말했다. 그들은 우리에게 '나는 너희들을 잡아먹겠다'고 말해야 한다.
그렇다면 그렇게 해라. 남는 건 전쟁밖에 없다.

　90년대 이후 성적 리버럴리즘이 창궐했다. 이것은 우선 기존의 보수주
의를 질타하기 시작했다. 그러나 이만 저만 웃기는 일이 아니다. '맘에 맞으
면 섹스하는 거지' '옷 좀 야하게 입으면 어때' '동거? 거 좋은 거야!' 누가
뭐라던가? 그런데 이 모든 말들은 '내 돈 벌어 내가 쓰는데 누가 뭐래'라고
하는 것과 왜 그렇게 닮았는가? 이 리버럴리즘은 보수주의가 암암리에 전제
하고 있는 쾌락의 하위분류 ①과 정말 다른가? 남이야 굶어죽든 말든 압구정
동을 휘저으며 돌아다니는 저 오렌지들이 성적 자유와 정말 관계가 있을까?
바로 이 점이 문제 중의 문제이다. 내가 보기에 90년대 창궐한 성적 리버럴
리즘은 누누이 말했던 사기 행각의 또다른 변종이다. 이 괴상망측한 사태
——똑같은 쌍둥이, 보수주의와 리버럴리즘이 머리를 쥐어뜯으며 서로 싸

우고 있다──가 우리에게 입장을 요구한다. 그래서 우리는 무언가를 해야한다. 성적 시·공간의 특이성은 바로 이 노정의 어딘가에 놓여졌던 것이다.

대학교 1학년 때 나는 과 대표였었다. 겨울 방학을 앞둔 2학기 종강무렵, 몇몇 친구들이 '고팅'이란 걸 하자고 제안했다. 나의 대답은 당시로선전형적인 것 중 하나였다.

"내 눈에 흙 들어가기 전에 못 해!"

많이 경직되기도 했었고 실수와 미숙이 한없던 시절이기도 했다. 지금이라면 다르게 대답했을까? 잘 모르겠지만 그런 상황이면 표현이야 어쨌건내용은 동일할 것 같다. 나는 춤을 잘 못 춘다. 못 추는 정도가 아니라 잼병에다 질색이다. 그래서 나이트 클럽에 가면 중요한 사람이 된다. 모두가 무대로 나가면 누군가 가방들을 지켜야 하기 때문이다. 또 원하지도 않은 관람객역할도 톡톡히 한다. 춤추는 사람들은 굉장히 멋있고 예쁘다. 번쩍번쩍 돌아가는 조명이나 고막을 찢을 듯 울려 나오는 음악도 못지 않게 흥미롭다.멋을 부린 이들의 옷차림도 좋다. 그 이완과 흥분, 결국 어딘가 유혹적이고음탕스런 그 분위기도 마찬가지이다. 희롱과 어우름이 함께 하고 어떤 사람들은 종내 짝을 찾아 어디론가 가게 될 것이다. 이 유쾌함과 흥분과 자극은어떤 의미에서 인간에게 빼 놓을 수 없는 이상향 중 하나일 것 같다. 어디선가 이런 얘기가 들린다.

"쓸만하군, 삼십 분만 구우면 회쳐 먹을 수 있을 거야."

이상향이 쑥대밭으로 변하는 때가 바로 이 순간이다. 나는 남녀노소를묻지 않는다. 불륜과 식사처럼 가벼운 섹스도 지금은 묻지 않는다. 나이트클럽의 맹점은 그런 것들이 아니라 그 공간이 전제하고 있는 쾌락의 살벌한 규칙이다. 나는 이 규칙을 설명할 생각이 없다. 그 규칙이 뭔지 모르겠다고 말하는 사람은 나쁜 사람이다. 왜 우리의 축제는 이런 모습이어야 할까? 1984년에 고팅을 제안했던 나의 동료들의 암묵적인 전제들을 나는 지금도 의심하고 있다. 70년대를 휩쓸었다는 쌍쌍파티에 대해서도 나의 혐의는 동일하다. 청춘 남녀가 쌍쌍으로 파티를 하겠다는 그거야 어떤 영화보다 짜릿한 장관일 것이다. 그렇지만 그게 그뿐이었을까? 그런 대학생들 얘기를 찍은 <오달자의 봄>이란 영화가 있었다. 들은 얘기지만 그 영화를 가장 많이 보고 가장 좋아했던 관객층은 이른바 '공순이들'이었다고 한다. 아이러니를 넘어서 씁쓸하기 이를 데 없는 얘기였다. 대학생들은 뭐하러 대학에 왔을까? 이 쌍쌍파티는 근본에 있어 마리 앙트와네트의 케익이었을 뿐이다. 모든 대학생들이 그렇게 간악했다고 믿지는 않는다. 그러나 비도덕적 사회 속에서 도덕적 인간이란 각주구검하는 그 주체일 뿐이다. 이것이야말로 또한 당대의 화두이기도 했다. 어설펐을지 모르지만 젊은이들은 결코 사라질 수 없는 역사로 남은 사태의 본질을 알고 있었던 것이다.

　어디 그뿐이랴. 고등학교 때 점심시간 창 밖으로 한 여름의 운동장을 반 벌거숭이로 뛰어 다니는 친구들의 농구시합을 본 적이 있었다. 우리가 배우는 국어책에는 <청춘예찬>이란 수필이 있었는데 그 구릿빛 몸뚱이가 그토록 아름답다는 걸 그때 처음 알았다. 일체의 재능이 추앙받을 만한 것이라면 용모의 아름다움 또한 당연히 추앙의 대상이다. 자연의 축복 그 자체가 위대한 것이다. 수학능력시험을 만점 받아 버리는 그 학생만큼이나 용모가 아름다운 학생도 못지 않게 대단하다는 얘기다. 그렇게 우리 모두 다른 색깔의 불꽃들처럼 살아간다. 그러나 예쁘고 잘 생긴 것이면 삶의 알파에서 오메가라도 되는 듯 미련을 떠는 젊은이들의 눈동자는 이미 썩어빠진 동태의 그것이나 다름없다. 위대한 아름다움은 거기서 역겨움이 된다. 아름다운 화장술, 미니스커트, 유혹적인 몸짓과 손짓과 눈짓과 말짓, 미스코리아들과 슈퍼모델들 그 모두가 동일한 딜레마 속에 존재한다. WWF는 미국 프로 레슬링을 말하는데 웃지도 못할 쇼의 연속인 그 무대에 스코틀랜드계 레슬러가 전통의상인 치마를 입고 등장하는 것을 본 적이 있었다. 내가 보기엔 아주 멋이 있었다. 사람들은 경박한 옷차림을 나무라기도 하지만 그건 문제의 본질이 전혀 아니다. 경박 정도가 아니다. 짐승도 하는 치장인데, 사람의 그것이 오죽하겠는가? 원한다면 색색의 머리 염색에 온갖 장신구도 다 좋다. 착용해서 즐겁고 보아서 아름다울 뿐이다. 까짓거 원한다면 나체로 다닌들 무슨 상관이랴. 문제는 그것이 아니다. 남자는 하이힐을 신으면 안 되고 여자만 그래야 한다는 사실, 남자가 미니스커트를 입으면 안 되고 여자만 입어야 한다는 그 사실. 남자가 화장하면 안 되고 여자만 화장해야 한다는 그 사실, 그렇게 해놓고 거기에다 경박과 비경박의 딱지를 붙이고 있다는 그 사실. 그 사실들의 이면에 자리잡은 어떤 전제와 물적 구조들, 바로 이것이 문제이다.

　세상이 온통 음탕스럽다면 나는 그게 좋다. 모두가 멋쟁이고 섹시하고 유혹적이면 나는 그게 좋겠다. 경박? 그 정도로는 어림도 없다. 서양 영화에 나오는 가장무도회처럼 우리의 성적 시·공간이 광복절 맞은 조선사람마냥 모조리 해방되었으면 좋겠다. 나는 탁구를 좋아해서 어느 날인가는 밥도 안 먹고 열다섯 시간을 쳐댄 적이 있다. 우리 모두가 그런 열정을 가지고 있다. 왜 그것이 비루먹은 강아지처럼 빌빌거려야 하겠는가? 무엇이 우리를 가로 막고 있는 걸까? 터진 봇물보다 거세고, 폭풍우 몰아치는 바다의 파도보다 거대한 이 흐름을 차단시킨 그 장벽이란 대체 어떤 것일까?

허망한 것을 허망한 것으로 안다함은 여래로 가는 길목이니라. 자네 입을 봉해버리되 그 대신 눈을 뜨게 해주고, 길을 열어보일 법력이 있는 선 지식을 소개하리다. 이 천왕산 계곡을 타고 산을 돌면 다 쓰러져 가는 암자가 하나 숨어 있네. 찾는 이 없이 퇴락한 그 폐암을 노 선사 한분이 지키고 있는데, 혜곡 화상이라고. 우리로부터 멀리 떨어진 산중에 계시지만 마치 등대불 같은 분이야. 허긴 등대란 멀리 높은 곳에 위치해야 제 구실을 하지 않겠나. 요지부동으로 한 곳에 자리를 틀고 앉으시고 도의 뿌리를 캐지 않으시고는 결코 산을 내려오지 않으실 분이야. 혜곡 화상을 내가 마지막으로 뵈온 것이 오년쯤 되나. 그것은 참으로 오래간만에 우연한 기회였지만. 낮밤을 가리지 않는 용맹 전진 중에, 졸음을 이기려고 얼음벽을 등에 가까이 하고 좌선을 하셨는데 옆구리에 동상이 생겨 살갗이 진무르고 헐며 진무른 자리가 썩어 들어가 치료를 위해 부득불 내려 오셨지. 내가 병원비를 드리려 했건만 한사코 거절하시고는 오로지 자기의 불심이 어설퍼서 탈이 났다고 하시더군. 세간으로 내려가서 한 달이나 이 동네 저 동네 돌며 탁발을 하시어 치료비를 마련하신 모양이야. 고기를 한 근이나 도려냈다고 파안대소 하시더군. 돌아오시는 길에 두어살 먹은 동자 하나를 업고 오셨는데, '스님 웬일입니까' 여쭌즉, 시정에 버려진 아이를 서로가 마다하기에 자기가 맡겠다고 나선 모양이야. 그래 출가한 사문이 눈 깜짝할 사이에 자식 하나를 달게 됐으니 노비구가 아이를 등에 업고 가는 모습이란 세인의 눈에 진풍경 아니었겠나. 그래 우리 절 곡식을 철마다 넣어 드리는 부목의 얘기를 들으니 아이는 다 컸는데 동상 자리가 덧나서 고생만 하시는 모양이야. 연세도 깊으신데, 이제는 시봉이라도 한 사람 거느려야 할 터인데…… (영화 <달마가 동쪽으로 간 까닭은>에서)

성적 시·공간에 대한 얘기도 얼추 끝나간다. 앞의 인용은 영화 <달마가 동쪽으로 간 까닭은>에 등장하는 대사다. 사람마다, 가슴에 간직한 명화가 있겠지만 나에게는 동서고금을 막론하고 최고의 영화로 남아 있는 작품이다. 그 속에 몇 안 되는 사람들의 삶을 뭐라 말할 길이 없다. 보고 있노라면 눈물이 솟는데 그 눈물은 이 세상에 가장 순결하고 차가운 샘이 있어 꼭 그 샘물 같고, 그 샘물의 눈물은 밖으로 솟는 것이 아니라 수억 개의 세포 내부로 흐르는 것만 같다. 그 영화를 지금 기억하는 이유는 거기엔 성적 시·공간이라 이름 붙인 아무런 흔적이 없어 보이기 때문이다. 그러니까 아예 딴 생각이 안 난다. 그런데도 그것이 내 안에 그토록 영원하고 뿌리깊은 슬픔과 소망으로 있었다는 것이 못내 놀랍기만 하다. 앞서 성적 리버럴리즘과 더불어 보수주의를 비난했었다. 글쎄 급한대로 보수주의와 보수적이란 말을 구분해야 겠다. 통상의 어감을 따라 '보수적'이란 단어의 뜻을 '옛것을 고수하는'이 아니라 '절제되고 정숙한'이란 뜻으로 지금 이해한다. 혜곡선사의 절제는 정말이지 아무런 억압도 아니다. 그야말로 대자유를 찾아 천왕산 폐암을 말 없는 구름으로 살았다. 나는 맑은 영혼으로 다가서는 보수적인 사람들을 또한 존경한다. 경박이 아무렇든 상관 없었듯이 보수적인 것인들 왜 아름답지 않겠는가? 요지는 단순하다. 서로를 깊이 이해하는 것. 홀아비로 죽은 호지명에게 왜 결혼을 안 했느냐고 젊은이들이 물으면 '나는 못 했으니 너희는 해라' 하며 껄껄 웃었다 한다. '나는 보수적이니 너희는 불꽃처럼 아름다워라.' 진정한 보수주의가 있다면 바로 이것 아니겠는가?

2
모든 행동은 불평등하다

화가 나고 자존심이 상한 남자가 미녀에게 말했다.
"넌 내 타입이 아니야."
미녀가 대답했다.
"천만에 난 모든 남자의 타입이야."

ㄷ씨는 고아였다. 모든 고아들이 그랬던 것처럼 ㄷ씨도 거칠고 힘겨운 삶을 살아야 했다. 서른 살 무렵 ㄷ씨의 직업은 택시 기사였다. 그는 결혼하고 싶어 했다. 어느 날 오랫동안 자신을 보살펴 주던 목사님께서 그에게 다른 일을 해 보라고 말했다. 중매를 서고 싶어도 직업이 택시 기사라 하면 처녀들이 고개를 흔든다는 것이었다. 그래서 그는 직업을 바꾸었다. 은행의 융자를 받아 봉고차를 한 대 구입했다. 학원이나 유치원 등에서 아이들을 나르는 일을 하게 되었다. 삼십 대 중반이 되었지만 그는 아직 결혼하지 못했다.

"ㄷ씨, ㄷ씨가 결혼을 못하고 처녀들이 고개를 흔드는 이유가 정말 ㄷ씨의 직업 때문입니까?"

"……."

"내 생각에 진짜 이유는 ㄷ씨가 고아라는 사실에 있는 것 같은데요. 그것도 아무 것도 가진 것이 없는 고아라는 사실 말입니다."

"사실 그렇지요."

여기엔 의문의 여지가 없다. 목사님이 정말로 하고 싶어 했던 이야기는 직업 얘기가 아니었다. 결혼이 무엇이건 거기엔 조건이 필요하다. 그것도 만만치 않은 조건이 필요하다. ㄷ씨의 경우 방법은 맨몸으로 제법 성공하는 것밖에 없다. 그나마도 크게 제한되어 있다. ㄷ씨의 상황에선 돈을 버는 것 말고는 생각할 수 있는 게 없기 때문이다. 최소한 그렇게 성공한 척이라도 해야 한다. 봉고차는 우선 포장이었던 것이다. 물론 보다 나은 미래를 위한 희망이기도 했지만.

결혼이 함의하는 전부가 성적 욕망의 충족이라는 단 하나의 요소로 환원될 수는 없다. 실제로 그것은 굉장한 사건들의 총체이다. 누구나 하는 결혼이지만 그것이 얼마나 거대하고 복잡한 것인지 모르는 사람은 아무도 없다. 그러나 그 모든 것 속에 또한 성적 요소가 함께 스며 있는 것도 사실이다. 특히 일부일처제로 고정된 사회에서 결혼은 성적 욕망이 자리잡아야 하는 가장 핵심적인 보루이다. 그러므로 결혼할 수 없다는 것, 하지 않는 것이 아니라 할 수 없다는 것, 그것은 많은 경우에 성적 욕망 자체가 유폐되었다는 것을 의미한다. 다시 말해 성적 시·공간의 거대한 영토가 갈 데 없이 족쇄지어진 것이다. 어떤 사람들은 옳건 그르건 자신의 성적 시·공을 결혼 제도 외부에 위치시킨다. 동시에 사회적 행동이기도 한 욕망의 취득이란 이 행위는 성공적일 수도 그 반대일 수도 있다. 그러나 실패하기가 훨씬 쉽다. ㄷ씨의 경우는 여기에 이르지도 않는다. 그는 제도 내부에 존재한다. 사실 제도 바깥으로의 탈출 자체가 대단한 힘과 전략을 필요로 하는 것이기 때문에 ㄷ씨에겐 애초부터 선택의 여지가 없다. 그래서 이런 질문이 가능해진다. 완전히 평등했던 욕망이 행동에 있어서 철저한 불평등으로 현상하는 이유는 무엇인가?

일체의 생존 수단, 윤택한 생활의 가능성, 한 개인이 사회적으로 존중받는 정도가 사회적 힘으로서 권력과 경제력에 기반하고 있다는 것은 세 살 먹은 애도 알고 있는 사실이다. 이상한 일은 성적 욕망의 실현에 있어서만은 이 만고의 진리가 흐릿해진다는 것이다. 사랑은 이 쇠그물망을 너끈히 헤쳐 나갈 수 있다는 신화가 지나치게 만연되어 있다. 그래서 위로가 좀 되는지는 모른다. 그러나 자신을 속이는 사태에 대한 대가는 언제라도 치르고 말 일이다. 게다가 그것은 작은 대가도 아니다. 삼백 년 전 인류에겐 참으로 괴상한 사건이 발생했다. 노동력이 상품으로 등장했던 것이다. 그리하여 세상의 어떤 것도 상품으로 변질되기 시작했다. 거기에 끼어든 뜨거운 감자가 하나 있었다. 그것은 성적 욕망이라는 기가 막힌 색깔의 신상품이었다. 혹자는 성적 욕망의 실현이 계급에 따라 불평등한 것이 당연하다고 말한다. 동물은 순위제라는 것을 가지는데 인간도 동물이 아니냐는 것이다. 또 혹자는 지겹도록 반복된 성의 상품화란 설교를 또 반복하려느냐고 말한다. 하지만 그런 얘기는 아무래도 상관없다. 우리는 이미 근접해 있는 것들, 그러나 그냥 스쳐갔던 것들을 새삼 검토해보려 하는 것뿐이다. 우리가 놀라야 하는 일은 이제 더 없는 것일까?

"글쎄 그 아가씨가 그래 미인이란 말이지. 그래서 동료 남자 직원들이 웃지 못할 해프닝들을 벌이고 주먹싸움까지 했더란 말이지. 해서 그 아가씨는 영악하기가 여우도 그런 여우가 아니더란 말이지. 한데 말이야 미인이라는 게 달리기를 잘한다는 것과 뭐가 다르다는 거야."

"아하! 그건 그렇지가 않지. 뭐랄까. 미인이란 건 무슨 숫자를 써 넣어도 되는 백지수표 같은 거야. 달리기를 잘하는 것과는 달라. 그건 액면 가치로 비교가 안 돼. 예쁘다는 건 계산이 불가능한 가치야."

지금부터 성적 매력, 우선 여성의 성적 매력이라 부르기로 하자. 그것이 그렇게 오랫동안 전해진 그대로 절대 가치, 최소한 비교할 대상이 몇 안 되는 대단한 가치라고 가정하기로 하자. 당장에 두 가지가 문제다. 하나는 쉽게 보이는 것이고 다른 하나는 잘 안 보이는 것인데, 잘 보이는 것——그 가정은 정말 옳은가? 잘 안 보이는 것——성적 매력이라는 건 도대체 무엇인가?

화가 나고 자존심이 상한 남자가 미녀에게 말했다. "넌 내 타입이 아니야." 미녀가 대답했다. "천만에 난 모든 남자의 타입이야."

성적 매력이란 무엇인가라고 물었을 때 사회적으로 가장 우선되는 기준은 바로 이 '타입'이란 것이다. 물론 그것은 칼로 두부 자르듯 명확하게 정의되지 않는다. 오히려 미묘한 변화 속에 존재하며 시간과 시대 속에서 윤전한다. 그럼에도 그 타입은 강력한 규정성이다. 더불어 이 타입은 매력의 문화 일반과 병행하며 운동한다. 좀더 거칠게 말한다면 그것은 유행을 따라 흘러다닌다. 타입은 한편 다양성을 내포한다. 때때로 그 다양성은 매우 대조적이다. 날씬함과 풍만함, 성숙함과 귀여움, 청순함과 요염함, 얌전함과 섹시함, 소박함과 세련됨, 캐주얼과 정장, 차분함과 발랄함, 수동성과 능동성 등등. 그러나 그것은 보색 대비로 맞추어진 색상환일 뿐이다. 미술책에 동그랗게 그려지는 색상환은 그 다양한 보색 대비를 지닌 채로 여전히 전형적이다. 일류 호텔의 풀코스 요리는 수십 가지를 포함하지만 언제나 전형적인 일류 호텔 식사일 뿐이다. 미식가가 음식의 맛을 한없이 세분하고 음미하듯이 타입은 그렇게 무한한 분류와 섬세함으로 자신을 특징지우고 정립시킨다. 또 그렇게 해서 그것은 저 높은 곳에 우뚝 선다. 스타들이 탄생하고, 타입은 그 별들이 수놓은 높은 하늘이다. 아닌게 아니라 그것은 대단한 힘을 가지는 것 같다. 전 세계를 열광시키고 있기 때문이다. 하지만 왜 이것이 성적 매력의 표상이어야 하는가? 특히 성적 시·공간의 특이성에 비추어 볼 때 이것은 왠지 신기루처럼 느껴지지 않는가? 실제로 곤란한 반례들이 있다. 첫째, 어떤 사회·문화적 조건 아래서 이 타입은 양립 불가능한 이질성으로 나타난다. 아프리카의 어느 부족에서는 엉덩이가 커야 미인이라서 미인이 앉았다가 일어서려면 경사진 언덕으로 기어 올라가야만 한다고 한다. 또다른 부족에서는 여성의 몸에 흉터가 많아야 한단다. 발이 작아야 미인이라지만 옛 중국 여인의 전족은 아무래도 좀 심하다. 일설에 의하면 그네들에게선 발냄새가 요란해야 남성들에게 사랑받는다는데 심하기는 매한가지다. 둘째, 제 눈에 안경이라는 속담이 있다. 이런 핀잔을 듣는 남자는 성적 매력에 있어 타입을 아예 모르고 있는 것처럼 생각하고 행동한다. 그는 그저 바보일 뿐일까?

타입화된 성적 매력의 위력은 막강하다고 했다. 전 세계를 열광시킬 뿐만 아니라 한 개인을 무서운 집착에 휘말리게도 한다. 옆에서 아무리 충고해도 듣지를 않는다. 혹간은 외모가 아니라 인격이 중요하다고 말한다. 그러나 그 말은 진정한 의미에서 우이독경에 불과하다. 아직은 희미한 이 이중성이 우리를 헷갈리게 한다. 타입으로서 성적 매력은 막강한 위력으로 현존한다. 반면 문화에 따른 양립 불가능의 이질성과 개인적 기호, 제 눈의 안경에 따르면 신기루 같은 허구나 망상처럼 보이기도 한다.

ㄱ씨는 한 여자로 인해 인생 자체가 바뀐 남자이다. 공고를 졸업하고 지하철 공사에 취직했던 ㄱ씨는 희망차고 젊은 20대의 청년이었다. 하필 그때 만났던 여자가 사범대 출신의 여교사였는데 그들은 맹렬한 열정에 빠져들게 되었다. 그들이 결혼을 소망했다는 것은 두 말할 필요도 없었다. 욕심이 생겼을까? 차후 상황으로 미루어 보면 집안의 허락을 받기 위해서였는지도 모른다. 여자가 그에게 대학에 입학할 것을 종용했다. ㄱ씨는 공부와 별 인연이 없는 사람이었다. 그것이 그렇게 필요하다고 생각한 적도 없었다. 이 멀쩡한 청년이 하루 아침에 직장을 그만 두고 대여섯 살이나 어린

재수생들과 학원을 다니는 사건이 발생했다. 그렇게 해서 사오 년이 후딱 지나가 버렸다. 그리고도 그는 원하는 대학에 가질 못했다. 무슨 일이 생겼겠는가? 더 나쁜 건 이루 말할 수 없이 극심한 처녀 쪽 집안의 반대가 있었다는 것이며 종국엔 여자마저도 헤어지길 원했다는 것이다. 당연하지만 그는 목숨 걸고 달려 들었다. 잘 아다시피 이렇게 모진 사정은 밤을 두고 얘기해도 모자라는 법이다. 헤피엔딩도 간혹 있지만 ㄱ씨에겐 그런 행운은 없었다. 그는 결국 떨구어졌다. 이미 서른이 넘어 버렸다. 아직 끝이 아니다. 다음에 찾아든 건 후유증이었다. 그는 그녀를 정말 잊지 못했다. 모든 것이 종료되고 그가 다른 여인과 결혼에 이르렀을 때 그는 이미 사십의 나이였다. 수많은 친구들이 그에게 충고했었다. 이제 잊으라고. 물론 소용 없었다. 누군가 물었다. 그는 그 이유를 '씹정' 때문이라고 했다. 그녀에게 버림받은 후 그는 온갖 술집과 사창가를 전전했다. 바람도 많이 피웠다. 그러나 그 어떤 여성에게도 사랑했던 그녀와의 '씹정'을 대신할 수 있는 것을 찾지 못했다. 15년 이상을 그는 이 황당한 열정 위로 날려 보냈다. 그에게 인생이란 정말로 알 수 없는 것이었다.

 ㄱ씨의 이야기 속엔 생각해 보아야 할 내용들이 아주 많다. 듣는 사람 입장에서도 기구하기 이를 데 없는 데다 웬지 낯선 얘기 같지도 않기 때문이다. 여기서는 타입으로서 성적 매력과 연관되는 대목이 중요하다. 그가 '씹정'이라고 거칠게 표현한 말의 뜻을 우리식으로 이해한다면 그와 그녀가 공유한 성적 시·공간에서 그들만이 가지는 특수성이라고 할 수 있을 것이다. ㄱ씨에겐 타입화된 성적 매력이란 없는 것이나 다름 없었다. ㄱ씨 앞에 천하의 미녀를 가져다 놓은들 그에게는 좀더 화대가 비싼 매춘부이거나 아니면 아무래도 상관없는 낯선 이에 불과하다. 그토록 위력적이던 타입으로서의

성적 매력은 지금 어디로 가버린 것일까?

타입으로서의 성적 매력이 성적 매력 일반과는 무관한 하나의 허구임은 논리적으로 자명하다. 타입은 강력한 유인이지만 정체를 알 수 없는 이미지에 불과하다. 그 이미지는 피부의 촉감을 알려 주지 않는다. 모든 사람의 얼굴이 다르듯 외성기 기관의 형태와 기능도 다른 것인데 타입은 그에 대해 아무 것도 말해주지 않는다. 성 행위 도중 성 반응의 독특성과 다양함은 상상을 불허한다고 전문적인 앙케이트들은 보고하고 있다. 그러나 타입은 그녀의 반응이 어떤 것일지 말해주지 않는다. 입이 크면 그것도 크다는 밥통 같은 속설이나 난무할 따름이다. 타입은 개봉되지 않는 영화광고, 혹은 광고 포스터 같은 것이다. 그 광고가 아무리 재미있고 매력있어 보여도 영화 자체가 그러할지는 아무도 모른다. 타입으로서의 매력도 마찬가지이다. 타입의 대상에게 주체가 무얼 기대하는지도 알 수 없거니와 그 기대하는 바가 실제와 동일한가를 추측하는 것은 개봉 안 된 영화에 대한 추측과 다를 바가 없다. 차라리 점술의 형태로 전달되는 궁합의 논리가 오히려 사태의 본질에 가깝다. 궁합이 맞는가라는 질문은 두 주체가 형성하는 성적 시·공간의 특이성이 제대로 기능하는가라는 질문을 포함하며 궁합의 논리는 타입의 매력에 대한 강력한 적으로서 대립해 왔다. 사랑하는 두 사람이 궁합이 맞지 않는다는 이유로 얼마나 많은 반대에 부딪혀 왔던가? 타입의 이러한 허구성은 타입을 지향하는 여성들의 신경증적 불안감에서 드러난다.

TV토크쇼에 유명 모델이 출연한 적이 있었다. 사회자가 짖궂어서 아주 교묘하게 말을 굴렸는데 요지인즉 몸매나 그럴싸한 출연자는 지적으로 좀 무지하지 않느냐는 것이었다. 그 미묘한 줄다리기는 웃어가면서도 적잖이 심각했었다. 직업이 패션모델인 여성이 지적으로 덜 숙달되었다는 사실은

아주 자연스러운 것이다. 어떻게 안 그렇겠는가? 동시에 지적이기까지 하라
는 것은 야구선수에게 <퀴즈 아카데미>에 나가 좋은 성적을 올리라든가
공부벌레 보고 타석에 서서 좋은 타율을 올리라는 말이나 다름없기 때문이
다. 앞서 말했듯 사람은 다 자기 불꽃대로 사는 거고 그 각각으로 위대한
것이며 그것으로 이미 충분한 것이다. 문제는 이 당연한 상식에도 불구하고
모델 아가씨가 알레르기 반응을 보이고 있다는 것이다. 그것이 이미지에
치명상을 입히는 사회적 분위기인 탓이다. 타입에 온전히 부합하기는 정말
어렵다. 난다 긴다 하여도 어딘가에 심각한 콤플렉스가 없는 여성은 거의
없다고 보면 된다. 타입이란 이렇듯 무지막지한 우격다짐이다. 본질적으로
그것은 숨기고 은폐하는 행위이다. 곧 속이는 일이다. 남성들은 평상시에
여성들이 얼마나 긴장하고 사는지 잘 모른다. 때문에 타입은 실체가 아니라
마술이다. 보는 이는 모르겠지만 마술사 자신에게도 그것이 신비할까? 마술
사가 존재를 느끼는 경우는 탁월한 기술이나 예술로서 자기성취를 느낄
때거나——아주 적겠지만——거기에 속은 관객의 감탄하는 시선이 주어졌
을 때뿐이다. 여성의 타입, 더 앞서 말한 치장 일반의 자기 성취——이것도
무척 적다. 메이크업 전문가나 보디 페인팅 전문가나 그러할까?——가 아니
면 속임에 성공한 타인의 시선에서만 만족을 느낀다. 화장 그 자체가 여성
자신에게 무어 신비하고 흥미로울 게 있겠는가? 타입은 여전히 개봉 이전의
영화 광고 포스터인 것이다. 이것이 타입의 허구성에 대한 논리적 증명이다.
불꽃놀이, 자유의 표현으로서 치장은 타입에 이르러 뻔뻔하고 창백한 석고
로 굳어 버린다.

　　그러나 아무리 이렇게 말하고, 생각하고, 심지어 시인한다 하여도 소용
없다. 허구한 날 포스터에 속아 본전도 못 뽑을 영화를 보러가는 것처럼,

그래도 또다시 광고에 시선이 체포되는 것처럼 타입은 사람들을 끊임없이 사로잡는다. 그 사로잡힘으로 연애도 하고 결혼도 하고, 양자에 모두 속아 넘어가고, 경험자가 신참자에게 사실을 일러 주어도 여전히 소용없다. 이게 다 어찌된 일일까?

예의 ㄱ씨를 다시 불러들이기로 하자. 무소불위 타입의 위력이 그의 앞에서 어디로 가버렸느냐고 물었었다. 이것은 아주 중요한 질문이다. 우리 식으로 표현한 그의 정열은 그가 획득한 성적 시·공간의 특이성 위에 존재하는 것이었다. 이것은 확실히 그럼직하다. 한 개인이 자기 내부에 존재하는 성적 시·공간을 충분히 개화시켰다면 타입은 그 순간 아무런 매력도 아니다. 성적 시·공은 거대하고 극단적이다. 그 속에서 일체의 환상과 그 환상의 창조적 수행이 형성된다. 그것은 언어, 몸짓, 치장, 연출, 그 어떤 것도 한계가 설정될 수 없는 무제한의 창조이다. 예컨대 박상륭의 <죽음의 한 연구>가 상상하고 표현하고 그 표현 속에서 달성한 욕망의 축제에 비춘다면 어떤 미인대회 우승자는, 그것만으로는 마네킹보다도 가소로운 존재이다. 자, 이쯤되면 우리에게 대답이 가능할 수도 있지 않은가? 지금 이 장에서 가장 중요한 지점에 도달했다. 허구로서의 타입이 허구임에도 불구하고 그렇게 강력하게 작용하는 이유는 무엇인가? 그것은 사회 전반에 걸친, 성적 시·공간의 특이성에 대한 억압에서 기인한다. 타입이 지배하는 세계에서는 성적 시·공이 확실하게 억압된다. 따라서 그 세계의 구성원들은 성적 욕망이 실현되어야 할 물적 실체를 송두리째 박탈당하고 있는 셈이다.

이제 형체가 부재하는 가운데 욕망의 에너지만 남는다. 그 에너지가 어디로 가겠는가? 굶주린 민중에게 보이는 유일한 것이 그러나 결코 손으로 잡을 수 없는 마리 앙트와네트의 케익, 그녀의 화중지병뿐이라면 세상에 존재하는 식욕은 단 한 가지밖에 있을 수 없다. 타입은 성적 시·공이 파괴된 황무지 위의 하늘에서 빛나는 무지개나 은하수 같은 것이다. 그것이 쓸만한가 그렇지 않은가는 전혀 중요하지 않다. 그것밖에 없다는 것이 문제다. 민중은 자신의 욕망을 그 허구에 고착시킨다. 마침내 그는 허구로서의 자신의 욕망이 선천적인 것이라고 믿게 된다. 그 다음부터 다른 것은 욕망이 아니다. 케익의 허구에 사로잡힌 식욕 앞에서 밥과 김치와 불고기는 식욕의 대상도, 따라서 음식도 아니다. 미각은 분명히 적절한 비유이다. 바싹 삭힌 홍어회를 처음 먹어보는 도시인은 대부분 그것을 음식이라 부를 수 없다고 할 것이다. 그 지독한 구린내와 초산의 향기는 구토를 참아내기에도 급급할 지경이다. 그러나 그것은 최고급 요리 중 하나가 아니던가? 서푼짜리 케익 조각은 그에 견주면 맛이라고 할 수도 없는 것이다. 지금 고급과 싸구려가 전도되었다. 성적 시·공간의 풍요는 싸구려 타입의 우격다짐에 의해 쓰레기통에 던져진 것이다. 이제 갈 데 없는 공허한 욕망은 타입이 그려낸 모조품을 사기 위해 혈안이 된다. 좀더 타입에 근사한, 좀더 타입을 흉내내는, 길거리 리어카에서 파는 몇천 원짜리 악세사리 모조품 같은, 타입의 모사품들을 사들여야 하는 것이다. 이렇게 해서 타입의 매력과 성적 시·공은 도르래의 양단에 걸린 한 쌍의 돌덩어리들처럼 되었다. 하나가 부상하면 하나가 침잠한다. 오늘의 세계는 성적 시·공이 파되되어 잠수한 채, 빛나는 별처럼 하늘을 떠도는 타입의 세계. 땅에는 뭐가 존재하는가? 내가 보기엔 염병할 모사품 쪼가리들뿐이고 우린 모두 굶주린 개들이다.

　전면화된 타입으로서 성적 매력과 성적 시·공간 사이의 적대적 모순, 성적 시·공간의 억압을 통해서만 타입으로서 매력이 매력으로 군림할 수 있다는 것. 이것은 모든 행동의 불평등성을 추적하는 우리의 가장 중요한 그리고 첫번째 이정표이다. 우리의 여정은 실마리를 잡은 것 같다. 그러나 다음 발자국을 내딛기 전에 제1막의 매듭을 마저 지어 놓아야 한다.

첫째, 타입으로서 성적 매력과 성적 시·공간의 특이성은 본래 적대적 모순관계가 아니다. 그래야 할 이유도 필요도 없다. 타입은 성적 시·공간이 창출한 하나의 영역이기도 하다. 그것이 유행을 따라 흐르든 영구 불변한 것으로 항존하든 그 점에 대해서는 상관할 바가 아니다. 문제가 되는 지점은 하나의 영역인 그것이 주체의 욕망 일체, 성적 시·공 전체를 무화시키는 데 있다. 그것은 자기 존재의 기반과 뿌리를 스스로 제거하는 현상이다. 마술이 허구나 환상이라고 해서 거부되어야 할 이유가 있는가? 마술은 그 마술의 반대 극에 있는 과학적 사실과 스스로 병존한다. 따라서 양자는 상호 간의 원인이다. 타입으로서 매력이 문제시되는 것은 이것이 마술과 같지 않다는 점이다. 타입은 오히려 모든 욕망을 말살한다. 그래서 문제인 것이며 때문에 타입이 지금의 마술과 같은 것이라면, 성적 시·공과 병존하는 것이라면 그건 또 하나의 축제라고 해야 한다. 미인대회가 어쨌다는 건가? 거기엔 그토록 아름다운 타입화된 미인들이 있을 뿐이다. 일류 호텔 풀코스 요리면 또 어떤가? 그 또한 요리와 미각의 또다른 첨단이다. 성적 시·공의 자유와 병존할 때 타입은 시대가 선도하는 하나의 예술 같은 것이다. 그때의 모방과 모사는 굶주린 개의 헐떡거림이 아니라 유쾌한 놀이다. 예술이 그런 것처럼 그 경우의 타입은 존중받을 만한 대상이며 대단한 창조 행위이다. 그러나 미니스커트 얘기처럼 여자만 하는 미인대회, 미인대회 자체가 더럽디 더러운 자본주의적 이전투구, 사기꾼 같은 장사의 행각으로 점철되고 있는 그 전제가 또다시 복마전인 것이다. 타입은 성적 시·공의 해방을 통해서만 스스로도 해방된다. 그때서야 타입은 매력일 수 있는 바, 이 양가성의 격차를 분명히 해두는 것이 우리가 해야할 일인 것이다.

둘째, 타입으로서 매력이라 할 때 우리가 주로 언급한 것은 여성에 대한 것이었다. 그렇다면 남성과는 무관하다는 것인가? 그렇지 않다는 것을 우린 잘 알고 있다. 다만 상당한 정도 차이가 존재한다는 것은 분명하다. 이 차이가 무엇을 의미하는가는 또다른 이야기이다. 그러나 타입으로서의 매력 그 자체의 속성은 양자 동일한 것이다. 나머지는 그 다음의 주제이다.

셋째, 우리의 예에 등장한 ㄱ씨와 '제 눈의 안경들'이 남아 있다. 노파심에서 하는 얘기지만 이들이 타입의 매력으로부터 해방된 주체라고 주장하는 것이 아님을 말해두어야 겠다. 그 사례들 내부엔 또다른 억압이 항상 도사리고 있다. 그것들 역시 우리들의 다음 얘기를 구성할 것이다. 하지만 그것들이 하나의 예시를 이루고 있다는 것, 어떤 일관성을 표현하고 있다는 것도 주지해야 한다. 그것은 분쇄된 일상임에도 불구하고 끊임없이 출몰하는 성적 시·공의 특이성을 반증한다. 왜곡된 형태일지라도 그것은 완전히 사라지는 법이 없다. 이 사실이 의미하는 바는 모든 억압이 그러하듯, 억압이 저항을 끝까지 막아 낼 수는 없다는 점이다. 성에 관한 사회적 일탈, 성 범죄들은 이 억압과 저항의 지형 위에서 다시 통찰되어야 한다. 살인마를 평가했던, 인식의 공리가 제 기능을 발휘했던 이전 논의의 좌표는 바로 여기였다.

가장 쉽게 말한다면 우리 사회가 현시하는 성과 성적 욕망의 표현, 그 문화와 현상들이 우리에겐 지극히 수상하게 보인다는 것이다. 우리는 무언가 잘못되었다고 느끼고 있으며 봉건적인 족쇄로부터 해방되는 것은 마땅하지만, 지금과 같은, 예컨대 90년대 같은 시대는 우리가 생각하는 그런

게 아니었다고 생각한다. 성적 자유? 맘에 맞으면 섹스한다고? 내 돈 갖고
내가 쓰는 데 누가 뭐라냐고? 게다가 눈만 뜨면 촐랑거리는 강아지들처럼
유흥가를 휘젓고 다니는 남녀노소? 이것들이 이상하게 생각된다면 타입화
된 성적 매력과 성적 시·공간 사이의 변증법을 탐구했던 우리의 이야기는
지극히 상식적인 선상에서의 얘기였다고 할 수 있다. 지금 말했던 것들은
해방도 자유도 아니다. 염병할 모사품의 잔치이며, 굶주린 개들의 헐떡거림
이다. 그 자체는 억압과 저항간의 역설을 표현하고 있으며, 확실히 하나의
주목할 만한 항명인 것은 분명하다. 그렇다고 살인마라는 교통사고가 옳다
는 뜻은 결코 아니다. 문제는 표명된 이데올로기이다. 이것을 극찬하고 있는
리버럴리스트들은 도대체 제 정신이란 말인가? 그것은 고통과 불행을 제곱
으로 증폭할 따름이다. 우리의 입장이 요구되는 까닭이 또한 여기에 있다.

　타입으로서 매력이 성적 시·공이 거세된 허구라면, 나아가 그것이 지배
적인 성적 욕망으로서 주도적인 위치를 장악했다면, 그것은 곧바로 가격이
매겨진 상품으로 전화하게 된다. 한편 타입은 여성으로 대상화되었으므로
부득불 여성을 상품화시키게 된다. 상품화라는 말은 영화, 광고, 기타 비지
니스 일반에 여성의 육체나 성적 매력을 이윤 획득의 수단으로 삼는 것이라
고 통상 이해된다. 그러나 여성의 상품으로의 전화는 훨씬 깊은 심급에 위치
한다. 백지수표로 표현된 미녀는 비지니스의 영역 안에 있는 것이 아니라,
대중 일반의 그 일상 속에 상존하고 있다. 다시 말해 피상적인 상품화를
비난하고 있는 그 순간에조차 우리에게 각인되어 있는 마음의 모양인 것이
다. 이제 한 개인이 형성하는 성적 욕망의 역사는 어떤 길을 걷게 되는가?

　어디서 근원되었든지 간에 성적 욕망은 그 처절한 집요함으로 특징지워
진다. 성적 시·공의 특이성에서 이 점을 우리는 충분히 검토했다. 일상 속에

숨어 있는 블랙홀로서, 일상의 태양 아래 기억의 흔적조차 없는 그것이지만 그 블랙홀이 개봉되는 순간 세계는 상하와 방향이 송두리째 뒤바뀐다. 성적 시·공이 거세된, 타입이 지배하는 세계에서 자신의 영토가 사라졌음에도, 그러나 그렇기 때문에 더욱더, 정체 불명의 욕망은 집요하고 다급해진다. 그러나 타입화된 세계 안에는 대상이 없다. 타입은 하늘에 있는 신기루이기 때문이다. 대상없는 욕망이란 상상되기 어렵지만 무언가 간절히 먹고 싶어 하면서도 그것이 무엇인지 모르는 때가 있는 것처럼 타입의 세계에서 욕망은 공허하고 애매하다. 여기에서 공허한 욕망의 무절제한 집요함이 분리된다. 그것은 다시 한번 자연 상태에 있는 방사성 원소의 핵분열이다. 원자력 발전소가 될지 핵폭탄이 될지 아무도 모른다. 현실은 실제로 이와 같다.

사춘기에 이를 때까지 소년들은 타입으로서 매력만을 주입받는다. 그들에게 매력이란 그것밖에 없다. 광고, TV와 영화 스타, 숱한 유행들이 그것을 형성한다. 어찌나 강력하던지 유치원에 갈 나이만 되어도 이 타입을 줄줄이 꿰고 있다. 그럼에도 그것은 현실에는 없다. 성적으로 성숙한 소년들은 공허하게 분리된 욕망이 그토록 집요하므로, 풍차에 돌진하는 돈키호테처럼 타입의 세계로 맹진한다. 그렇게 해서 그들은 첫째로 무얼 발견하는가? 그 오래된 이야기, 바로 상처다. 욕망은 뜻대로 성취되지 않을 것이기 때문이다. 정말 중요한 사실은 그 성취를 가로막는 진정한 원인이 무엇인가에 있다. 어리기 때문에, 서툴러서, 당연히……상처 받는다? 틀렸다. 이건 참으로 오래된 신화지만 참으로 헛된 거짓이다.

"나는 지금까지 말 걸어서 거절 당해 본 적이 없어."

상당히 잘 생기고, 멋진, 게다가 눈치가 빠르고 영악했던 어느 고등학생의 말이다. 이와 같은 존경할만한(?), 뭇 소년들의 부러움을 사는 친구들이 어디에나, 또 반드시 있기 마련이다. 이 친구가 타입의 세계에서 그의 사춘기를 통틀어 과연 상처받을 것인가? 성적 관계 일반, 가령 사랑과 같은 관계는, 갈등 관계 이상으로 예민해서 상처로 말하자면 그 발생이 필연적인 관계이다. 그러나 소년들이 상처를 받는 이유는 '사랑' 때문이 아니라, '사랑이 아니기' 때문이다. 그들은 사랑을 성취하지 못하기 때문에 상처 받는다. 왜냐하면 타입의 세계가 그를 거절하기 때문이다. 상처받지 않는 소년은 방금 말한 그 멋지고 영악한 소년, 말하자면 그 자신이 타입으로 존재하는 바로 그 소년이다. 소년들의 욕망이 부러지고, 갈증 위에 소금물을 들이킨 것처럼 더 집요하게 되는 이유는 공중에 떠있는 타입의 세계가 땅 위에 있는 그들에게 절망의 낙뢰를 던졌기 때문이다. 무슨 잔소리가 그리 많을까? 어느 날 여고시절이고, 꿈 많은 고교시절이고 간에, 몇몇 노래가사나 소설 나부랑이나 TV드라마가 뭐라든 간에 우리가 진정으로 상처받았던 이유는 비참하게 거절 당했기 때문이다. 왜 그 사실을 숨기거나 기억하지 않으려 하는가? 우선 대부분의 소녀들이 타입의 매력을 가지고 있지 않다. 따라서 소년들은 대부분의 소녀들을 좋아하지 않는다. 반면 대부분의 소년들은 타입의 매력을 획득할 수 있는 힘을 소유하고 있지 않다. 따라서 소녀들은 대부분의 소년들을 거부하기 마련이다. 우리 세계에서 소년기의 욕망은 높이 솟은 소수의 타입화된 별들과 대다수의 소외라는 조건 위에 흐른다. 그 밖의 것들은 단지 예외이며 이 예외는 세계가 어떻게 계급화되어 있는가에 대한 진정한 증거이다. 때문에 황순원의 소설 <소나기>는 어줍잖은 환상이다.

타입의 매력으로부터 거부되면서 소년들의 공허한 욕망은 더욱 집요해진다. 다른 한편 그 집요함은 타입의 매력에 대한 고착을 더욱 강화한다. 온갖 고뇌, 모욕, 비참을 경험하면서 소년들은 현실을 받아들이도록 강요당한다. 결국 그들은 타입과 상관없는 여성과 결혼하게 된다. 그러나 그러자마자 모순 또한 영구화된다. 어른이 된 소년의 타입을 향한 욕망은 앞으로 평생 동안 살아 남을 것이다. 그가 만일 힘을 갖게 된다면 그 욕망은 무자비하게 현상할 것이다. 나아가 그 자신에게 내재한 성적 시·공간은 더욱 억압되고 망각되어야 한다. 그것은 뿌리를 상실한 것이다. 그는 부유 浮遊할 것이고, 스스로에게 소외될 것이고, 근거없는 난봉꾼으로 외롭게 사라져야 한다. 그리고 이렇게 해서 타입의 매력은 더욱더 맹렬하게 타오른다.

　여성은 이 공허한 욕망의 운동을 고스란히 반사시킨다. 그들은 약자이므로 욕망의 주체가 아닌 대상으로서 강요된다. 그것은 무서운 강요이므로 또한 대부분의 여성이 굴복해야 하는 것이기도 하다. 그녀들은 자신을 타입의 모사품으로 만들기 위해 필사적으로 노력한다. 더불어 그 모사품에 대가를 제시할 수 없는 남성을 철저히 거세한다. 애교, 유혹, 매력의 기술을 습득하기 위한 그들의 노력과 거부, 앙칼짐, 잔인함의 술책을 배우는 그들의 지혜는 절묘하게 조화된다. 물론 그녀들도 대부분 실패한다. 타입은 여전히 저 하늘에 있기 때문이다. 그녀들도 고통 속에서 현실을 강요당하고 마침내 대가를 충분히 지불할 수 없는 남성과 결혼한다. 역시 그 욕망은 잠재하며 고착되고 모순 또한 영구화된다.

　이것이 전부는 아니라 할지라도 성적 욕망에 관한 한 이 시나리오야말로 우리의 현실을 조건짓는 근본적인 핵심이다. 인간의 삶은 훨씬 총체적인 것이므로 이 모순이 삶의 모든 것을 지배할 수는 없다. 수십 년을 함께 사는 부부, 오랜 대화를 함께 나눈 연인들은 삶과 욕망 일체가 이 타입의 딜레마 이상이라는 사실을 잘 알고 있다. 그럼에도 그 딜레마의 그늘과 영향 아래 눌려 살고 있다는 것도 역시 잘 알고 있다. 무엇보다 우리 세계는 왜곡된 욕망의 세계이며 그 욕망의 실현에 있어 철저히 불평등한 세계이다. 그것은 회오리치는 성적 시·공의 발판을 땅 속에 묻어 버렸다.

그리하여 우리는 농촌 총각들이 장가를 못 가고 있다는 소문을 전설처럼 듣고 있다. 혹은 우스개 소리처럼 듣고 있다. 그들이 농촌의 총각들이란 사실이 그들에게 내재하는 욕망의 평등성에 어떤 부정태를 함의하는가? 물론 아무 것도 없다. 그들에게도 모든 욕망은 평등하게 내재한다. 다만 그 실현에 있어 엄청난 불평등이 도사리고 있을 뿐이다. 이를 두고도 누군가 성적 자유를 말하고 있다면 그건 정말 웃기는 소리 아닌가.

우리 중 거의 대부분은 여전히 가난뱅이들이다. 남자들은 거의 못 났으며 여성들은 대체로 타입으로서의 매력이 없다. 그 가소로운 논법으로 말하자면 한심한 남자들에 폭탄 같은 여자들이다. 그러므로 모든 구석에서 우리들은 섹스와 욕망을 구걸하고 다닌다. 늘 더 나은 상대를 꿈꾸지만, 한편 없는 것보단 낫다고 생각하며 그러다가도 그나마 잃어버릴까봐 전전긍긍한다.

90년대에는 아주 특별한 상황이 발생했다. 사실은 그럴 수 없는 사람들에게 갑자기 돈이 생겼다는 것이다. 그 대표적인 예가 청소년들이다. 90년대의 청소년들의 특징은 그 이전의 어떤 세대와도 다르게 호주머니에 한계 용량 이상의 돈이 지속적으로 들어 있다는 것이었다. 이들은 곧바로 욕망을 사들이기 시작했다. 반대로 상품을 파는 주체는 상품과 더불어 이 욕망을 또한 부지런히 생산했다. 바로 이 지점에서 옛 같으면 캬바레에나 있어야 할 타입으로서 남성의 매력이 강력하게 부상했다. '옷 잘입고, 얼굴 잘 생기고, 돈 많은 남자가 좋아요.' 이것을 80년대 이전 시기 '공부 잘하고, 똑똑하고, 능력있는 남자가 좋아요.'란 말과 비교해 보라. 욕망의 실현이 구조적으로 불평등하고 힘과 돈만이 그것을 획득할 수 있는 조건에서, 돈이 생긴 그들은 이렇게 돌변했다. 그것이 옛날보다 좋은가? 좋을 것도 나쁠 것도 없다. 본질에 있어 양자는 동전의 양면이기 때문이다. 그럴 수 없음에도 호주머니에 돈이 생긴 사람들 중엔 처녀들과 주부들과 일반 소시민 남성들이 포함된다. 그들 모두가 살 수 없었던 것들을 갑자기 살 수 있게 되었다. 그래서 난리가 터졌다. 졸부가 된 가난뱅이들의 작태가 그대로 연출되었다. 그러나 그것은 문자 그대로 난리였다. 왜냐하면 그것은 근본적으로 착각이기 때문이다. 그들의 실제 상황은 여전히 돈이 없다는 것이었다. 청소년들은 부모의 품을 벗어나 직장에 가고 결혼 생활을 시작하면서 그걸 안다. 처녀들은 쓰는 건 좋았지만 그걸 벌어들이는 데 어디가선가 정말 뼈가 빠지게 시달려야 하고, 주부들은 가계부에 진땀을 흘린다. 단란주점에서 하루를 쏟아부은 소시민 남성은 다음 날 아침 숙취뿐만 아니라 '내가 미쳤지'라는 생각 때문에 머리가 지끈거린다. 그런데도 왜 이런 일이 발생하는 걸까? 그 이유를 우리는 사실 잘 알고 있다. 뭐냐고?

어떤 집에 가면 온갖 종류의 생활용품이 갖추어져 있다. 그런데 그것들 전부가 최소한 3년 이상 가는 월부 상품이라면 어떤가? 그는 부자인가 가난뱅이인가? 이게 성적 욕망과 무슨 관계가 있느냐고? 아주 관계가 많다. 한국 기업의 접대 문화는 악명이 높다. 게다가 제 기업의 과장급 이상 간부들은 그들의 판공비로 사원들을 언제나 술집에 데려간다. 한국사회의 가장 거대하고 강력한 경제 주체가 매춘문화 일반을 그야말로 독버섯처럼 길러낸다. 그 판공비로 차라리 월급을 올려주지 왜 술집에 데려갈까? 그게 바로 노동자 관리라는 것이다. 한국 자본주의는 이 테크닉이 얼마나 효과적인지를 참으로 잘 알고 있다. 마치 판공비처럼, 사람들은 어디선가 돈이 공짜로 떨어지는 것처럼 느낀다. 주식, 부동산 투기, 머리만 잘 쓰면 가능한 은행 융자, 카드, 정 바쁘면 뭐라도 해서 돈 생길 구멍이 있다고 생각하는 것, 이 전부가 사람들을 착각하게 한다. 사람들은 그 돈을 벌거나 메꾸기 위해 자기가 무얼 실제로 했던가는 당장에 까먹는다. 이것이 일 년 365일 반복되는 나날이다. 한 사회는 룰이 일단 정해지면 당분간 그렇게 굴러간다. 주식이 오르면 계속 올라가는 것처럼 자본의 운동 일반이 전 사회를 이렇게 굴려가고 사람들은 말려들었던 것이다. 언젠가는 빚보다 이자가 많아질 날이 있는 법이고, 부도가 터지는 날이 있기 마련이다. 97~98년에 그 부도가 터졌다. 한국 자본은 배째라고 늘어 터져 버렸다. 그래서 달라질 것인가? 아마 그렇지 않을 것이다. 새로운 룰이 생겨나는 건 그렇게 쉬운 일이 아니기 때문이다.

상황이 이러하다면, 그렇다면 다시 한번 대답해 보라. 90년대에 지껄이는 그 엄청난 소란이 성적 자유와 손톱만치라도 관련이 있는가? 중요한 것은 그것을 자유라고 소리친 지식인 나부랭이들이다. 내가 보기에 이들은 그렇게 굴러가는 자본이 내던진 케익조각에 달려붙은 바퀴벌레들이나 다름 없다. 맙소사! 이 얼마나 끔찍한가.

성적으로 자유롭다는 것, 그것은 문자 그대로 아주 단순한 의미를 내포한다. 한 남성이 한 여성에게, 또는 한 여성이 한 남성에게 "나는 이 영화를 보고 싶어 했어요, '괜찮으시다면' 같이 보러 갈까요?"라고 하는 것처럼 "나는 지금 섹스가 하고 싶어요, '괜찮으시다면' 우리 섹스를 할까요" 라고 말할 수 있어야 한다. 참으로 통곡해야 할 일은 이 '괜찮으시다면'이 전혀 괜찮을 수가 없다는 사실이다. 그게 정말 괜찮으려면 양자가 우선 대등해야 한다.

섹스는 보통 남녀가 나누는 것이지만, 참말이지 한 시간의 진지한 대화나 다름 없는 것이지만 그 아무 것도 아닌 것이 여성에게 무얼 의미하는지를 생각해 보라. 상황이 너무나 불평등해서 그 말 자체가 용서할 수 없는 폭력과 같은 것이다. 부잣집 아들내미가 가난뱅이 아들내미한테 가서 '우리 벤츠나 한 대 사러 가지'라고 하는 것보다 백 배 이상 가혹한 말이 바로 그 말이다. 어떤 바보들은 그렇게 말하는 게 잘하는 짓이라고까지 생각한다. 그러나 정말로 성을 억압하고 왜곡하는 자들은 바로 그들이다. 이렇게 불평등한 세계 속에서 부자인 남성이 가난한 여성에게 어떻게 그런 말을 할 수 있단 말인가. 혹간의 여성들은——그들도 미쳤지만——그건 자신에게, 따라서 여성에게 부당하지도 불평등하지도 않은 거라고 자랑스럽게 주장한다. 그러나 이렇게 말하는 여성이 무얼하고 사는 여성인지 우리는 10초 안에 거의 정확하게 알아 맞힐 수 있다. '그 여자는 그래도 되는 사람인가 보다.' 하지만 수십 년을 단두대 밑에 몸을 두고 살아 왔음직한 우리의 어머니들, 딸들, 누나 동생들에겐 어림에 반푼, 그 반푼의 반푼어치도 가망없는 현실이다.

　사실 우리를 개탄케 하는 것은 그런 자유주의자들의 작태도 아니다. 엄밀히 말해서 그들이 그러든 말은 우리는 별 관심이 없다. 문제는 그게 옳다고 주장하는 데 있다. 그 주장이 전개되는 순간 우리는 그냥 앉아서 바보가 된다. TV에서 <연인>이라는 드라마가 방영된다. 사태를 따지고 보면 어이가 없는, 배에 기름낀 작자들의 기가 막힌 헛짓거리들이다. 그런데 그게 좋은 거란다. 혹은 무언의 주장은 웅변한다. 그러면 우린 뭔가. 한심한 남자들에, 폭탄 여자들에, 냄새나는 가난뱅이들이 되는 것이다. 우리가 정말 그렇다면 그나마 모른다. 그러나 우리 중 그 누구도 성적 시·공간의 위대하고 거대한 영역 속에 존재한다. 정열은 불꽃 같고, 사려는 깊고, 매력은 타오른다. 이 모든 걸 타입의 신기루가 거세하고 있다. 사태가 바로 이렇다.

　　와중에 다소 놀랄만한 얘기도 없지 않았다. 앞서 섹스는 같이 영화를 보는 것과 별반 다를 게 없다고도 했다. 섹스는 진지한 대화 같은 거라고도 했다. 그렇다. 사람들은 놀이하고 사랑한다. 앉아서 이야기 꽃을 피우고, 장기나 바둑을 두고, 컴퓨터 채팅을 하고, 공 놀이를 하거나 구경하길 좋아한다. 그 모든 것과 더불어 그곳에는 언제나 관계의 성격과 색깔, 그리고 인격이 게재한다. 그리고 그 속에서 사람들은 서로 이해하고, 세계를 느끼고 깨닫고 누린다. 섹스도 그러하다. 더불어 하는 다른 놀이와 이야기처럼 거기엔 희노애락이 변화무쌍하게 현상한다. 다른 놀이나 이야기처럼 그 속에서 타인과 자신을, 나아가 세계를 깊게 이해하고 깨닫는다. 섹스는 이것만큼 중요하고 이것만큼 덜 중요한 것이다. 단지 그뿐이다. 언젠가 우리는 바로 이런 관점에서 누구하고든지 마치 한 잔의 차를 나누듯 섹스를 나눌지도 모른다. 그러나 천진하고 단순한 생각에는 거대한 장벽들이 둘려져 있다. 이제 두 가지를 정리하고자 한다.

　　첫째, 근거없고 주술적이며 악습화된 관념을 극복해야 한다. 섹스가 영화를 함께 보거나 차를 나누며 이야기를 하는 것과 다를 바 없다고 했을 때 우리들은 보통 기겁을 한다. 왜냐하면 양자는 너무 다르다고 생각되기 때문이다. 그러나 대답해 보라. 구체적으로 뭐가 다른가. 이것은 호사가들의 수다 따위가 아니다. 그토록이나 다르다고 느끼기 때문에 별별 일이 다 일어난다. 그 별별 일 중엔 참혹하고 잔인한 사항들도 얼마든지 들어 있다. 예를 들어 한 남자에게 자기 아내가 결혼할 때까지 처녀였는가 아닌가가 왜 그렇게 중요해야 하는가. 처녀의 가부가 두 사람이 함께 살고 함께 섹스를 나누는 데 구체적으로 무슨 상관이 있는가. 어떤 여성들은 습관적으로 남편과의 섹스를 거부하고, 더 나아가 자신이 섹스에 몰입하면 인격 자체가 종속된다고 느끼기도 한다. 어떤 대화나 놀이도 상대방이 불성실하고 부당하게 응대하면 모욕감이나 노여움을 일으키게 된다. 섹스도 마찬가지일 것이며, 감각적으로 가장 예민하고, 또 육체를 다루고 있는 것이기 때문에 상처는 다소 심할 것이다. 그러나 이건 지나치지 않은가? 섹스가 뭐길래 그 여성은 그렇게 심각해야 할까? 또 남성들은 앞서 말한대로 광견병 같은 편집증에 시달린다. 가령 절륜한 정력과 기술을 과시하며 우쭐거린다. 글쎄 그것도 쓸만한 것일는지 모르겠다. 하지만 성적 시·공간의 영토가 얼마나 넓고 다양했는지 되돌아 보라. 한 축구팀은 공격적이기도 하고 수비적이기도 하다. 개인기에 의존할 수도 있고 조직력에 의존할 수도 있다. 힘이 좋은 선수가 있는가하면 날쌘 선수도 있다. 그 어느 것도 축구 경기에 있어 맛이고 매력이다. 섹스가 이와 달라야 할 어떤 필연성이 있을까. 우쭐거리는 그 남자는 섹스 속에서 아마 정복자의 승리감을 느끼는 모양이지만 섹스가 그 따위의 정복과 무슨 상관이 있는지 우린 알 수가 없다. 이것도 섹스에 대한 무지와 신화에 근거한다. 질투와 소유욕의 편집증도 마찬가지이다. 어떤 놀이에도 집착이 개입할 수 있다. 사람은 어떤 대상에 또한 강력한 점유와 소유의 욕망을 불태울 수 있다. 섹스 또한 마찬가지일 것이다. 그러나 바보가 아닌 이상 집착과 소유와 질투에 목숨을 거는 사람은 없다. 그런데 섹스에 대해서는 유독 태도가 다르다. 남성들은 자기 아내가 자기에게만 성적 욕망을 느껴야 한다고 생각한다. 이게 얼마나 웃기는 일인가. 아내가 정절을 지키고 있다면 그것이 남편에 대한 성적 욕망 때문이겠는가? 천만의 말씀이다. 사실 그것은 정절이란 말에 대한 천박한 왜곡이며 모독이다. 아내가 정절을 지키는 이유는 남편과 자신이 함께 하기로 한 삶에 대한 진지함과 성실성 때문이다. 그녀가 입을 것 못 입고, 먹을 것 안 먹으며 가계를 지키고 아이들을 키웠다면 그것이 남편에 대한 유일한 성욕 때문인가? 오히려 거꾸로 여야 한다. 남편이야 말로 아내의 성적 욕망이 얼마나 다양한가를 이해하고, 다른 사람은 몰라도 자신만은 그것을 들어 줄 수 있어야 한다. 소유욕과 질투는 다른 모든 것과 비슷하게 이 폭넓은 이해의 지평 위에 함께 할 때만 인간적인 것이다. 그렇지 못하면 남는 것은 피차간에 행하는 속임수뿐이다. 이 모두가 섹스를 무슨 주물단지로 잘못 생각하는 탓에 생긴 일이다. 요컨대, 섹스는 인격적 주체가 다루는 그 어떤 것이지 그 반대가 아니라는 말이다. 그럼에도 전도된 신화의 허상은 아직도 거대하다. 그 내용을 다 이야기하려면 이것도 그 끝이 보이지 않는 일이다. 여하간 그 신화로부터 해방되어야 하는 것이 첫번째 과제이다.

둘째, 성적 욕망이 그 구체적 실현에 있어 얼마나 불평등한가를 알아야 한다. 어떤 의미에서 외롭다는 말의 진정한 의미는 욕망의 실현이 불가능하다는 그것이 아니라 그 욕망으로부터 소외되었다는 것에 있다. 앞서 과거는 둘째 치고 지금 우리 시대의 사람들, 우리들 자신을 둘러보라. 소년, 청년, 장년, 노년 그 시기를 불문하고 성욕에 대하여 한없이 초라하고 빈한하다. 사람들은 성적 시·공간으로부터 도태되고 거세되고 유폐되었다. 사람들은 끊임없이 천박하고 유치하고 탐욕스럽다. 죄수와 졸병과 굶주린 자들은 언제나 그런 법이다. 쓰레기통의 과자 조각을 주워 먹듯 사람들은 싸구려 에로잡지, 비디오, 사창가들을 뒤지고 휘젓는다. 또 듣고 보노라면 눈살 찌푸려지는 난장을 펼치곤 한다. 반면에 어떤 소수의 사람들은 상상을 초월하는 물량을 쏟아 부으며 성적 욕망을 낭비하고 유린하고 있다. 이 불평등이 어디서 왔으며 어떻게 구조화된 것인가는 차후의 문제다. 그러나 이 사실을 명시

2장 모든 행동은 불평등하다 149

하는 것은 너무도 중요하다. 자유주의자들의 넉살이 왜 헛소리인지는 바로 여기에 근거가 있다. 만일 우리가 이 불평등성을 잊어버린다면 우리는 영원히 혼돈을 맴돌아야 할 것이다. 욕망함에도 불구하고 왜 그것이 금기인가를 우리는 알 수가 없게 된다. 말이 나왔으니 말이지만 금기에 대한 별별 이론과 현학적 논리들이 있다. 다 일리가 있는 얘기들이다. 그러나 그 금기의 근원에서 이 불평등성을 빠뜨리고 있다면 그것은 혹세무민의 사기이다. 불평등성이 빠진 금기의 이론이 우리 자신의 구체적 일상에 무슨 도움이 되는가. 아니 진실성 자체가 정세에 맞지 않는다. 그건 우리 얘기가 아니다. 물론 사태가 단순한 것만은 아니다. 하지만 핵심만은 분명히 쥐고 있어야 한다. 모든 행동은 불평등하다.

3
섹스에로의 자유, 섹스로부터의 자유

"여보, 요즘 당신 왜 그래요. 원하는 환상이 뭐예요?"
남편이 말했다. "프랑스 하녀!"
"알았어요"
아내는 열심히 프랑스 하녀 복장을 챙겨 입고 침실로 올라갔다.
그런데 침실에는 남편이 프랑스 하녀 복장 차림으로 서 있었다.

리버럴리즘 비판

본래 무엇이었는가? 왜, 어떻게 그것이 강탈되었는가? 무엇을 해야 하는가? 평등한 욕망, 불평등한 행동이란 조건의 분석이 앞의 두 질문에 대한 대답이었다. 그러나 인식과 비판은 처음부터 대안을 요구하는 것이었다.

　이 장은 자유라는 제목으로 시작한다. 지금 그것은 구체적이고도 현실적인 개념이 되었다. 우선 우리가 성을 향해 얼마나 억압되어 있었는가를 말해 왔었다. 그러한 억압은 매우 심각한 것이어서 우리의 총체적인 인간성 자체를 훼손하는 것이었다. 성적 시·공간의 박탈로 표현되었던 바 극단적으로 말해서, 그 훼손은 우리를 굶주린 개처럼 비참하게 만들었다고 했다. 곧바로 그 현상은 우리를 섹스라는 감옥에 유폐시키는 원인으로 작용했다. 이것은 절묘하게 결합된 이중의 억압을 의미한다. 섹스를 향한 자유의 상실이 곧 섹스로부터의 자유를 거세한 것이며 거세된 자유는 또다시 섹스를 향한 자유를 더욱 억압하기 때문이다. 그러므로 우리가 이 이중의 고뇌를 잘라내고자 시도한다면 그것은 너무도 당연한 일이 될 것이다. 여기에서 우리는 하나의 결론을 완성해야 한다.

　우선 기왕에 시작되었던 리버럴리즘에 대한 비판이 완성되어야 한다. 왜 그러한가? 지금의 현실에서 대중에 대한 성적 공세의 선봉에 리버럴리즘이 서 있기 때문이다. 그것은 우리를 현혹한다. 나아가 그 현혹을 통해서 그것은 우리를 이중의 감옥에 묶어 놓는 첨병의 역할을 수행하고 있다. 지금으로부터 10여 년 이전에 보수주의가 수행했던 바로 그 역할을 리버럴리즘이 이어받고 있는 것이다. 이 울긋불긋한 고무풍선이 버티고 있는 한 우리는 한 발자욱도 나갈 수 없을 것이다. 지금에 있어 타입의 세계란 바로 리버럴리즘이라고 말할 수 있기 때문이다. 타입의 세계가 허공을 메우고 있는 한 우리는 한없이 땅 밑으로 가라앉아야 한다고 말하지 않았던가. 그러므로 이 비판은 우리의 작업에 있어 가장 중요한 일 중 하나이며 결코 피해갈 수 없는 임무가 될 것이다. 그러나 방금 전에도 말했듯이 비판 자체가 목표 일 수는 없다. 그 비판을 통해서 우리는 무엇인가를 알아야 하고, 그 앎을 통해서 새로운 지평을 열어야 한다. 리버럴리즘이 거론되어야 하는 진정한 이유는 바로 그것이다 .

성적 자유에 대한 전형적인 속설들이 있다.

① 혼전, 혼외 섹스에 대한 심리적 도덕적 법적 제한을 없애야 한다. 남녀노소를 불문하고 목이 마르면 콜라를 마시듯 섹스는 부담없이 즐기는 것이 되어야 한다. 비일상적 성 행위나 행태에 대해 관대해야 한다.

② 포르노와 매춘에 대해 또한 관대해야 한다. 잡지, 컴퓨터, 비디오 테입과 같은 포르노 매체들은 자유롭게 유통되고 소비되어야 한다. 온건한 경우라면 청소년들에 한해 제한규정을 두어야 한다고도 한다. 그렇지 않은 경우엔 이 제한마저도 철폐되어야 한다고 주장한다. 매매춘은 개인의 의지 에 입각한 사적 행위이다. 잘못된 것은 강요된 매춘이다. 따라서 강제가 아니라면 아무런 문제도 없다.

이것 참 좋은 얘기다. 우리 모두 이렇게 하기로 하자. 그런데 왜 이렇게 안 되는 것일까? 역시 전형적인 리버럴리스트의 대답

'아무 근거도 없는 고리타분한 이데올로기 때문에'

'기득권, 보수주의자, 권위주의자, 기독교 문화가 가로막고 있기 때문에'

첫째 마음 먹기에 달렸다는 것, 둘째 나쁜 사람들이 그것을 가로막고

있다는 것.

이것 이외에도 성적 리버럴리즘은 다양한 스펙트럼을 드러내고 있다. 속설 ① ②는 그 중에서도 다소 과격한 쪽에 속한다. 가장 흔한 것은 결혼과 관계없이 섹스를 즐기자는 내용인 것 같다. 즉 혼전, 혼외 섹스에 대한 부담 없는 자유를 추구한다는 것이다. 뜻밖에도 이 논리는 제법 강력한 데가 있다. 본래 자유란 단순한 것이다. 그리고 그 단순함은 굉장한 호소력을 가지기 마련이다. '사람이란 먹고 싶을 때 먹고, 놀고 싶을 때 놀고, 일하고 싶을 때 일하며 자고 싶을 때 자야 한다.' 이보다 호소력 있는 자유의 개념이 어디 또 있겠는가? 성적 리버럴리즘은 이 오래된 자유의 개념을 그저 섹스에 적용한 것 이상도 이하도 아니다. 지극히 인간적이고 자연스럽게 보이는 것은 너무도 당연하다. 사실 우리들 중 그 누구도 이 이상을 부정하지 않는 다. 부정하지 않는 정도가 아니라 인류가 지구상에 존재하는 한 결코 사라질 수 없는, 사라져서도 안 되는 그런 소망이다. 근본적인 차이는 이 소망이 여전히 저 멀리 있어야만 하는 까닭에 대한 리버럴리즘과 우리 사이의 엄청 난 견해 차이다. 우리는 이러한 자유를 실제로 누려왔던 사람들을 알고 있다. 중세의 귀족이나 영주들이 그러했던 바, 상징적으로 우리는 마리 앙트와네 트의 케익을 지적했었다. 그들은 분명히 먹고 싶을 때 먹고, 놀고 싶을 때 놀고, 자고 싶을 때 잤고, 덧붙여 말하자면 섹스하고 싶을 때 아무하고나 섹스했다. 그들은 정말로 자유로웠다. 그러나 우리 중에 아무도 이들의 자유 를 자유라고 부르지 않는다. 아닌게 아니라 제 정신 가진 사람치고 이것을 자유라 부를 사람은 아무도 없을 것이다. 그런데 리버럴리스트도 우리와 생각이 같을까? 그들은 아마도 그렇다고 대답할 것이다. 그러나 말이라면 누군들 못하겠는가.

"오빠 오늘 화끈하게 놀아줄테니까 나 용돈 좀 많이 주라."

창녀도 기생도 아닌, 자유의지로 철철 넘치도록 충만한 이 소녀를 보라. 리버럴리즘은 이 소녀를 과연 어떻게 평가할 것인가? 혹시 만세를 부르지는 않겠는가? 우리가 궁금해 하는 것은 이 소녀가 세상을 이해하는 방법이나 관점이다. 이 소녀에게 돈이 없는 오빠들은 무엇으로 보일까? 평생을 부엌데기로 살아온 아낙들은 또 무엇으로 보일 것인가. 무엇보다 이 버거운 세상에서 뼈빠지게 일하는 사람들 전부가 무엇으로 보이겠는가?

"다 저 알아서 사는 거 아냐? 나는 후줄근하게 살기 싫어. 내가 이렇게 살겠다는데 누가 뭐래."

이 소녀가 얼마나 문란한가는 관심의 대상이 아니다. 정말 중요한 것은 이 소녀의 무자비하기 이를 데 없는 이데올로기이다. 이 소녀는 일하기 싫어한다. 오히려 일하는 사람들을 경멸하고 있다. 세상엔 어차피 바보들이 있는 것이며 그 바보들이 세상을 만드는 동안 자기는 놀고 먹겠다고 결심했다. 바보인가 아닌가는 순전히 각자의 능력에 달려 있는 거라고 믿는다. 요지인즉 이 출중한 인생관이 앞서 말한 귀족이나 봉건 영주의 자유와 어디가 다르냐는 것이다. 이쯤 되면 진짜 위선자가 누구인가를 되묻게 된다. 대관절 리버럴리즘의 정체는 무엇이란 말인가. 수상한 일은 도처에 깔려 있다.

① 휴일 주택가 골목에서 한 십대 소녀가 매를 맞고 있었다. 때리는 사람은 그녀의 아버지였다. 여고생이 틀림없는 그 소녀는 짧고 하늘거리는 치마에 얇고 몸에 딱 붙는 티셔츠를 입고 있었다. 사정이 이렇게 된 이유는 나돌아 다니는 소녀를 말려온 아버지가 그날 따라 몹시도 분노했기 때문이다. 그날도 부모 모르게 차려 입고 나가다 들켰던 것이다. 눈치채고 따라나

간 아버지가 당장 들어오라고 했지만 소녀는 말을 듣지 않는다. 아버지는 거리에 흩어져 있던 각목을 주워 들어야 했다. 어쨌거나 이 소란은 진풍경이 아닐 수 없었다. 구경꾼들 중에 옆집 사는 아저씨가 끼어 있었다. 그는 이렇게 중얼거렸다.

"내 언젠가 한번은 저럴 줄 알았어."

② 어떤 사기꾼이 대형 뮤지컬을 기획한다고 거짓 광고를 낸 다음 신인 배우를 모집했다. 젊은이들이 난리 법석으로 모여 들었다. 사기꾼은 이런 저런 이유를 들먹여 그들에게 2백만 원씩을 내라고 했다. 그렇게 해서 응모했던 사람들은 모두 사기를 당했다. 그중에 한 십대 소녀가 있었는데 흥미로운 건 그녀의 어머니의 이야기이다. "고등학교를 졸업하고 대학을 안 가고 연예인이 되겠다고 고집했어요. 2백만 원을 달라고 하길래 안 된다고 했더니 울고 불고 떼를 쓰는 거예요. 고민 끝에 직접 찾아가 봤는데……결국 2백만 원을 주었지요."

말썽 많고 철 없는 십대는 언제나 있어 왔으며 앞으로도 계속 있을 것이다. 좌우간에 이 사건들이 의미하고 있는 바를 우린 아주 잘 알고 있다. 주변에서 매일 벌어지고 있는 일이기 때문이다. 우리 동생들일지도 모르는 이 아가씨들에 대해서 우리는 눈살을 찌푸린다. 어딘가 많이 잘못 되어 있기 때문이다. 그런데 무엇이 잘못되어 있는 걸까?

①의 소녀가 선정적인 옷차림에 하라는 공부는 안하고 매일 놀러나 다니기 때문에? 혹자는 그게 못마땅할런지도 모른다. 그러나 우리가 잘못되어 있다고 느끼는 대목은 거기가 아니다. 이 소녀는 그 옷들이 어디서 났으며

용돈은 또 어디서 구했는가. 이 소녀는 그 돈을 공장 다녀 일해서 벌었을까? 잘못된 것은 이 소녀의 뼈 속에 틀어박힌 이데올로기이다.

　'부모란 자식을 낳았으면 책임을 져야 한다. 내가 잘 입고 재미있게 놀고 싶어하는데 그렇게 하도록 해 주어야 하는 것 아닌가.'

　어쩌면 이 소녀는 보다 독립심이 강할는지도 모른다. 그래서 부모에게 손벌림 없이 옷 값과 용돈을 구할 수도 있다. 그럼 우린 또 묻는다. 돈을 어디서 어떻게 구하는 걸까? 공장 다녀 일해서? 그 다음은 독자가 한번 상상해 보라. 이 소녀가 철이 없다고 했을 때 그 말의 진정한 의미는, 이 소녀가 암암리에 전제하고 있는 그 무자비한 이기성으로 가득차 있다는 말이다. 언젠가 그녀는 철이 들지도 모른다. 아니면 사는 동안 내내 그 모양일 수도 있다. 어느 쪽이건 이 소녀의 영혼은 이기주의자의 영혼이다. 능력껏 잘 먹고 잘 살고 잘 놀면 그것으로 끝이다.

　②의 소녀가 수상한 것 또한 연예인이 되겠다는 그녀의 소망 속에 있는 것이 아니다. 은막 속의 스타들이 행복하고 화려하다는 것은 분명하지만 연예인이란 직종에 속한 사람들이 얼마나 배 고프고 고달픈지 우리는 잘 알고 있다. 그 속에서 성공하려면 뼈를 깎는 훈련과 노력에다 대단한 운수가 뒤따라야 한다. 그럼에도 연예인이 되겠다고 한다면 이 모든 걸 각오하고 뛰어들어야 한다. 그런데 간혹 신데렐라 이야기들이 들리곤 한다. 아닌게 아니라 그런 게 있긴 하다. 문제는 이 전설밖에 모르는 것처럼 행동하는 젊은이들이 수도 없다는 사실이다. 이것은 허구한 날 복권을 긁어대는 것과 아무런 차이도 없다. ②의 소녀는 이 복권 긁기와 무관한가? 앞뒤를 모르니 다른 사정이 없다고도 할 수 없다. 그러나 이런 식으로 철없는 소녀들이 즐비하게 널려 있다는 사실만은 분명하다. 더욱 분명한 것은 90년대 이후로

이 숫자가 엄청나게 불어 났다는 것이다. 이번에도 초점은 동일하다. 이들의 머리 속을 채우고 있는 이데올로기는 과연 무엇인가?

지금 이 소녀들을 힐난하고자 하는 것이 아니다. 어떤 의미에서 이 소녀들은 피해자들이다. 못마땅해 하는 우리들에게 책임이 없다 할 수 없으며 이는 이 소녀들을 만들어 낸 사회 전체에게 근본적으로 되돌려져야 하기 때문이다. 지금 묻고자 하는 것은 이렇게 횡행하는 이데올로기 자체이며, 이것과 리버럴리즘 사이의 관계이다. ①의 소녀 ②의 소녀, '오빠 오늘 화끈하게 놀아줄게'라고 말하는 어느 소녀. 곧 무자비한 이기주의. 이들은 아무도 범법자가 아니다. 누구로부터 강요당지도 않았으며 문자 그대로 자유로운 친구들이다. 리버럴리즘은 이들의 정당성에 대해 결코 이의를 제기할 수 없다. 사실을 말하자면 이들이 리버럴리즘을 자기 존재의 근거로서 이용하고 옹호한다. 한 마디로 말해서 리버럴리즘은 똥이다.

① 오입쟁이 남자가 있었다. 샐러리맨이었는데 최근에 결혼을 하게 되었다. 신혼이었음에도 불구하고 그는 여전히 오입쟁이였다. 그날도 그는 진탕 놀아났다. 황당해서 입을 다물지 못하는 그의 동료에게 그는 중요한 가르침을 하나 주었다.

"마누라는 강하게 키워야 해!"

② 뭐랄까. 그는 풍류를 아는 남자라고 해야 하나? 건축 일에 종사하는 그의 직업은 고정직이 아니었다. 평소에는 한가하게 지내다가 일이 생기면 몇 달 정도 출장을 나간다. 돌아온 그가 사람들을 만났다.

"돈을 많이 벌었나요?"

"벌기도 많이 벌었지만 쓰기도 많이 썼지."

"어디에 썼나요?"

"거기 마담하고 연애하느라고."

"그걸 왜 합니까?"

"무슨 소리야. 그건 내 인생의 중요한 만남이야. 순간이지만 최선을 다해 사랑하는 거지."

"부인이 알고 있나요?"

"너 미쳤냐?"

그들이 오입쟁이든 풍류남아든 그건 둘째 문제다. 단지 우리는 이들의 행태를 절대 자유라 부르지 않을 뿐이다. 그러나 리버럴리즘은 여기에 대해 우리처럼 말할 것인가?

사태가 너무 명징하고 속이 뻔하기 때문에 리버럴리즘은 딴소리를 할지도 모른다.

'우리가 말하는 성적 자유는 그런 게 아니다. 왜 그런 예들만 들먹거리는 거냐. 예의 소녀들은 일부에 불과하며 예의 남자들은 아내를 속이기 때문에 적당하지가 않다. 우리가 하는 얘기는 그런 게 아니다.'

물론 당신들의 입으로 하는 얘기가 아니라는 걸 알고 있다. 하지만 말이야 누가 못하느냐고 이미 말하지 않았던가. 그러나 그 점은 잠시 접어두기로 하자. 정 그렇다기 보다 세련되고 지적인 척 하는 그들의 언사라는 걸 한번 들어보기로 하자.

① 한 처녀가 다른 처녀에게 물었다.

"유부남하고 연애하는 거 어때."

"자기가 책임질 수만 있으면 괜찮다고 생각해."

② "글쎄 성에 대해서는 자기가 책임질 수 있으면 그것이 심지어 사회에 숨기는 책임이라도 자기가 책임질 수 있고 상대를 강제하지 않으면 뭐든지 해도 괜찮다고 생각해요. 그 뭐든지는 말 그대로 뭐든지지요. 그러니까 뭐 사람들이 혼전 순결 같은 것도 옛날에는 굉장히 금기시 했지만 지금은 많이 파괴가 되었잖아요. 그런데 옛날 같았으면 정말 혼전 순결까지 포함하는 그런 모든 거 뭐, 동성애라든지 근친상간이라든지, 사도 매조키즘이라든지,……와 성 관계를 갖는 것까지도, 그러니까 당사자 둘 셋 혹은 넷 뭐 여러 가지가 될 수 있겠지만 서로가 억눌리지 않고 동의하는 가운데서 가질 수 있는 관계는 다 좋은 거죠 뭐." (어느 미혼 여성, TV 인터뷰에서)

③ <그대 안의 블루>란 영화가 있었다. 유명한 배우 안성기씨가 주연을 맡았던 영화이다. 알다시피 이 영화에서 두드러지는 것 중 하나는 주인공의 성 생활이다. 그는 이름조차 모르는 여자와 임의적으로 서로가 원하는 한에서 성 관계를 나눈다. 서로를 X와 Y라 부르는데 "나 X예요. ○○호텔 ○시에 ○호실에서 기다릴게요."라고 메세지만 남기면 그만이다. 중요한 사실은 그가 상당히 성공한 인테리어 디자이너란 것이다.

여성 ①. 그녀는 책임을 지면 된다고 한다. 도대체 무슨 책임을 진다는 말일까?

첫째, 그 유부남의 아내를 찾아가서 죽여달라며 애걸해 보는 건 어떤가.

관계를 허락해 달라고 말이다. 아내란 여자는 그것을 거부하든가 어쩌면 허락할지도 모른다. 그러나 어쨌든 간에 이 처녀가 여기서 무슨 책임을 졌는가? 그녀가 할 수 있는 유일한 것은 그저 애걸하는 것인데 이 애걸과 책임 사이에 어떤 관계가 있는가?

둘째, 철저히 남자의 아내를 평생 속인다고 가정해 보자. 역시 마찬가지다. 이 처녀는 한 가지도 책임진 것이 없다.

우리는 이 처녀의 책임이란 것이 실제로 의미하는 바를 겨우 깨닫는다. 이 처녀의 책임이란 남들의 시선이나 여기서 생기는 어떤 불이익이나 심리적 불안감 따위는 신경쓰지 않겠다는 식의, 바로 그런 의미의 책임이다. 그 용기는 제법 가상하다. 그러나 우리에겐 웃기지도 않는 얘기다. 이것이야말로 무자비한 이기주의이다. 세상엔 그런 저런 사정이 많기도 하다. 처녀가 유부남을 사랑해서 숱한 비극이나 희극이 연출되곤 한다. 상황에 따라서는 되먹지 못한 경우도 있고 참 안됐다는 느낌이 드는 경우도 있다. 하지만 리버럴리즘 이전에 이것을 '자유'라고 떠든 경우는 한번도 없었다.

여성 ②. 역시 책임이다. 이 여성은 뭐든지 해도 좋다고 말한다. 한 쌍의 부부가 그들의 침실에서, 다름 아니라 서로가 신바람이 나서 별별 짓을 다 하고 있는 것, 뭐든지란 말이 이것을 의미하고 있다면 그건 하나마나 한 소리이다. 왜냐하면 그 점에 대해 뭐라 할 사람이 아무도 없을 것이기 때문이다. 설혹 기분 나빠 하는 사람이 있다 해도 기껏해야 그것은 개인 사정일 뿐이다. 그러나 이게 전부인 것 같지가 않다. 그녀는 혼전 순결을 운운한다. 또 근친상간도 운운한다. 서로가 억눌리지 않는 가운데 동의하는 관계, 사회에 숨기는 책임 등도 운운한다.

'서로 사랑하면 섹스할 수 있다고 생각해요. 동거도 할 수 있고, 그런

게 꼭 결혼을 전제로 이루어져야 할 필요도 없어요. 섹스는 동의하는 사람끼리 즐기면 되는 거라고 생각해요.'

리버럴리즘의 주장 중 가장 흔하고 가장 핵심적인 이야기일 것이다. ②의 처녀는 그 말 속에 이 내용을 분명히 포함시키고 있다. 다시 말하지만 거 참 좋은 얘기라는 거다. 제법 근사한 얘기이니 앞서 말한 소녀들과 오입쟁이, 풍류남아는 제외시키기로 하자. 남편 몰래 바람 핀 아줌마, 유부남과 신이 난 처녀들도 다 빼기로 하자. 리버럴리즘 자신이 그런 건 아니라고 말했다는 전제에서 하는 얘기이니까 말이다.

그러고 나면 대번에 궁금해지는 것이 있다. ②의 여성은 도대체 어떤 남자들과 동의하는 걸까? 아무나? 절대로 아무나일 리가 없다. 아마도 그녀의 대답은 '마음에 드는 사람' 혹은 '사랑하는 사람'일 것 같다. 거짓말이란 이런 것을 두고 하는 말이다. 앞 장에서 우리는 타입의 세계를 말했으며 우리들 대부분은 그 타입의 세계 바깥에 있다고 했다. 지하철 역의 노숙자, 빈민가의 민중, 농촌의 청년 그 누구도 이 여자의 마음에 들거나 사랑하는 사람이긴 애시당초 틀려먹었다. 동의되는 그 사람이란 다름 아니라 바로 그녀와 비슷한 남자들을 말하는 것이며 이른바 쁘띠 부르주아지들일 가능성이 가장 높다. 지금 계급을 언급했다. 실인즉 이것이야말로 알맹이 중의 알맹이다. 사람들이 리버럴리스트가 아닌 진정한 이유는 그들이 한가하게 앉아서 섹스나 즐길 수 있는 사람들이 전혀 아니기 때문이다. 맞벌이를 해도 목구멍에 단내가 나는 마당에 이 고색창연한 자유를 만지작거릴 돈과 여유가 어디 있겠는가.

③의 남자를 보라. 이 자유로운 남자가 용달차 운전수일 수 있을까? 우리가 감독이라 해도 용달차 운전수를 그 배역으로 선정하는 건 불가능할

것 같다. 그러니까 이런 얘기다. 리버럴리즘이란 가장 근사하게 말해서 '놀 수 있는 사람들끼리 잘 놀아보자'는 것이다.

혼전섹스나 젊은이들의 성 관계는 또한 고래로 이어졌던 형식이다. 이 것도 그 형태가 천태만상이다. 돈이 없어서, 미처 식을 못 올린 채 멀리 떨어지게 되어서, 부모가 반대해서, 아니면 그저 즐기기 위해서 등등. 그러 나 이 또한 리버럴리즘 이전에 옳다고 주장되었던 적은 없다. 리버럴리즘은 왜 기를 쓰고 이 옳음을 주장하는 걸까? 놀 수 있는 사람들의 그 안타까운(?) 마음들이 어렴풋이 붙잡히지 않는가?

리버럴리즘은 그저 논리에 그치는 것이 아니다. 실제로 그것은 훨씬 가까운 현실 속에 자기의 본령을 두고 있다. 한 조각씩 떨어져 있을 때 그 조각들은 시시한 현상에 그치는 것 같다. 그러나 그것들은 전체를 이루고 있는 조각들이다.

거리의 물결 — 성적으로 자극적인 패션, 치장, 이른바 미시족, X세대, 신세대.

매체의 과잉 — 인터넷 포르노 사이트, 급증하는 성인 잡지, 기존 포르 노 비디오나 CD의 광범위한 유통, 자극적이고 노골적인 소설, 에세이 등의 범람.

유흥 문화의 확대 — 룸살롱, 단란주점, 비디오 방, 각종 주점, 디스코텍 등등의 증가, 다양화, 일상화.

성 관계에 대한 의식의 이완 현상 — 오렌지족, 청소년들의 성 관계 사례 증가, 표피적이고 즉흥적인 태도.

새로운 성 상품의 출현 — 전화방, 결혼상담소 등을 빙자한 신종 매춘

알선업, 주부·미혼 여성 등 전업 매춘부가 아닌 여성들의 매춘 아르바이트, 호스트바, 호다방, 폰섹스.

이데올로기 —— 작가, 영화인, 교수 등 지식인층이 주도하는 리버럴리즘의 출현 및 확산, 대학가에서 성에 대한 관심과 논의가 급증하는 현상.

리버럴리즘이 위력을 발휘하는 이유 중의 하나는 이와 같은 현상들이 우리를 일상적으로 둘러싸고 있기 때문이다. 논리를 떠나서 리버럴리즘이 실제로 옹호하고 있는 것, 반대로 그로부터 자신의 존재 근거를 부여받는 것은 바로 이런 현상들이다. 우리들이 혼동하지 않을 수 없는 이유도 여기에 있다. 당장 느끼기에는 무언가 굉장히 달라진 것처럼 보이기 때문이다. 이것은 무언가 새로운 것 같다. 현실과 의식 양자에 걸쳐 큰 변화가 일어났다고 생각된다. 그러나 우리가 묻지 않은 것은 정말로 무슨 일이 일어났느냐는 것이다. 사람들은 이렇게 말한다.

"요새는 많이 달라졌잖아. 다들 그렇게 산대."

……다들 그렇게 산대! 다시 말해서 자신은 그렇게 살지 않는다는 말이다. 그렇게 살고 싶어도 아예 엄두가 나지 않는다. 우리에겐 그런 능력이 처음부터 없었다. 그러니까 남들은 다 그렇게 사는데 자기만 그렇게 살지 않는다는 뜻이다. 우스꽝스런 대목이 바로 여기다. 이런 현상들은 결코 통계로 집계되지 않는다. 그러나 주변을 둘러보라. 우리들 중 대부분은 이 현상과 무관하게 살고 있다. 단지 그런 소문만이 무성하다. 어쩌다가 걸출하게 살아가는 사람들을 발견할 때도 있다. 그러나 그런 사람들은 언제나 있어 왔으며 지금 그 수가 늘어났다 해도 우리 자신이 큰 변화를 느낄 만큼 늘어난 것은 결코 아니다. 그렇다면 이걸 뭐라고 해석해야 하는가? 그럴듯한 해석

은 단 한 가지이다. 이 현상이 일반화된 것이 아니라 이 현상을 주도하는 어떤 세력의 힘이 커진 것이다. 예를 들어 사치품의 국내 수입량이 급증했다고 하자. 너무도 잘 알고 있거니와 그 사실은 우리들이 사치품을 더 많이 소비했다는 것을 의미하지 않는다. 오히려 그 사치품을 소비할 수 있는 사람들, 곧 부자들의 돈이 더 많아졌다는 것, 빈부 격차가 더 확대되었다는 사실을 가리킬 가능성이 훨씬 높다. 리버럴리즘을 불타오르게 한 위의 현상들이 이 사치품의 경우와 다를까? 이것은 근원적인 질문이다. 아마 최후의 해답도 여기 있을 것이다. 그러나 지금은 기왕 논의와의 연관 속에서 이 현상을 추적해 보기로 한다.

거리의 리버럴리즘

패션과 치장, 방금 거리의 물결이라 이름붙인 것을 예로 삼아보자. 80년대
이전까지 화려하고 값비싼 치장은 명확한 계급이나 계층을 경계짓는 것이
었다. 부잣집 마나님이나 도련님, 특수 직업으로서 연예인, 캬바레의 제비나
호텔 로비에서 서성거리는, 대중의 눈과 귀에는 잘 띄지도 않는 고급 접대부
들의 차림이었다는 말이다. 이것이 처음으로 대중의 시선에 붙잡힐 만큼
크게 드러났던 곳이 어디였던가. 바로 엊그제 같은 일이다. 그곳은 강남,
곧 부유 계층의 서식지였다. 80년대는 민중의 시대였다. 그 시대가 온 사회
를 들먹거리고 있던 바로 그때 너무도 태연하고, 너무도 의연하게 강남의
이 화려한 무지개가 떠올랐던 것이다. 그렇기 때문에 그 정체도 극명하였다.
그들은 곧바로 강북에 있는 달동네 판자촌과 비교되었으며, 그들이 그런
시대와 그런 시대의 민중따윈 거들떠 보지도 않는 이기주의자들이라는 것
도 그만큼 명백했었다. 조금 전에 우린 무슨 얘기를 했었던가. 이들의 화려
한 자유는 봉건 영주나 귀족들의 자유와 조금도 다르지 않았으며 그것은
우리의 인식 속에서도 분명했었다. 오늘날 이 현상을 가리켜 혹자들은 정치
적 이데올로기 하에 억압되었던 대중들의 의식이 구멍을 뚫고 분출해 나온
것이라고 말한다. 그렇게 말함으로써 80년대라는 시대를 한 몫에 매도한다.
그러나 강남의 무지개가 떠오르던 그때에는 아무도 이렇게 말하지 않았다.
이것은 일종의 역사 왜곡이라 해야 하는데 이런 헛소리는 90년대 중·후반
이후에 안면을 바꾼 리버럴리스트들의 가소롭지도 않은 거짓말이다. 패션
의 변화는 대중들, 시대의 이념과는 아무런 상관도 없다. 그것은 80년대
말 90년대 초 패션과 치장을 주도했던 세력이 가진 자의 자유를 부르짖는,

가진 자들 자신의 반란이었다. 때문에 모든 매체가 그들을 한 입으로 비난했으며 그 중엔 지금 소프라노만큼 목청이 올라있는 리버럴리스트들도 포함되어 있었다. 이것은 전혀 자유가 아니었다. 여기까지는 이상한 일도 알 수 없는 일도 없다. 당시 그들의 배짱에 우린 넋을 잃고 있었을 뿐이다. 신인종 같던 그들의 옷차림, 그 허여멀건한 피부, 그 괴상한 눈빛들! 눈에 선하지 않은가. 지금 우리는 그들을 비난하고자 하지 않는다. 이들의 화려함을 결코 자유라 부를 수 없다는 것, 그것을 지금 분명히 해두고자 할 뿐이다.

90년대 이후에 오늘에 이르기까지 거리의 물결은 서울 전체, 나라 전체로 확산되어 갔다. 누구에게로 어떻게 확산되었는가. 우리는 아니다. 우리에겐 그런 의도도 능력도 없다. 거리의 물결이 소동을 부리는 바람에 그저 기나 죽어 있었기 때문이다. 그러면 누구인가. 누가 강남의 부자들을 대신해서 거리를 가득 채워갔는가.

밤에 번화가라도 걷는 날이면 우리는 거리의 물결을 제대로 목격하게 된다. 물론 꼭 밤이 아니라도 상관없다. 옷차림과 치장과 화장이 하도 도발적이어서 우린 깜짝 놀란다. 그때 우리는 한번쯤 중얼거려 본 적이 있다.

'이 친구들은 도대체 어디서 온 것일까? 다 뭐하는 친구들일까?'

이들은 해방된 자유인들일까?

"말 실수를 언제 해 봤어요?"

"미팅할 때요."

"어떻게 했는데요?"

"갑자기 욕이 튀어 나왔어요. 에이 씨……."

TV에 방영된 길거리 인터뷰이다. 인터뷰에 응한 이 아가씨는 우리가 번화가에서 보았던 바로 그 아가씨다. 욕은 중요한 것이다. 사람은 욕을 먹을 줄도 알고 할 줄도 알아야 한다. 그러나 우리는 안다. 미팅에 나가서 실수로 이런 욕을 내뱉는 아가씨의 분위기를 안다.

길거리 한 쪽에서 젊은 남녀가 실갱이를 벌이고 있다.

"이거 놔. 내가 오빠가 딴 여자 만나는 거 상관한 적 있어? 내가 딴 남자를 만나건 말건 오빠가 무슨 상관이야." 역시 번화가의 그 아가씨다. 여차하면 남자의 주먹이 올라갈 판이다. 사랑하는 남녀는 종종 이렇게 싸운다. 그러나 우리는 또 알고 있다. 이 요란한 아가씨와 남자 사이에 지금 무슨 일이 벌어지고 있는지를.

하고자 하는 얘기인즉 이 아가씨들이 누구를 아주 닮지 않았느냐는 것이다. 바로 조금 전의 아가씨들, 길거리에서 야한 차림에 아버지에게 매를 맞던 그 소녀, '오빠 오늘 화끈하게 놀아 줄테니 나 용돈 좀 많이 주라'고 애교를 떨었던 나이트클럽의 그 소녀, 연예인이 되겠다고 엄마 속을 썩이고, 울고 불고 해서 끝내 2백만 원을 사기당했던 바로 그 소녀들 말이다. 딴 소리가 필요 없다. 그녀들이 곧 그녀들이다. 우리는 지금 이들이 어디에서 왔느냐고 묻고 있는 중이다.

90년대 강남의 반란이 시작되자마자 곧바로 이어진, 너무도 인상적인 사태는 이른바 오렌지족이라 불리는 자들의 횡행이었다. 압구정동이라는 듣도 보도 못한 별천지가 그때 탄생했다. 그들은 참 잘들 놀았다. 그러나 이 사실이야말로 제대로 분석되어야 한다. 오렌지족은 그냥 부자들이 아니었다. 그랜저급 승용차, 핸드폰, 로바다야끼, 하루 유흥비 백만 원대. 이들은 남자였다. 부자들의 2세 남자들이었다. 그렇다면 여자들도 부자거나 부자

2세였을까? 그럴 수도 있다. 그러나 훨씬 많은 수는 그렇지가 않았다. 이들은 이 부자들을 따라 붙으려는 대중의 딸내미들이었다. 참으로 입에 올리기 괴로운 말이지만 오렌지족이란 부유층 남자와 보다 비싼 화대를 받으려는, 대중의 딸내미들로 이루어진 신종 매매춘 부류였다. 남자들은 여자가 필요했다. 부자 여자들은 비싼 옷으로 치장을 할 망정, 자기가 놀아날지언정 이 남자들의 노리개로 지내지는 않는다. 그 남자들의 의도를 충족시키는 여자들은 당연히 민중의 딸내미들이다. 부유층의 반란이란 말은 여기서 더욱 선명한 이미지를 갖는다. 매춘은 언제나 사회 주변부 예컨대 범죄조직 같은 것이 조직하고 운영한다. 그것은 살벌한 것이며 속성상 그렇게 하지 않을 수가 없다. 오로지 부자들만이 이 신종의 매춘을 조직할 수 있다. 전자가 폭력으로 이루어지는 반면 후자는 돈으로 이루어진다. 당시 압구정동을 헤매던 십대 소녀들의 입장은 명백한 것이었다. 학교와 집에서 소외되었을 때 압구정동은 그대로 천국이다. 해야 하는 것이 있다면 할 수 있는 한 섹시하고, 할 수 있는 한 도발적이고, 할 수 있는 한 노골적이어야 한다. 압구정동 바깥은 신경쓰지 않는다. 압구정동에만 들어가면 모든 게 해결되기 때문이다. 그러니 오후가 되면 그렇게 차려입고 거리로 나간다. 누군가 집적거릴 때까지 걸어다닌다. 이때 중요한 게 있다면 일종의 분별력이다. '저 녀석은 얼마나 부자인가. 얼마나 쓸 수 있는가.'

이제 우리는 이들이 어디서 왔는지 알고 있다. 이 소녀들은 다름 아니라 우리 동생들이다. 우리 동생들 중의 어떤 아이들이 왜 그렇게 말을 안 듣고 길거리에서 매를 맞아야 하는지 이젠 명백하다. 거리의 물결은 그렇게 확산되어갔다. 그 물결 중 일부는 부자들이다. 더 많은 수는 그렇게 떨구어져버린 대중의 딸내미들이다. 거리는 그들에게 장악되었다.

번화가를 또 지나가보자. 이번엔 소년들이 보인다. 이들은 또 어디서 왔을까? 흔히 삐끼라고 한다. 십년 전만 해도 그들은 소년들이 아니었으며 소년이라 해도 학생이나 평범한 소년들이 아니었다. 지금은 그렇지가 않다. 모두 다 바로 전에 보던 우리의 동생들이다. 부자들의 반란이 일어나고 신흥 매춘이 조직되고, 신흥 홍등가가 번창하자 이번엔 대중의 아들내미들이 그리로 흘러들어갔다. 그들은 삐끼다. 웨이터들이다(이 말이 혹시라도 이러한 직업을 가진 사람들에 대한 비하로 들리지 않기를 바란다). 불량 소년들이며 유흥비를 받기 위해 나쁜 짓을 한다. 그들은 쉽게 벌고 쉽게 쓴다. 이렇게 해서 우리의 사회학은 완성되었다. 부자들의 반란으로 출발해서 90년대 후반에 거리는 거대한 공간으로 자라났다. 이제는 부자들의 문제가 아니다. 거리의 물결은 대중의 한복판에 둥지를 틀었다. 대중의 딸내미와 아들내미들이 불나방처럼 떼지어 몰려 다니는 곳이 되었다. 어찌 보면 기묘한 일이다. 대중의 한복판에 대중들이 몰려있음에도 그곳은 대중으로부터 아주 멀리 있다. 그러나 달리 보면 이상한 일도 아니다. 순박한 농민과 화적떼는 본래 출신이 똑같았다. 한 쪽은 죽도록 일하고 한 쪽은 무도하게 강탈한다. 거리 바깥의 대중이 생활고에 쩔쩔매는 동안 거리 안의 대중은 살쾡이처럼 무도하다. 동일한 모순에서 출발하여 우리는 이렇게 낯선 쌍둥이가 되었다.

이 기묘한 체계가 유지되고, 그것을 넘어서 막강한 위력을 행사하는 데는 분명 이유가 있을 것이다. 그저 일탈된 소년과 소녀들만으로는 결코 설명될 수 없는 현상이기 때문이다.

나아가 거리에는 우리를 깜짝 놀라게 하는 그들만 있는 것이 아니다. 치장에 대한 집착은 거의 범국민적이라 할 수 있다. 외국에 있다 돌아온 사람들은 이 집착에 놀란다. 다시 말해 일반 대중이 놀라운 그들을 따라

홀러 다니는 것이다. 이것이 거리의 세력이다. 언제부턴가 사람들은 치장하지 않으면 안 된다고 생각하기 시작한 것이다. 이러한 전염성에도 이유가 없을 수 없다. 그러나 지금 분명히 해야 할 것은 이 현상과 조금 전 이야기하던 리버럴리즘 사이의 관계이다. 리버럴리즘은 이러한 거리의 물결에 대해 뭐라고 이야기하는가?

'생활 수준이 높아지고, 자기 개성을 표현하고자 하는 욕구가 강해지고 의식이 자유로워졌다.'

통계가 있을 수 없다고 했다. 그러니 가슴에 손을 대고 우리의 상식에 기대어 자문해 보기로 하자. 이 헛소리를 지껄이는 자들은 정말 제 정신인가? 이 모두는 생활이 더 각박해지고 개성이 송두리째 말살되어가고 자유는 커녕 오줌 마려운 개떼처럼 초조한 강박관념에 사로잡혀 있는 증거들 아닌가? 리버럴리즘은 도대체 누구를 가리켜서 이런 말을 하는 걸까?

대학의 리버럴리즘

내친 김에 현상들 중 한 가지만 더 살펴보기로 하자.

  90년대에 들어와서 대학가에 성에 대한 관심과 담론이 폭증했다. 80년대 대학생들이 사회과학 서적들과 씨름했던 데 반해 이들은 성 담론에 달라붙었다. 물론 전부가 그랬던 것은 아니며 그것이 대학생의 관심을 사로잡는 유일한 것이라고 할 수도 없다. 그러나 그것은 명백한 흐름이었으며 전에 없던 규모로 진행되었다. 원론적으로 말해서 이는 당연한 것일 뿐만 아니라 무척이나 바람직한 것이기도 하다. 성과 같이 복잡하고 까다로운 주제를 젊은 대학인이 다루지 않는다면 누가 대신할 수 있겠는가. 그들은 비판적으로 사고할 수 있는 젊음을 가지고 있으며 객관적이고 올바르게 판단할 수 있는 지성을 소유하고 있다. 오히려 그들은 우리의 희망이다. 특히 우리 사회에서 학생이 가지는 의미는 중요하다. 현대사 내내 매 시기마다 그들은 굵직한 역사의 획을 그어왔다. 그러므로 거기에는 기대감마저 주어져 있는 것이다. 우리가 줄곧 논의해온 모순들을 실천적으로 검토하고 올바른 대안을 가져올 수 있는 사람들도 바로 그들이다. 그러나 사태는 이러한 기대와는 좀 다르게 흘러갔던 것 같다.

  남자 선배 : 해 봐야 성을 아는 거 아니냐? 우리 그걸 해 보는 게 어때?
  여자 후배 : 어떻게 그런 말을.
  남자 선배 : 넌 바로 그게 문제야.

  우리가 기대했던 건 물론 이게 아니었다. 남자 선배라는 이 친구는 정말 자유로운 친구다. 그러나 이것이야말로 저비용 매춘이다. 그는 해보고 싶을 때 해보는 사람이다. 그런데 왜 그만 그럴 수 있는가? 그는 말한다. '남들의 의식이 덜 깨서, 전통적인 도덕주의에 붙잡혀서……'라고. 이런 대답에 우린 이제 웃는 것마저 그만 두었다.

"나는 내가 좋아하는 사람이면 그 사람과 잘 수도 있어. 그게 뭐 어때. 또 싫어지면 헤어질 수도 있지. 꼭 결혼해야 한다는 법이 어딨어." 이렇게 떠들고 다니는 여학생도 있다. 그녀가 그렇게 말하지 않아도 사람들은 줄곧 그래왔다. 유별난 것은 그녀만 그렇게 떠들고 다닌다는 것이다. 그런데 이 말을 다음과 같이 해석하는 것은 어떤가.

첫째. 그렇게 행동할 때 생기는 죄책감이나 도덕적 부담감, 남들의 시선 따위는 신경쓰지 않겠다.

둘째. 자신과 쉽게 잘 수 있다는 것을 선전함으로써 남자들의 접근을 용이하게 하고 또 그렇게 함으로써 선택의 폭을 넓히겠다.

셋째. 성적 관계에 항상 따라 다니는 책임감을 갖지 않겠다. 거칠게 말해서 싫증이 나면 부담없이 차버리겠다.

앞서 70년대 쌍쌍파티를 언급한 적이 있다. 대학 축제 때가 오면 당시 대학가 주변 여관은 통째로 만원이었다고 한다. 전설이 그러하니 사실이 그랬는지는 알 길이 없다. 그러나 그렇다 해도 이상할 것은 없다. 한국 사회에서 대학은 항상 양면성의 모순에 시달려왔다. 대학은 지배 계층이나 그 하수인을 생산하는 동시에 그들에게 도전하는 저항의 선봉을 도맡아오고 있었다. 그 두 가지 얼굴 중 어떤 것이 전면에 부상하는가는 복잡한 사회적 상황에 따라 달라졌다. 또 어느 쪽이 우세하건 양자는 항상 공존해 오는 것이기도 했다. 심지어 대학생 개개인에게도 이 모순은 함께 존재했다. 때문에 대학은 진리와 정의의 상아탑으로서 사회적 존경의 표상이기도 했고 출세와 성공의 대명사이기도 했다. 한 쪽에서 4·19 선언문을 낭독하고 독재의 총탄에 목숨을 잃어갈 때 다른 쪽에서는 그 악명높은 박인수 사건이 신문에 대서특필되고 있었다. 80년대, 더 말할 것이 없는 시대의 한 가운데서도 요정과 룸살롱에서 아르바이트를 하는 여대생 소문이 파다했고, 일년에 고고장을 백 번씩 다녀온다는 일급 플레이보이도 수두룩했다. 오늘의 대학은 어떤가? 지금도 기본적인 양면성은 크게 다르지 않을 것이다. 그러나 특기할 만한 것은 있다. 과거에 특권을 대변하던 무리들은 언제나 숨어서 했다. 들켰다 하면 전 사회의 비난을 면치 못했으며 그들 자신도 자기네가 떳떳하다고 떠들고 다니지 않았다. 하지만 지금은 다르다.

90년대 대학은 지난 반 세기 동안 지속되었던 자신의 위상을 질적으로 변화시켰다. 90년대 이전까지 대학은 양면성의 어느 쪽이든 지도자들을 배출하는 곳이었다. 사회 내부에서도 대학은 전체로서 하나의 정론을 대표하는 곳이었다. 대학과 대학생이 무어라 생각하고 평가하는가는 그저 갤럽조사의 통계표에 그치는 것이 아니었다. 80년대부터 대학은 중급 노동자를 생산하는 곳으로 전화하기 시작했다. 그것은 한국 자본주의의 복잡다단한 운동과 맞물려 있다. 90년대 들어 이 전화는 거의 완성 단계에 이르렀다. 대학은 이제 학문을 탐구하는 곳이 아니다. 취직시험, 토플, 토익, 고시공부 따위를 하는 곳이다. 사회도 대학을 그렇게 이해한다. 장남이 대학에 들어가서 가문을 빛낼 거라고 믿는 구시대적 발상은 정말 구시대적 발상이 되었다. 모든 고등학생과 그의 부모는 대학을 그저 유리한 생존조건과 연관지어 생각할 뿐이다. 그래서 무슨 일이 생겼는가? 가능성으로 본다면 여러 가지가 있을 수 있다. 예를 들어 대학의 변화된 위상 그 자체로서 문제를 제기할 수 있다. 한때 민중의 선봉으로 자처했던 대학이었다면 지금은 자기 자신의 현존인 노동 계급의 두뇌로서 다시 태어날 수 있다. 그들이 지식과 진리를 본래 의미대로 획득하고 자존심과 인격을 가진 존재로 정립될 수 있는 유일한 방법이 그것이다. 다른 한편 이 가능성을 깨끗이 제쳐두고 보다 유리한 노동자로서 살아가기 위한 생존 게임에 전념하는 방법이 있다. 도서관에 고전이 펼쳐지는가 토익책이 펼쳐지는가는 이 선택에 달려있다. 물론 그 선택은 앞서 말했던 복잡한 사회적 상황과 연관되어 있다. 그러나 현실로서의 대학, 90년대의 대학은 토익이 승리한 대학이었다. 대학이 이렇게 노골적이었던 적은 한번도 없었다. 대학은 지금 뽑기 경쟁에서 한 발 앞선 사회구성원들의 보다 나은 고지 점령을 위한 전쟁터가 되었다. 적어도 그 분위기가 주도권을 움켜쥐게 되었다. 따라서 대학과 그 안에 있는 대학인의 변화는 필연적이다.

첫째. 대학생은 보다 유리한 노동자로서 자기의 전망을 확보하려고 노력한다. 4년 또는 2년 동안 그는 온갖 것을 모색할 것이다. 대기업 샐러리맨, 자격증 취득, 어학 연수, 학점 관리 등등. 어떤 경우엔 노동자로서의 운명 자체를 뛰어 넘으려고 한다. 고시, 각종 아이디어 사업, 자유 전문직 등에 대한 추구가 그것이다. 이것은 철저한 생존 경쟁이다. 게임의 규칙 따위는 결코 묻지 않는다. 현대사 내내 대학이 보유했던 보편성의 이념은 끼어들 자리가 없다. 성공하는 자가 곧 이기는 자이며 그들이 대학생이란 것은 성공의 확률이 보다 높다는 것을 의미한다. 진흙 속에 끼어있는 철심처럼 대학 전체와 대학생 개개인의 삶은 이 게임을 둘러싸고 이루어진다. 언뜻 보기에 그들은 맑고 명랑하며 선량해 보인다. 그들의 도덕적 기준은 공정해 보인다. 그러나 칼자루를 쥐고 있는 사람들은 그들 내부에서 항상 그런 법이다. 목표가 당장 눈 앞에 왔을 때 그들의 눈빛은 지극히 냉정하다. 예컨대 그들이 사회에 진 빚이 있다는 것, 근본적인 불평등에 대해 고민하지 않으면 안 된다는 얘기는 이제 꿈에도 없는 말이다. 그것만 덮어두고 나면 세상은 잘 돌아간다. 그들은 재능있고 너그럽기조차 한 노동 귀족이다.

둘째. 우리의 얘기와 연관된 것으로, 대학생은 자신의 물적 조건에 부합하는 욕망의 체계를 탐색한다. 뼈대가 첫번째 이야기라면 덧붙여지는 진흙은 이 욕구들의 덩어리들이다. 이제부터 대학은 축제의 대학이며 놀이의 대학이며 취미 생활의 대학이다. 자신의 전망을 갈무리하는 것과 더불어 그들은 4년 동안 그들의 욕망과 그것을 실현하는 방법을 배운다. 과거 귀족이나 부르주아지들이 그들만의 교양을 훈련했던 것처럼 대학도 그렇게 한다. 이들은 이 다음에 대학을 나오지 않은 일반 민중과 전혀 다른 생활을 영위할 것이다. 냄새나지 않게, 세련되게, 화사하게, 여유있게……

대학에서 이야기되는 성과 섹스는 이 조건 안에 있는 무엇이다. 예의 남학생을 생각해 보자. 이 친구는 대학 바깥의 일반 대중과 전혀 다른 삶의 방식을 체득하고 있다. 같은 또래의 현대중공업 노동자라면 이 친구 같을 수가 없다. 그 노동자가 부랑자가 아닌 한 그는 공장과 컨베이어 벨트 앞에 꼼짝없이, 사실상 영원히 묶여 있다. 대학생처럼 선택의 폭이 넓지 않고 4년간의 유보 속에서 삶의 다양한 방식을 획득할 능력을 배우지 못했기 때문에 그 노동자는 공장 바깥의 다른 생활을 생각할 수 없다. 그가 다른 생활을 다시 시작한다면 해고되어서 더이상 다른 방도가 없기 때문에 그러한 것이며 그 경우에 그는 훨씬 열악한 조건으로 내려앉게 된 셈이다. 따라서 그는 더욱 옥죄인다. 이 성실한 노동자에게 결혼과 가정이란 생존의 필수 조건이다. 그것은 여분이나 여가가 아니며 팔자 좋은 로맨스도 아니다. 알다시피 그에게 가정은 절대적인 것이다. 그에게 가정과 아내가 없다면 그의 노동력 재생산 과정은 며칠도 못 가 파괴된다. 세끼 밥 먹고, 빨래하고, 육체적으로 정신적으로 휴식할 수 있는 유일한 공간이 가정이기 때문이다. 결혼하기 전에 그는 그의 어머니에게 기대었던 것이며, 그가 객지에 나가 홀로 살았다면 참으로 춥고 배고프고 안스러운 시절을 지냈어야만 했다. 욕망이고 섹스고 쾌락이고 간에 그와 그의 아내는 끌어안고 이 힘겨운 세파를 뚫고 나가야 하는 진짜 둘도 없는 동료이자 동지였다. 이 노동자에게 '우리 한번 해보자, 뭐 어때'라는 말은 상상의 언저리에도 있을 수 없다. 그가 보수적이고 생각이 덜 트였기 때문이 아니다. 그가 리버럴리스트, 앞의 남학생처럼 말하고 행동하지 않는 이유는 그의 생각이 무엇이든간에 철저하게 그의 삶에 뿌리박고 있다.

그러나 예의 남학생은 다르다. 이 친구는 그런 노동자가 아니며 그렇게 될 생각도 없다. 설혹 기생을 한다 하더라도 적당히 먹고 살 재주가 이미 준비되어 있다. 그는 어영부영 놀아도 된다. 돈이 필요하면 학원 강사를 하던가 출판사 교정 교열 업무를 수주받던가 번역을 하던가 아니면 친구들에게 그냥 신세를 질 수도 있다. 대학 졸업장은 언제나 이런 덤을 가져다 주었다. 과거의 대학생들은 그런 점을 부끄러워 하고 죄스러워할 줄 알았다. 이 남학생은 그렇지 않다. 고급 룸펜으로 충분하다. 그나마 가장 안 좋을 경우에 그러하다는 말이다. 이 여유작작한 친구에게 여자, 가정, 섹스란 이제 무엇이겠는가? 그는 생각할 것이다. 사람이 욕망에 솔직하고 하고 싶으면 하는 거지 뭐 그리 쩨쩨하게 노느냐고. 그는 또 생각할 것이다. 자신은 구애됨 없이 자유롭고 트인 사람이며 해방된 인간이라고. 그러니 그 여자 후배가 답답해 보일 것은 너무나 당연하다. 그러나 눈 감고 아웅이란 말은 이를 두고 하는 말이다. 사실 이런 식으로 팔자 좋은 대학생은 언제나 있었다. 그렇지만 그것을 보편적 자유라고 주장하기 시작한 것은 역시 90년대에 처음 있는 일이었다.

예의 여학생도 별로 다르지 않다. 입장을 바꾸어 이 여학생을 현대중공업 노동자의 아내와 비교해 보면 모든 게 선명해진다. 이 여학생은 결혼을 안 해도 사는 데 별 지장이 없다. 물론 결혼을 해도 마찬가지이며 나아가 그랬다가 이혼을 해도 아무 이상없다. 최소한 고급 룸펜으로서의 보증서가 있고 그렇게 살아갈 수단이 있는데 무어 걱정할 게 있겠는가. 우리가 이상하게 생각하는 것은 역시 하나뿐이다. 그녀가 하는 일이란 저 혼자 즐기는 것이지 그게 왜 자유이며 해방인지 조금도 알 수 없다는 것이다.

이렇게까지 노골적인 친구들이 그리 많다고는 할 수 없다. 하지만 앞서 말했듯 이들이 가지는 분위기, 그 논리의 힘이나 세력은 또다른 문제다. 거리의 물결이 우리를 깜짝깜짝 놀라게 하는 소수의 힘에 의해 흘러가듯, 대학에서 이 소수의 힘은 예상 외로 강력하다. 왜 그렇게 강해졌는가의 문제는 일단 접어둔다고 했다. 중요한 것은 이 강력함이 가지는 영향력이다. 다시 말해 대학과 대학생 일반이 이 힘의 그늘 아래 지배되고 있다는 것이다. 예컨대 오늘날 TV에 등장하는 대학의 모습을 보라. 대학은 천박한 코메디를 위한 무대가 되었다. 옛날엔 <퀴즈 아카데미> 같은 곳에 —— 그것이 좋다는 뜻은 아니다 —— 대학생이 나왔지만 지금은 TV 미팅 프로에나 등장한다. TV가 그들에게 묻는 것은 허구한 날 그들의 이성관, 연애관, 첫 키스 경험, 데이트 비용 아끼는 방법들이다. 대학생이란 마치 연애놀음 하는 꼭두각시, 거기에 가장 적합한 탤런트들인 것 같다. 한국 현대사 이래 이렇게까지 대학이 모욕적으로 비춰졌던 것도 처음 있는 일이다. 그들은 거꾸로 말한다. 그게 뭐 어떻느냐고. 물론이다. 상층 노동자로서 행복찾기를 이야기하는 한 상아탑으로서의 대학은 밥맛 떨어지는 얘기다. 이제 대학생들은 대학을 파트너 찾는 곳으로 이해한다. 남자도 많고 여자도 많고, 무엇보다 리버럴리즘의 선정적 부추김이 있다. 보고 있노라면 머리 속에 그것만 차 있는 것 같다. 열심히 공부해서 학점 따고, 이 다음에 도움될 실용적인 공부들을 하고, 예쁘고 멋있고 세련되고, 남자는 여자를 여자는 남자를 다루는 연습을 열심히 해서 결코 썰렁하지 않는 처세의 대가가 되고……. 딱 하나만 잊어버리면 된다. 대학 바깥의 신음에 비추어 자기네가 추호의 의심도 없는 이기주의자들이란 사실! 대학은 대학이란 이름으로서는 이미 망했다. 왜 이름을 바꾸지 않는 걸까. 고급 노동자 양성소라고.

대학을 너무 비관적으로 이야기하고 있는 건지도 모르겠다. 나아가 고민하고 고뇌하는 대학의 다른 부분과 대학인 일반을 도매금으로 넘기는 이야기로 들릴 수도 있다. 대학과 대학인은 중요한 사회적 존재이다. 그러므로 조금만 더 살펴보기로 하자.

대학의 눈에 보이는 특징은 그 구성원 곧 대학생들의 놀라운 다양성에 있다. 어느 집단이나 조직도 그러하지만 대학은 특히 그러하다. 어떤 대학생은 새벽이면 도시 미화원인 아버지의 청소차를 밀고 다닌다. 반면 다른 학생은 부유층이 모인 주택가의 황금 욕조 속에서 생활한다. 공부벌레가 있는가 하면 먹고 대학생도 있다. 벌써부터 먹고 살 일을 걱정하여 꽁생원처럼 지내는 학생, 반면 낭만과 철학과 이념을 이야기하는 그런 학생들도 있다. 도시인가 농촌인가, 핵가족에서 성장했는가 유교적 전통의 가정에서 자랐는가, 또 종교가 있는가 없는가에 따라 그 차이는 실로 천차만별이다. 이들 모두가 자신의 환경에서 뛰쳐나와 완전히 고립된 소년으로서 대학의 첫 걸음을 내딛는다. 이런 그들이 아무런 간섭도 없는 대학에 모이게 된다. 주어진 것은 학사 행정과 멀리 있는 교수와 강의와 시험뿐이다. 그 나머지는 그들이 스스로 만들어 내야 한다. 선배들이 만들어 온 전통, 각종 동아리, 학생회 활동 온갖 공식 비공식의 부분적 모임들이 이 역할을 수행한다. 그리고 그것들의 총체가 한 시기의 대학을 이끌어 가는 분위기를 형성한다. 대학생이란 이 안에서 존재할 때 대학생이다. 이 내부를 떠나게 되면 그는 그저 낯선 소년이나 소녀에 불과하다. 그러므로 대학생이란 특별하지 않은 그를 특별하게 만드는 어떤 구조 속으로 뛰어든 젊은이들인 것이다. 중요한 점은 이 특별한 구조가 대학생 개개인에게 얼마나 힘들고 어렵게 다가오는가를 사람들이 잘 모른다는 것이다. 사실은 대학인 자신조차 그 사실을 잘 모른다. 그들은 사방 팔방으로 이 낯선 구조에 적응하기 위해 부지런히 뛰어다닌다. 한 쪽으로는 학사 행정과 교수와 강의와 시험이 있다. 이 체계가 공세를 가하고자 작정하면 그것은 대단한 위협이 된다. 다른 쪽엔 인간 관계와 대학이란 구조가 만들어낸 문화적 이데올로기적 체계가 있다. 끝으로 이 구조 안에서 이 다음, 대학을 나선 후에 갖추어야 할 자질, 곧 먹고 살 준비를 완수해야 한다는 강박관념이 자리잡고 있다. 대학인 개인의 입장에서 보자면 이건 난리가 아니다. 그에 비해 대학 입시 준비나 하면 그만이었던 고등학교 시절은 차라리 천국이다. 대학만 들어가면 모든 게 해결될 줄 알았던 그 시절이고 보면 참으로 역설적인 일이 아닐 수 없다.

개인들마다 다양한 대응을 하게 된다. 써클이나 학생회 활동 등을 통해 화려하게 살아가는 학생, 대학이란 조건 안에서 물을 만난 고기처럼 즐겁고 유쾌하게 살아가는 학생, 취미에 맞는 한 가지 써클이나 특기만을 소유하고 자기 할 일만 하는 학생, 모든 것을 제쳐두고 공부만 하는 학생 등등. 그러나 대부분은 이 구조 속에서 흘러 다닌다고 봐야 한다. 그들은 유쾌하고 즐겁지만 고뇌하고 고통스러워 한다. 봄날이 가는 것처럼 시간이 그냥 흐른다. 한없이 왔다갔다 하고, 수많은 사람을 만나고, 수없는 사연들이 지나가지만 어느덧 4년이 지난다. 그래서 무엇을 했는가를 되물어 볼 때 내용을 분명히 정리할 수 있는 학생은 그리 많지 않다. 졸업할 때 쯤이면 무수한 상처들만 쌓여 있다고 느낄 때도 있다. 그럼에도 그들은 특별하다. 서당 개 삼 년이면 풍월을 읊는다는 속담도 있지만 그들이 거쳐온 4년은 분명히 그들을 다르게 만들어 놓는다. 스스로 그게 무엇인지 모른다 해도 마찬가지이다. 그 특별함으로 이제 무엇을 해야 하는가는 졸업 전후에 진짜 시험대에 오른다. 대삼병, 대사병이란 그를 두고 하는 말이며 특히 대학 생활을 강렬하게 체험했던 학생일수록 졸업 후 허탈감과 혼돈에 심하게 휘말린다. 그러나 그 모든 것이 한 시대의 대학을 규정하며 이 미칠 듯하고 방향없는 질주가 대학을 뚜렷한 사회적 의미로 부상시킨다. 그러므로 무엇보다 중요한 것은 그 시대에 주어진 대학의 이념이나 구조이다. 개인으로서의 대학생은 그저 미숙한 젊은이일 뿐이다. 그 젊은이들이 주어진 구조와 만날 때 그들은 특유의 젊음과 지성으로 맹렬하게 반응하는 것이며 이 화학 작용이 때때로 군사독재를 무너뜨리기도 한다. 요컨대 지금 초점이 되는 것은 시대에 맞물려 있는 구조와 이념으로서의 대학이다.

90년대 대학의 그것이 무엇이었는가에 대해서는 앞서 약간의 언급이 있었다. 고등학교를 갓 졸업한 소년 소녀들이 대학에 부딪혀 무슨 생각을 하게 될 것인가는 충분히 짐작이 간다. 한 쪽에는 아직도 생생하게 살아있는 학생운동의 전통이 활동하고 있다. 그 나머지는 노동 귀족으로서 생존 경쟁 또는 상호간의 협조라는 생활 패턴이 자리잡고 있다. 과거에 비추어 후자는 비약적으로 강해졌으며 전자는 그만큼 약해져 있다. 그래서 그것은 별 상관 없이 공존한다. 다른 한편 긴장 관계도 여전하다. 소년과 소녀들은 이제 흐른다. 그러나 가장 좋지 않은 것은 도대체 뾰족한 수가 없다는 '사실을 그들이 본능적으로 예감하고 있다는 것이다. 아직도 대학의 후광은 강력해 서 대학생들의 자신에 대한 기대 수준은 그들의 현실보다 매우 높다. 그들은 뭔가 멋지게 자기를 만들어 보고 싶어하지만 실제 모습은 이미 노동 시장에 편입된 산업 예비군일 뿐이다. IMF가 아니라 해도 사정은 똑같다. 90년대를 장악한 노동 귀족으로서 대학의 이념과 구조, 그러나 노동자로서 모순을 담보해야 하는 그 구조. 대학과 대학생이 머뭇거릴 수밖에 없는 것은 당연하 다. 괴로운 미래 앞에는 누구나 머뭇거린다. 이 답답한, 때로는 격렬한 경쟁 의 분위기 속에서 대학이 흘러 다닌다. 리버럴리즘은 여기서 머리를 내민다.

　　다른 한편 모든 시기를 막론하고 소년 소녀로서 대학생은 성적 탐색기 를 맞이하게 된다. 그들이 다른 젊은이와 다른 점은 역시 그들을 특이하게 만드는 대학의 구조 안에 있다는 것이다. 그들은 젊음과, 비할 수 없는 자유 와, 사회적 이미지와, 지식과 논리, 그리고 공식 비공식의 경제적 지원 아래 있다. 천태만상이 벌어진다. 그들의 성적 탐색의 구체적인 사례는 극과 극을 달린다. 그러나 대부분은 일벌처럼 전전긍긍한다. 사랑과 연애, 구애작업이 나 작전은 이야기처럼 그리 낭만적이지 못하다. 여전히 그들은 서투르고, 고뇌하며 실수한다. 그럼에도 그들은 최선의 조건 하에 있다. 같은 또래의 어느 집단이 성적 탐색에 있어 그들보다 유리할 수 있겠는가. 어쨌든 대학에 있어서 성과 사랑의 탐색은 빼놓을 수 없는 일종의 지상명령이 되어있다. 그럼에도 과거에는 그것이 전부일 수는 없었다. 더 중요한 것들이 있었으며 성과 사랑이 아무리 강력한 계기라 해도 그것은 더 중요한 것에 비추어

재조명되어야 했다. 만일 그렇지 않다면 그것은 단지 개인적인 일이었다. 전반적으로 더 중요한 것과 개인적인 것과의 균형은 잘 이루어지지 못했다. 그렇다 해도 그것의 조화는 포기될 수 없는 소망이었다. 리버럴리즘은 이유가 없는 게 성과 사랑이라고 말하지만 당시의 대학은 성과 사랑에 이유가 있어야 했다. 쌍쌍파티를 비롯해 온갖 천태만상이 사적인 일로서 음지에 묻히거나 비난의 대상이었던 이유가 거기에 있었다. 구조와 이념으로서의 대학은, 그 속의 대학인이 수없이 실패하고, 한없이 천박하고 유치할지언정, 성과 사랑을 조건없이 즐기는 것이라고 말한 적이 없었다. 90년대에 이 규정이 바뀌었다. 대학인에겐 성과 사랑보다 더 중요한 게 별로 없다. 왜냐하면 노동 귀족 후보자에게 그것 말고는 희망이 더 있을 수 없기 때문이다. 최고로 성공하고, 가장 안락하고 마음에 드는 파트너와 행복하게 지내는 것 말고 뭐가 더 있겠는가? 소크라테스가 거기에 끼어들 수는 없지 않은가.

　노동자 양성소로서 대학 안에서 흘러 다니는 대학생에게 이 새로운 규정은 이제 절대적인 것이 되었다. 리버럴리즘이 외쳐대고 대학생은 그것을 흘끔거리며 흔들린다. 무엇 하나 쉬운 것은 없다. 성공도 연애도 마찬가지다. 이것은 경련이며 고통이다. 대학생이란 학교 다니고 수업 듣고 MT가고 미팅하고 짝짓기에 매진하고 연애에 열심인 젊은이들이다. 그리고 이게 다다. 그들은 본질적으로 피해자다. 그리고 사회는 경쟁력 재고만을 떠들고 있다. 명랑한 대학생의 웃음은 얼마나 그늘져 있는가. 기껏해야 오늘은 TV에 나오는 멍청이 광대이고 내일은 고달픈 노동자다. 생각을 멈추게 되면 성이란 능력되는 대로 즐기고 누리고 차지하는 것이란 말이 하나도 이상하게 들리지 않는다. 이상하기는커녕 그것만한 진실이 없다. 그러나 한 명이 성공하면 그들조차 아홉 명이 실패한다. 그들은 뭔가를 아주 잘못 알고 있다.

앞에서 대학이 자신의 존재 의미를 되살리는 방법은 노동자로서 자신의 현존을 되찾는 것이라고 했다. 그 말은 대학이 자신의 현실을 객관적으로 이해하고 비판적 대안을 찾아내야 한다는 뜻이다. 이는 이론이나 당위의 문제가 아니다. 그것은 생존과 생활의 문제이다. 대학의 구성원 개개인의 입장에서 생각했을 때 이 말은 절대적인 현실성을 획득하게 된다. 한 개인으로서 대학생은 지금까지 말해온 대로 어떻게 성공해야 할 것인가를 고민한다. 그러나 그렇게 고민하는 한 그는 시지프스의 쳇바퀴에 빠진 것이나 다름없다. 그는 반대로 생각해야 한다. 자신을 노동자 또는 산업 예비군으로 규정한 자본 앞에서 인간답게 살아간다는 것이 무엇인가를 물어야 한다. 우선 그는 지식과 지성을 무기로 가지고 있다. 언제나 그래왔듯이 그것들은 대학인 자신에게 폭넓고 객관적인 사회적 인식을 가져다 줄 것이다. 그것을 바탕으로 그와 사람들과 세계간의 관계, 또 그 각각이 어떻게 왜곡되고 억압되어 있는가도 알게 된다. 그는 나이를 먹고, 사회에 나가야 하며 가정을 가져야 한다. 이 모두가 얼마나 어렵고 엄청난 일인가. 때문에 그것들이 속해 있는 전체적 조건을 정확히 이해해야 하며 거기에 맞설 수 있는 실존의 힘을 길러야 한다. 그는 노동자일 것이므로 앞으로도 생활에 쪼들리며 힘겹게 살아갈 것이다. 그러나 올바르게 고민된 4년의 시간은 그 쪼들림 속에서도 자아를 뚜렷이 이끌어가는 방법과 힘을 부여할 수 있다. 이는 우선 한 개인의 행복과 연관된 문제이다.

대학이 이와 같이 변신할 수 있다면 대학은 본래 자신의 위상을 되찾을 것이다. 그들은 모든 공간에서 자신의 현실에 대해 공부하고 토론할 것이다. 그것은 그 자체로 세계에 대한 공부이며 토론이다. 그와 같은 분위기는 전통적인 사회적 정론의 하나를 형성할 것이며 보다 미래지향적인 비판과 대안을 창출할 것이다. 대학만이 그것을 할 수 있으며 그것이야말로 대학과 대학인이 존경받아야 하는 이유이기도 하다.

성에 대한 담론도 마찬가지이다. 대학이 그걸 묻고 있다면 성이 처해 있는 객관적인 현실부터 되물어야 한다. 성적 시·공간의 특이성이란 개념, 쾌락의 실현에 있어 근본적인 불평등성의 개념을 가장 잘 이해할 수 있는 것도 그들이다. 성에 올바른, 그러나 상실된 인격을 다시 개입시키고, 좌우로 억눌려 있는 성의 현실을 제대로 파악할 수 있는 것도 그들이다. 그 속에서 그들은 대안을 찾아낼 것이다. 그 대안은 때때로 극단적일는지 모른다. 과거에 히피들이 그랬다고 하듯이 그들은 성적 공동체를 만들거나 어쩌면 그룹섹스를 실험할지도 모른다. 그것에 대한 가부의 판단은 둘째 문제다. 그들은 실수할 수 있으며 또 실수해 왔다. 또 그렇기 때문에 그들 아니면 할 수 없는 것들을 이룩해왔다. 그러나 그 어떤 경우라도 '섹스란 그냥 즐기는 것이다' '맘에 맞는 사람끼리 하면 되는 것이다' '한번 해보자' 따위의 얘기를 하지는 않을 것이다. 그것은 노동 귀족의 가소로운 이기주의에 불과하다. 즐길 수 있는 사람만 즐기고, 맘에 맞을 수 있는 사람들만 맘에 맞고, 해볼 수 있는 자들만 해보는 그 따위 자유를 자유라고 떠드는 바보 대학생은 있을 수 없다. 무슨 말인가 하면 속이 너무나 뻔히 보이는 짓거리라서 눈빛만 봐도 오장육부를 알 수 있다는 얘기이다.

그럼에도 불구하고 대학의 운명과 변화는 개인들의 의지에만 달려있는 것이 아니다. 그것은 대학이 몸 담고 있는 사회 전체와 관련되어 있다. 그러나 그것은 이 책의 범위를 훨씬 넘는 문제이다. 지금은 여기에서 만족하지 않으면 안 된다.

프리섹스의 본질

지금까지 우리는 두 가지를 얘기해 왔다. 첫번째는 리버럴리즘의 논리 자체
에 대한 것으로 그것은 가진 자들만의 편벽스런 자유이며 사실상 파렴치한
주장이라는 것이었다. 두번째는 리버럴리즘이 발 딛고 있는 우리의 구체적
인 현실에 대한 것이었다. 그중에 우리가 검토한 것은 거리의 물결과 대학에
서의 성 담론들이었다. 조금만 생각해보면 이 모두는 그 정체가 분명한 것이
었다. 다른 것들——매체의 과잉, 유흥문화의 확대, 새로운 성 상품의 출현
등——도 전혀 차이가 없다. 그것은 똑같은 쌍둥이들이다. 그러므로 리버럴
리즘의 벗은 몸은 더이상 고상한 소리를 떠들어댈 수 없다. 그러나 아직
남은 문제가 있다. 이 명백한 허세에도 불구하고 왜 대중이 거기에 끌려가고
있느냐는 의문이 그것이다. 리버럴리즘을 주장하는 자들, 거리의 물결을
주도하는 사람들, 대학의 성 담론을 이끌고 있는 주체들은 결코 다수가 아니
다. 그렇지만 그들은, 결국 리버럴리즘은 영향력과 세력을 가지고 있다고
했다. 우리는 그 사실을 분석해보지 않으면 안 된다. 실인즉 그것이야말로
리버럴리즘의 진정한 뿌리이며 우리는 곧 그 본질을 알게 될 것이다.

90년대는 성의 시대도 자유의 시대도 아니다. 90년대의 실체는 한국전
쟁 이래 반세기를 비틀거리며 달려온 한국 자본이 질적으로 비약한 시기이
다. 그 이전까지 한국 자본주의는 자본주의라 부르기조차 이상한 변칙이었
다. 종속, 정경 유착, 폭력과 착취가 너무 노골적이었기 때문에 이 체제는
쉬지 않는 도전을 받아 왔다. 4·19 혁명에서 80년대 학생운동과 노동운동에
이르기까지 한국 자본은 여전히 풋내기였다. 80년대 말부터 한국 자본은

자신의 누더기를 벗어치울 최소한의 잉여를 축적하는 데 성공했던 것 같다. 가히 50년을 쥐어짜낸 민중의 피와 살의 결실이었다. 그것을 위해서 자유당과 깡패와 총과 칼과 군화의 이전투구가 얼마나 찬란했는지 모른다. 이렇게 해서 한국 자본은 그 아슬아슬한 변신의 첫 걸음을 내디뎠다. 가장 핵심적인 것은 두 가지이다.

하나는 이삼십 년 전의 전설 같은 보릿고개를 확실히 넘어섰다는 것이며 다른 하나는 전 사회에 통합된 생존의 룰을 이식시켰다는 점이다. 통합된 생존의 룰이란 하나의 실례에서 분명하게 설명될 수 있다. 그것은 투기다. 80년대까지만 해도 투기의 대명사는 부동산 투기였는데 특징적인 것은 언제나 복부인을 연상시켰다는 사실이다. 이것은 그 투기가 있는 자들, 곧 부자들의 전유물이었다는 것을 의미하며 따라서 서민 일반은 이 게임에서 소외되어 있었다. 중동바람에 송금된 돈들이 여기에 뛰어들었지만 이렇게 던져진 돈들은 대체로 사기의 대상이었다. 당시 수사드라마 <수사반장>에서 단골로 써먹던 메뉴이기도 했다. 결국 사회적 잉여를 분배받는 게임은 지배 계층의 손 안에만 있었던 셈이다. 80년대 말 우리는 산불처럼 번져간 주식 호황을 기억하고 있다. 이때는 게임의 참가자들이 큰 폭으로 달라져 있었다. 모든 매체가 이것을 말하고 있었으며 주식 투자를 모르는 사람은 바보 취급을 당했다. 통합된 룰의 한 예는 바로 이것이다. 잉여의 배분에 있어 대중 일반이 참가하는 방식이 처음으로 등장한 것이다. 물론 이 예는 빙산의 일각에 불과하다. 사람들은 주식만을 생각하고 있었던 게 아니기 때문이다. 프리랜서, 커리어 우먼, 연예, 서비스 업계의 수많은 직업들이 환상처럼 돋아나고 있었다. 사람들은 선택의 폭을 무한정 확대시켰다. 그러나 본질은 분명한 것이었다. 90년대 이전까지 사람들은 꼬박 꼬박 주어지는 봉급쟁이로 살거나 아니면 막일꾼으로 살아야 했다. 90년대부터 사람들은 모든 곳에서 분배의 게임에 참가할 수 있다고 생각하기 시작했다. 이것이 자본이 해낸 진정한 대역사였다. 물론 축적된 잉여를 바탕으로 해서만 가능한 일이었다.

이러한 변화는 수많은 계기를 동시에 내포하고 있으며 그 모두는 매우 복잡한 연관 속에 존재한다. 축적된 잉여라는 양적 변화, 기업, 정부, 시장 상황을 구체적으로 바꾸어간 질적 변화의 측면, 이에 따른 제 정치 세력의 부침과 변화, 학생운동과 노동운동을 포함한 민중운동 일반의 일시적이지만 급작스런 후퇴 이 모두가 10년 이내에 발생한 현상들이다. 이것은 이미 역사학과 사회학을 포함한 사회과학 일반의 문제다. 이 과정은 전문가들의 상당한 연구를 요구하고 있다. 여기서는 주제에 가장 가까운 측면, 생존의 룰이라는 개념만을 이야기하고 있다. 어쨌든 이것만은 우리의 피부로 다가오는 것이다. 그러므로 모든 과제를 뒤로 하고 이 개념, 생존의 룰에서부터 우리의 논의를 지속하기로 하자.

복잡 다단한 과정을 거쳐 통합된 생존의 룰, 대중 일반이 생산된 잉여를 분배받을 수 있는 다양한 루트가 생겼다는 사실은 매우 빠른 속도로 전 사회를 장악했다. 어떤 일이 생겼는가? 자동차 보유 대수가 급속도로 증가했다. 소비 수준에 대한 체감 온도가 크게 높아졌다. 기회만 된다면 한 건이 가능한 사업이나 일거리가 많아졌다고 느끼기 시작했으며 실제로 거기로 매진해 갔다. 그리고 바로 그 자리에 성적 리버럴리즘이 횃불처럼 등장했고 곧바로 산불처럼 번져갔다. 동시에, 사실은 좀더 앞서서 거리가 넘쳐 흐르고 있었다. 몇 년 전과 모든 것이 달라져 보였다. 이것이 우리가 알고 있는 생활에 있어서 실제 상황이었다. 하지만 뭔가 이상하지 않았는가? 무엇보다 이것은 어떤 착각처럼 생각되지 않았는가? 밤새 고스톱을 쳐서 한참 벌어들인 것 같은데 판돈은 본전보다 엄청나게 모자라는 경우와 비슷하지 않은가?

대중이 잉여의 분배에 참가할 수 있다는 것은 실상 환상이었다. 적어도 대중 자신이 기대했던 것에 비하면 턱도 없는 것이었다. 그 예 또한 숱하게 많다. 그리고 우리들은 그것을 아주 가까이서 샅샅이 지켜 보고 있었다.

젊은 친구들이 참신한 일을 해본다고 백방으로 뛰어 다녔다. 전통적인 샐러리맨의 딱지를 그들은 단호하게 치워 버렸다. 그러나 그 결과는 그들이 자금을 꺼내왔던 그들 가족의 궁핍으로 되돌아 왔다. 그들 중 많은 수는 이미 헛바람이 들었으므로 생활에 쩔쩔 매는 가족 안에서 빈둥거리는 백수가 되고 말았다.

앞서 말한 주식 얘기는 어떻게 되었는가. 투자한 금액의 몇 배를 거둬들이고 그 사이에 집칸 등을 간단하게 마련했다는 신화가 나돌았다. 그러나 현실은 달랐다. 좀 벌었는지는 모르지만 그걸 벌었다고 말하기엔 어림도 없는 일이다. 은행 빚까지 끌어들여 망쳐버린 사례는 훨씬 허다하다. 역시 많은 사람들이 정신적 피폐와 생활의 파탄으로 빠져 들어야 했다.

고시와 자격시험 열풍, 커리어 우먼의 신화, 연예 서비스업으로의 매진, 그 어떤 것도 마찬가지 사태를 불러 일으켰다. 이것은 전 사회적 망상이었다. 그 사이에 쉬지 않고 살이 찐 것은 자본, 그 중에서도 재벌들이었다. 박찬호가 메이저리그로 뻗어가고 있을 때 한국 재벌은 여하튼 간에 세계를 누비고 다녔다. 그 실상이 속빈 강정이었다는 것은 일단 접어두고 말이다. 이게 다 무언가. 이것이야말로 자본의 자기 관리 시스템이라 부를 만한 것이다. 그것은 몇 가지로 요약된다.

① 대중 일반을 체제에 순응케 하는 것.
② 시장을 위하여 할 수 있는 한 소비하게 할 것.
③ 이 조건 하에 할 수 있는 최강의 최장의 노동력 착취를 끌어낼 것.
④ 방대한 산업 예비군의 항상적인 존재.

대중이 무엇을 생각하고 무엇을 꿈꾸었던 간에 90년대에 현실로 달성된 것은 바로 이 네 가지였다. 돌아보면 이는 차라리 작품이라 불러야 할 지경이다. 할부를 끊어서, 카드를 만들어서, 마이너스 통장을 만들어서, 은행 대출을 받아서 정말 부지런히 써 왔다. 제깐엔 0.1%의 이자를 따져가며 온갖 머리를 다 짜내기도 했다. 그러나 그 때문에 엄청나게 시달려야 했다. 게다가 봉급 생활자라면 지독하게 일해야 했고 반대로 실업자라면 그 수가 하도 방대하여 참으로 든든한 산업예비군의 임무를 다하고 있었다. 더구나 그 실업자들은 헛바람이 들어 끊임없이 소비하는 그런 실업자였던 것이다.
리버럴리즘과의 관련성은 바로 여기서 설명되어진다. 번호 ① 대중 일반을 체제에 순응케 하는 것. 체제 순응을 위한 자본의 카드는 간단하다. 첫째, 보릿고개가 없다. 바꿔 말해 빌어 먹더라도 먹고는 살 수 있다. 둘째, 잘하면 잉여의 분배에 참가할 수 있는 기회가 있다. 이 두 가지이다. 90년대의 대중은 이 악마적 계약에 무의식의 도장을 찍은 바가 있다. 자본이 제시한 그것이야말로 잔인한 이기성의 이데올로기 자체였던 것이다. 어떤 시기보다 영악했던── 그러나 그렇기 때문에 그토록 어리석었던── 대중의 시대가 90년대였다. 한번 선택되고 나서 이 이데올로기는 폭풍처럼 사회를 휩쓸어 갔다. '내 돈 내고 내가 쓰는 데 누가 뭐래'가 암묵적으로 용인되었던 것이다. 왜냐하면 그게 될 것 같았다는 것, 남이야 어쨌든 자신만은 성공할 것 같다는 생각이 들었기 때문이다. 사실 이러한 조건이 아니었다면 리버럴리즘이 그렇게 득세할 수 없었을 것이며 어쩌면 등장조차 못했을 것이다. 따라서 성적 리버럴리즘은 이 조건에서 보자면 특이한 현상이 아니었다. 나아가 쉽게 비난할 수도 없는 것이었으며 사람들은 그 정체를 들추어 내려고 하지 않았다. 들추어 내 보아야 그건 자기 모습이었기 때문이다. 모든 것이 그냥 덮어졌다. 이 위에 광고, 세일, 기회를 잡을 수 있다는 무수한 패키지 등 자본의 공세가 쉬임없이 증폭되어 가는 한편 실질적으로 그러한 자본의 앞잡이라 할 수 있는 지식인들의 이데올로기 공세가 또한 가중되었다. 숨기고 싶었던 것을 합리화하다 보면 어느새 그것이 진실인 것처럼 생각되기 시작한다. 거리의 물결, 온갖 기괴한 매춘과 협잡들은 반복될수록 자연스러워졌고 슬그머니 자유라는 딱지를 내걸기 시작했다. 이쯤되면 벌거벗은 임금님을 벌거벗었다고 소리치기가 어려워진다. 몽롱함 속에서 리버럴리즘의 거짓들이 판치고 대중은 멀거니 바라보고만 있게 된다. 곰들은 춤추고 관객은 멍청히 바라보고 돈은 주인이 챙긴다. 리버럴리즘이라고? 천만의 말씀이다. 90년대 한국 자본이 무대에 올린 진짜 서커스였던 것이다.

그러므로 리버럴리즘은 허상이다. 그것은 그 본질에 있어서 한국 자본의 마케팅 전략이다. 모든 지점에서 앞뒤가 맞아 떨어진다. 부자들의 반란에서 출발한 거리의 물결은 그 이면에서 굉장한 규모의 시장을 창출했다. 삐삐, 핸드폰 열풍으로 달구어진 통신업계, 온갖 악세사리의 홍수를 뒷받침하는 자본 일반의 천국이 등장했다. 자본은 이제 거리의 물결 자체를 선동하고 생산해낸다. 각종의 성 상품도 마찬가지이다. 포르노물, 전화방, 변칙 매춘, 유흥 문화의 증가를 선도하는 세력은 거기에 투입된 자본이다.

대학생들의 성 담론도 마찬가지이다. 말했듯이 노동 귀족으로서 장래를 바라보고 있는 그들에게 이와 같은 자본주의적 성적 쾌락의 규칙은 가장 유리한 규칙이 된다. 반면 그를 뒷받침하는 문화 생산물들, 서적, 잡지, 지식은 거기에 기생한다. 한편 이 현상은 한국 사회에서 자행되는 전형적인 노동 관리 기법이기도 하다. 기업은 노동자에게 보너스를 주는 대신 관리자에게 막대한 양의 판공비를 수여하고 그 돈으로 노동자에게 괴상한 서비스를 제공한다. 회식, 술, 룸살롱은 공공연한 비밀 아니던가. 그 판공비로, 그런 식으로 노동자의 스트레스를 해소시키고, 정신을 썩게 하는 것은 일석이조의 효과를 갖게 한다. 판공비가 보너스보다 적은 비용이라는 것, 노동자의 의식을 파괴하고 그들을 일하는 기계로 묶어놓을 수 있다는 것이 그것이다. 리버럴리즘이 득세하면 할수록 자본은 커 가고 강고해진다.

반면 대중은 여기에 덜미가 잡혀있다. 우리 모두 스스로의 인격과 양심과 인간성을 저버렸다는 것, 시시때때로 그러하다는 걸 이미 알고 있다. 우리는 잘만 하면 될 거라고 믿었다. 그리고 잘 되기만 하면 리버럴리즘은 최선의 규칙이었다. 돈만 있으면 땅을 밟지 않아도 되는 세상에, 우리는 그 세상을 위하여 도박에 임한 적이 있다. 우리가 개처럼 굶주리고 있는 이유가 바로 이것이다. 신문과 TV가 불법 매춘을 비난하고 있을 때 우리는 군침을 삼키고 있었다. <애인>이란 드라마가 시청률을 드높이고 있을 때 우리는 근사한 남자와의 애정 행각을 꿈꾸고 있었다. 거리의 물결이 이상하기는커녕 부럽다고 생각했으며 점점 더 화장을 진하게 하고, 더 야한 옷을 입고, 가슴을 키우는 성형 수술과 몸매를 다지는 다이어트에 역시 군침을 삼키고 있었다. 유흥가와 사창가에서 여자를 후리는 것을 한 쪽에서 부러워한 적 있으며, 성격 나쁜 건 용서해도 얼굴 못 생긴 건 용서할 수 없다는 말을 진실이라고 생각한 적 있다. 이 모두가 얼마나 어리석은 생각이었는지 모른다. 빠찡코에 매달려 집 문서를 날리면서도 언젠가는 따고 말 것이라 믿는 바보처럼 우리는 우리가 성공할 거라고 믿었다. 또 믿고 싶어했다. 세상에 우리만 사람이고 사람 아닌 로봇이나 노예가 우리만큼 있으면 우린 성공할 수 있을 것이다. 그러나 세상은 그러하지 않으며 우리들 중 90%가 실패해야 한다는 걸 우린 너무도 잘 알고 있다. 정직하고 성실하면 잘 산다는 말이 거짓말이라는 사실도 너무 잘 알고 있다. 그게 아니라면 농부들과 갯벌에서 바지락을 캐는 어촌의 아낙들과 새벽이면 등에 반짝이를 달고 내달리는 도시 미화원이 왜 못 사는지를 우린 알 수 없게 된다. 그럼에도 우리는 눈이 멀었었다. 90년대는 그러했다. 리버럴리즘이 우리 장님들을 우롱하는 건 장난도 아니었던 것이다.

리버럴리즘 비판에 있어 우리가 목표로 내걸었던 마지막 지점에 도달했다. 이 작업이 우리가 말하는 자유와 연관이 있다는 것, 특히 리버럴리즘이 우리들의 성적 가능성을 크게 억압하고 있다는 지적이 그것이었다. 이 목표는 지금까지의 논의에서 거의 달성한 것이나 다름없다. 리버럴리즘은 섹스의 임의적인 자유를 설파해왔다. 그러나 현실에서 그런 것은 절대로 없다. '오빠, 화끈하게 놀아줄테니 나 용돈 좀 많이 주라', 그게 누구든 이 소녀와 섹스를 나눈다고 가정해 보라. 그것은 끔찍한 것이다. 피차가 온갖 계산 속에서 더 많은 이득과 쾌락을 끄집어 내려고 할 것이다. 여기엔 우리가 논해 온 성적 시·공간이 개화될 여지가 없다. 오히려 그것은 철저히 억눌려 있고 뒷전으로 팽개쳐져 있다. 그럼에도 우리가 군침을 삼키고 있다면 그것은 우리의 빈곤을 반증하는 것에 불과하다. 그 어떤 예를 살펴보아도 마찬가지이다. 가능성으로서 우리의 욕망은 철저히 거세되어 있으며 약탈의 잔혹

한 게임만이 판치고 있다. 중요한 것은 타입의 세계와 성적 시·공간 사이의
적대적 모순이 지금은 이 리버럴리즘에서 절정을 달리고 있다는 것이다.
거리의 물결을 보라. 때문은 운동화에 무거운 가방을 메고 버스를 타러 달려
가는 고등학생들을 바라보며 우리는 가슴 아파 했다. 그들이 거리의 물결처
럼 명랑하고 자유롭고 아름다우면 얼마나 좋겠는가. 그러나 이미 살펴보았
듯 그것은 썩은 육신들이다. 거기엔 아무런 아름다움도 쾌락도 없다. 리버럴
리즘의 화신처럼 활개치는 타입화한 미인과 멋쟁이들을 보라. 누군가 그들
과 하루 데이트를 한다면 그 또한 끔찍한 일 아니겠는가. 한 발만 파고 들어
가면 리버럴리즘이 그려낸 타입의 세계는 딱딱하고 버석버석하고 게다가
야비하기 이를 데 없는 것들이다. 그러나 세상에는 그것들만 존재한다. 언제
나 그게 문제다. 그리고 그러할수록 대중은 가난해진다. 대중은 서로간에
못 생기고 매력이 없고, 무능력하고 재미없는 존재로 남는다. 리버럴리즘의
썩은 냄새 나는, 사치스런 깃발만 저 하늘에 펄럭인다. 그것만을 바라보고
있는 동안 그 자신에게 내재된 성적 가능성은 어두운 지하로 파묻히고 만다.
리버럴리즘이 바닥까지 폭로되어야 하는 이유가 여기에 있다. 물론 비판으
로 또는 안다는 것만으로 모든 게 해결되는 건 아닐 것이다. 그러나 그것이
시작인 것만은 틀림없다. 모순이 이해되었다는 것 자체만으로 우리의 정신
은 자유의 창공을 엿보기 시작한다.

섹스는 언제나 요령부득의 난제였다. 개인적으로도 사회적으로도 늘
그래왔다. 일부일처제가 주도적이었고 정절과 절제가 미덕이었던 대부분의
시대와 대부분의 문화 속에서도 섹스는 항상 규범에서 일탈된 사례들을
남겨놓곤 했다. 그러나 그 일탈들은 어떻게든 대가를 치르지 않으면 안 되었
던 것들이다. 주관적인 죄책감, 또는 불안감, 사회적 불이익을 동반하는 직·

간접의 처벌들, 때로는 목숨을 내놓아야 할 때도 있었다. 그럼에도 불구하고 그 일탈은 끊임없이 지속되었다. 이러한 일탈과 이 일탈에 대한 대가라는 형식들이 옳은가 그른가를 판단하는 일은 굉장히 어려운 문제다. 예를 들어 일부일처제라는 제도는 과연 옳은가, 미성년자 일반에게 놀이하듯 섹스를 경험하게 하는 것이 옳은가 등은 아직까지 결론나지 않은 논쟁거리 중의 하나이다. 그러나 판단의 결과가 어떤 것이든 그것은 만인에게 보편적이고 평등하게 적용되어야 한다. 아무리 좋은 제도라 해도 그 제도가 근본적으로 불평등하게 적용되고 있다면 애시당초 논의할 필요조차 없는 것이었다. 그러므로 정말 진지하게 성과 섹스를 이야기하려 한다면 논의되는 모든 것들이 현실에서 어떤 조건에 놓여 있는가를 명확히 해야만 한다. 리버럴리즘은 이 단순하고 명백한 원칙을 망각하고 있다. 앞서 리버럴리즘은 그 논리에 있어서는 극단적인 유토피아의 논리라고 했으며 거기까지라면 굳이 뭐라 할 것도 없다. 세상엔 이상주의자도 있을 수 있기 때문이다. 그런데 이런 생각이 든다. 그가 진정한 이상주의자로서 리버럴리스트라면 그 자신은 오히려 철저한 금욕주의자가 되어야 하지 않을까? 귀족이 등 따숩고 배부르면서 가난한 민중에게 케익이나 먹으라고 지껄이는 게 터무니없는 것처럼 자기만 자기의 이상대로 놀아날 수 있으면서 처음부터 자기와 다른 사람에게 이상을 주장하는 건 형편없는 행각이기 때문이다. 이런 연유 때문에 우리는 리버럴리즘을 미워한다. 행색은 멀쩡해서 말은 비단 같이 하고 있지만 실제 마음가짐이 영 싹수가 없는 사람들을 우린 미워하지 않던가? 리버럴리즘이 꼭 그러했던 것이다. 한 줌도 안 되는 자기들의 천박한 쾌락을 위하여 이상을 들먹이는 이들은 정치인들이 국가와 민족을 위해서 선거에 입후보 했노라고 떠드는 것만큼이나 가소롭고 야비해 보인다.

요즈음 사람들, 특히 젊은 사람들은 섹스에 대해 좀더 개방적인 것처럼 보인다. '보인다'고 말한 것은 통계가 정확할 수 없는 점 때문이다. 그러나 그들 대부분은 옛날처럼 역시 대가를 치르고 있다. 혼전 성 경험이 있는 여성들은 결혼에 대해, 또 결혼 이후의 생활에 대해 상당한 부담을 가져야 한다. 젊어서 기세좋게 리버럴리즘을 주장하다가 결혼에 직면해 요조숙녀로 돌변한, 다소 눈살 찌푸려지는 예들은 얼마든지 찾아볼 수 있다. 역시 기세좋게 리버럴리즘을 떠들다가 결혼 전후에 전형적인 이중 기준으로 되돌아가는 남자들의 사례도 얼마든지 있다. 역시 통계는 없지만 전체적으로 봐서 리버럴리즘은 조건이 좋을 때 자기를 합리화하는 수단에 불과하다. 사실 여기엔 더 참혹한 사정도 숨어있다.

요즘 사람들, 다시 말해 우리들이 리버럴리즘을 수단화해서라도 그렇게 섹스에 몰두하는 이유가 무엇이냐는 것이다. 확인 안 된 것이지만 침팬지에게 자위를 가르쳤더니 종일 자위만 하였다는 실험 결과 비슷한 것을 들은 적이 있다. 신경 생리학적으로 말하자면 쾌락이란 쾌락 중추회로를 가동시키는 신경 전달 물질 분비와 관계가 있다고 한다. 그 극적인 예가 마약이다. 마약은 쾌락 중추를 가동시키는 신경 전달 물질과 분자구조가 매우 많이 닮아있다. 그래서 그것은 투입만 되면 아무런 이유도 없이 쾌락을 준다. 오르가즘도 어쩌면 그런 것인지도 모른다. 이런 이야기를 하는 이유는 이런 식으로 쾌락을 이식하지 않으면 안 되는 우리들 삶과 생활의 정체가 무엇이냐는 것을 되묻고자 하기 때문이다. 사람들은 사랑이나 연애, 섹스와 같은 쾌락이 없으면 사는 낙이 없다. '연애나 한번 해 볼까'와 같은 말은 대체로 그 사람이 무력하거나 무료한 상황에 처해 있을 때 하는 말이다. 대학 입시와 보충 수업에 고삐가 묶인 고등학생, 노동 귀족을 꿈꾸며 살아가는 대학생,

고된 업무에 시달리며 박봉을 받는 도시의 무수한 오피스 걸들, 일생을 걸고 기약없는 회사 생활에 닥달을 당하는 샐러리맨들, 그 누구를 돌아보아도 삶에 넘쳐나는 희망과 기쁨을 가지고 살 것 같지 않다. 그러니 이식된 쾌락으로서 섹스만 남아있다. 더 나쁜 건 이게 과연 섹스다운 섹스라고 할 수 있느냐는 것이다. 마약쟁이가 마약을 투여하기 위해선 한없이 비참한 짓을 해야 한다. 그가 갑부가 아닌 이상 절도 강도 매춘 그 무엇이든 가리지 않으며 마약 판매자에게 정말 비루먹은 개처럼 구걸을 해야 한다. 섹스를 누리는 것이 아니라 섹스에 쫓긴 우리들은 슬금슬금 눈치를 보며 서로를 바라본다. 그것은 비참한 것이다. 발렌타인데이면 수없는 선물이 나돌고 서로간에 좋아한다는 확인을 하려고 기를 쓰는 요즈음의 연인들을 보고 있노라면 자유는커녕 차라리 연민이 앞선다. 짝이 없는 사람들은 열패감과 소외감에 빠져 어쩔 줄을 모른다. 짝이 있는 사람들은 짝이 있는 사람대로 고민이다. 혹시나 잃어버릴까봐, 아니면 요모 조모 남과 비교하느라고 말이다. 그런 관계 속에 과연 섹스의 자유가 존재할 수 있을까 의심스럽다. 리버럴리즘은 바로 이런 종류의 발악이다.

이유가 무엇이건 사람들은 섹스와 연관하여 살아간다. 그중에 어떤 사람들은 일탈하기도 한다. 그 일탈들의 어떤 것은 고개를 끄덕거리게 하고 어떤 것은 영 틀려먹었다는 생각이 들게 한다. 그러나 그건 그렇다고 하자. 하지만 그 어떤 경우라도 자유를 빙자하여 그 일탈을 합리화하려 한다면 그건 이제 용납되지 않는다. 기껏해야 그것은 자기의 개인 사정이다. 외로웠든 그냥 장난을 친 것이든 아니면 목숨을 걸고 그랬든 그 또는 그녀는 단지 그러했던 것 뿐이며 치러야 하는 대가가 있다면 결국 치르고 말 그러한 일이다. 유부남과 사랑에 빠진 처녀가 있다면 —— 바로 교통사고다 ——

그녀는 그저 그런 것이다. '책임만 질 수 있으면 괜찮다고 생각해', 이런 헛소리는 이제 우리 귀에 들리지 않는다. 단지 이 힘겹고 고독한 시대에 리버럴리즘의 발악으로 살아가는 우리들 자신이 몹시도 슬프다는 생각이 들 따름이다.

자유의 지평과 그 주변 —— 부부의 성

두 아이의 엄마이며 십년 이상 만족스런 결혼 생활을 해오던 한 여성이 그녀의 친구에게 말했다. 그녀는 혼란스러워 했고 무언가 몹시 화가 난 듯도 했다.

"며칠 전이었어. 여느 때처럼 잠자리에 들었는데 그이가 내 항문에 삽입하고 싶다는 거야."

그녀가 화가 난 이유는 바로 그것이었다. 뜻밖에도 친구는 담담한 표정이었다.

"그래서 어쨌는데?"

"뭘 어째. 어떻게 그런 말을 할 수 있어. 막 골을 냈지."

"왜 골이 났는데?"

"왜 골이 나긴. 나한테 그럴 수 있어?"

친구는 다소 근심스럽게 그녀를 쳐다 보았다. 그러다 이렇게 말했다.

"내가 알고 있는 건 시중에 나와있는 킨제이 보고서라는 책이야. 의학자를 포함한 전문가들이 사람들의 여러 질문이나 의문 사항에 대답하는 형식으로 쓰여 있어. 첫째 에이널 섹스라 부르는 그것을 적지 않은 부부가 실행하고 있다는 것. 둘째 전문가들의 대답인즉 에이널 섹스는 아무런 문제도 없는 행위로서 죄책감을 가질 필요가 없으며 청결과 근육 손상 같은 상처에 조금만 신경을 쓴다면 감염 등 어떤 위험도 없다고 말했다는 것. 그게 인상적이었지. 항문에 삽입하는 게 싫으면 안 하면 되지. 하지만 네가 골이 난건 전혀 그 때문이 아닌 것 같아. 모욕을 당했다고 생각한 거지. 난 너희 부부를 가장 잘 아는 사람 중 하나야. 너희는 십년 이상 연애하고 그 이후로 십년 이상이나 함께 살아왔어. 서로 정말 좋아했지. 모욕이라고 생각하지 않았다면 네가 화를 냈을 것 같지가 않아. 무언가 오해를 한 것 같아. 그렇게 다감한 사람이 너를 짐승이나 매춘부 취급한다고 느끼는 걸 거야. 하지만 다르게 생각할 수도 있잖아. 정말로 사랑하기 때문에 그런 말을 할 수 있는 거 아닌가? 너를 믿기 때문에 그런 충동을 고백할 수 있는 게 아니냔 말이지. 아니 그게 사실일 거야. 생각을 좀 해봐야 하지 않니? 에이널 섹스 자체가 문제인 게 아니잖아."

며칠 후에 그녀와 친구는 다시 만났다.

"네 말이 맞아. 내가 좀 놀랐나 봐. 하여간 우린 안 하기로 했어. 한번 해보려고 했더니 잘 되지가 않아. 남편도 이제 흥미가 없대."

그녀와 친구는 깔깔거리며 웃어댔다.

지금부터 부부에 대한 이야기를 많이 하게 될 것이다. 성적 시·공간이 펼쳐지는 예로서 가장 적합하기 때문이다. 그렇다고 해서 일부일처제의 정당성을 주장하려는 것은 아니다. 말했듯이 어떤 제도가 옳은 것인지 우린 아직 모르고 있다. 게다가 일부일처제에 대한 강조는 쉽게 오용되곤 한다. 리버럴리즘의 반대편에 서 있는 또다른 쌍둥이, 보수주의와 권위주의가 그렇게 한다. 대체로 가부장제와 계급 사회의 지배층인 그들은 이 제도를 참으로 뻔뻔스럽게 이용해 왔다. 그들에게 있어서 일부일처제가 실제로 적용되었던 적은 한번도 없었다. 왕의 후궁, 귀족의 엽색 행각, 영주의 초야권 등의 이야기는 제쳐 두고라도 현 시기에 있어 지배층은 상품으로서 성과 섹스 전체를 장악하고 있다. 그러므로 그들이 말하는 일부일처제는 그들을 제외한 민중에게만 억지로 강요되는 것이다. 물론 일부일처제를 진정으로 주장하는 논지가 이러하다는 것은 아니다. 단지 오용되고 있는 지점을 명백히 하고자 할 따름이다.

그렇다면 왜 하필 부부인가. 부부는 너무도 당연하고 상식적인 관계이지만 그 관계의 실체가 무엇인가를 되짚어보면 대단히 복잡하고 어려운 개념이라는 것을 알게 된다. 가장 알기 쉽게는 혼인 신고가 이루어진 한 쌍의 남녀를 말한다. 그러나 이것만으로는 아무 것도 알 수 없다. 이 문제는 좀더 깊이있게 생각해 보아야 할 문제로서 조금 뒤에 살펴 볼 것이다. 지금 중요한 것은 부부가 인격적인 관계의 전형적인 예라는 것이다. 우리가 부부를 어떻게 알고 있건, 실제가 어떠하건 우리는 부부를 전면적인 인격적 관계로서 이해한다. 그 점이야말로 우리 이야기의 핵심이다.

위의 예시는 많은 것을 생각하게 한다. 예시의 여성과 그 남편은 모범적인 부부라고 할 수 있다. 서로에 대한 깊은 사랑과 이해를 가지고 있다. 그럼에도 불구하고 성에 대한 오해가 있다. 함께 살아가는 부부 사이에 오해와 불일치가 상존한다는 것은 당연한 일이다. 그러나 성과 섹스에 대해서 그 오해는 유달리 심각하다. 이것은 무얼 의미하는가?

성적 억압을 말할 때 가장 실제적이고도 중요한 부분은 우리들 개개인의 의식과 무의식에 틀어박힌 선입관과 무지이다. 거대한 성적 시·공을 거의 본성에 가까운 형태로 소유하고 있음에도 우리는 그것들에 대해 기겁을 한다. 자기 자신에게마저 그렇게 놀라고 있는 것을 보노라면 타인에 대한 오해와 몰이해는 더 할 것임이 틀림없다. 예시의 아내는 에이널 섹스를 거부한 것이 아니다. 거부를 하려면 그것이 어떤 것인지, 남편이 무슨 생각과 정서를 가지고 있는 것인지부터 제대로 알아야 한다. 눈빛만 봐도 무얼 먹고 싶은지를 알고도 남을 그들이 성에 관해서는 왜 그렇게 무지한 걸까? 이때

무지는 결코 지식의 문제가 아니다. 이해한다는 것 자체가 본래 지식의 문제가 아니다. 당연히 이 무지는 복잡한 사회적 역사적 상황 속에서 강요된 것이다. 한편 이 무지와 몰이해는 편벽된 아집과 독선으로 나타나기도 한다. 큰 성기에 대한 남성들의 집착, 온갖 기교들에 대한 소문 등이 다 그러하다. 간혹 변강쇠임을 자랑하며 섹스에 대해 박사임을 자처하는 사람들, 그동안 일백 명의 여성과 섹스를 했다고 떠드는 사람들, 섹스를 결벽증 환자의 손수건처럼 생각하는 사람들이 있다. 그러나 그건 자랑도 주장도 아니며 그저 무지의 증명일 뿐이다. 예를 들어 온갖 기교를 자랑하는 어떤 남자를 상상해 보라. 한 여성이 그의 그 대단한 기교에 대해 흥미가 없다고 했을 때 그는 어떻게 생각하고 반응할까? 우선 화를 낼 것이다. 자랑찬 그것이 통하지 않으니까. 또 그 여성을 바보라고 비난할지 모른다. 충분히 그럴 것 같다. 그렇지만 이 반응 자체가 얼마나 우스꽝스럽고 어리석은가? 사람이 단 한 가지 규칙으로 규정되는 게 가능할 리가 없다. 그 자랑찬 남자도 다른 측면에서는 사람들을 그런 식으로 생각하지는 않을 것이다. 오로지 섹스에 대해서만 그렇게 고집하려 한다. 그러니 그게 무지가 아니고 무엇인가? 실상 그것은 인간이 인간과 마주해서 얼마나 깊게 관여해야 하는가를 모르고 있는 것이며 다른 한편 그 관여를 포기한 것이다. 곧 스스로 소외된 것이다. 거기엔 성적 시·공간의 넓은 대지도 함께 소외되어 있다. 억압이란 이러한 것이다. 우리 자신을 위해 계몽해야 할 일이 있다면 바로 이 억압으로부터의 계몽일 것이다. 예컨대 리버럴리즘은 계몽이 아니라 억압의 강화이다. 도대체 뭐가 계몽일까? 그건 아주 간단하다. 인간의 인간으로서의 경이로움을 자각하는 것이다. 성과 섹스 또한 그러해야 한다. 시중에 떠도는 온갖 가십들을 들어보라. 이건 어린애들의 만화 얘기나 다름없는 것이다. 이제 우리는 인격적 관계에 덧붙여 이 억압으로부터 탈출한 부부를 가정한다. 그것은 어떤 것일까? 우리는 상식을 말해 왔다. 그것 역시 가장 상식적인 것 아닐까?

"에라, 요 계집아이야. 안될 말이로다. 내 먼저 벗으마."

버선, 대님, 허리띠, 바지, 저고리 훨씬 벗어 한편 구석에 밀쳐 놓고 우뚝서니 춘향이 그 거동을 보고 빵긋 웃고 돌아서며 하는 말이,

"영락없는 낮 도깨비 같소."

"오냐, 네 말 좋다. 천지 만물에 짝이 없는 게 없느니라. 두 도깨비 놀아보자."

"그러면 불이나 끄고 노사이다."

"불이 없으면 무슨 재미 있겠느냐. 어서 벗어라 어서, 벗어라."

도련님 춘향 옷을 벗기려 할 제 넘 놀면서 어룬다. 만첩청산 늙은 범이 살찐 암캐를 물어다 놓고 이는 없어 먹도 못하고 흐르릉 흐르릉 아웅 어르는 듯, 북해 흑룡 여의주를 입에다 물고 채운간에 넘노는 듯, 단산 봉황이 죽실 물고 오동 속에 넘노는 듯, 구구 청학 난초를 물고서 고송간에 넘노는 듯, 춘향의 가는 허리를 후리쳐다 담쑥 안고 기지개 아드득 떨며, 귓밥도 쪽쪽 빨면서 주홍같은 혀를 물고, 오색단청 순금장안에 쌍거쌍래 비둘기 같이 꾹꾹꿍꿍 으흥 거려 뒤로 돌려 담쑥 안고, 젖을 쥐고 발발 떨며, 저고리, 치마, 바지, 속곳까지 훨씬 벗겨 놓니 [……]

"춘향아 우리 말 놀음이나 좀 하여 보자."

"애고, 참 우스워라. 말 놀음이 무엇이요"

말 놀음 많이 하여 본 성 부르게

"천하 쉽지야. 너와 나 벗은 김에 너는 온 방바닥을 기어 다녀라. 나는 네 궁둥이에 딱 붙어서 네 허리를 잔뜩 키고 볼기짝을 내 손바닥으로 탁 치면서 이리 하거든 흐흥거려 퇴김질로 물러서며 뛰어라. 알심있게 뛰게 되면 탈승자 노래가 있나니라." [……]

온갖 장난을 다 하고 보니 이런 장관이 또 있으랴. 이팔 둘이 만나 맺힌 마음,
새월 가는 줄 모르던가 보더라. (<춘향전>에서)

육체는 중요한 것이다. 너무나 중요해서 재삼 강조하는 것 자체가 낯설
다. 육체는 정서와 가장 밀접한 관계에 있다. 등어리에 와 닿는 손바닥이
사랑을 의미하는지 증오를 의미하는지 육체는 금방 안다. 어떤 말이나 논리
보다 예민할 수 있으며 그 말이나 논리보다 훨씬 많은 것들을 의미할 수도
있다. 우리 모두 이 사실을 알고 있다. 한 쌍의 부부가 지금 그 육체를 서로간
에 맞세우고 있다. 두 사람은 서로에게 자신의 육체를 내어주려 하고 있다.
이것은 무얼 의미하는가? 감정과 사고의 전부가 여기에 개입하고 있다. 그
것을 내어줄 수 있기 위해서는 전면적인 인격적 관계가 아니고서는 안 된다.
그렇지 못할 때 육체는 수단이 된다. 육체가 수단이 되었을 때 문제가 되는
것은 단순히 도덕적인 것들이 아니다. 수단이 되는 순간 육체는 자신의 가능
성을 상실한다. 누릴 수 있고 누려야 하는 인간적 가능성이, 그 풍요함이
터진 풍선처럼 사라지고 마는 것이다. 섹스가 강탈과 이기적 욕망으로 굴절
되는 이유가 여기에 있다.

인격적 관계 속에서 던져진 육체는 이제 모든 가능성을 되찾는다. 육체
는 이제 관찰되고 만져지고 실험되는 것을 허락한다. 그렇게 되는 것을 체험
하고 또한 누린다. 그 과정 중에 무슨 일이 벌어질런지는 아무도 모른다.
남편은 아내의 성기에 돋보기를 들이댈지도 모르며 아내는 남편의 성기에
줄자를 감을지도 모른다. 중요한 것은 그것이 이상해야 할 이유가 전혀 없다
는 것이다. 성적 시·공간 내부에서 무슨 일이 벌어질지는 아무도 예상하지
못한다. 춘향이와 이도령은 앞의 예문처럼 놀아났다. 다른 사람은 어떨까?

아내는 남편의 항문에 정말 말뚝을 박을 수도 있다. 빨고 핥고 깨물고, 앞장에서 말했던 것처럼 어두컴컴한 골목에서 강간을 연극할 수도 있다.

"여보, 요즘 당신 왜 그래요. 원하는 환상이 뭐예요?"
남편이 말했다.
"프랑스 하녀!"
"알았어요."
아내는 열심히 프랑스 하녀 복장을 챙겨 입고 침실로 올라갔다. 그런데 침실에는 남편이 프랑스 하녀 복장 차림으로 서 있었다. 남편은 자신이 프랑스 하녀처럼 되고 싶다고 말했던 것이다.

이것은 영국에서 제작된 대중적인 성교육 비디오 중에 삽입된 코메디이다. 코메디이면 어떤가. 남편이, 다름 아닌 자신의 남편이 그렇다는데 무슨 상관이 있단 말인가.

남자가 여자에게 말한다. 매일 정오가 되면 자신을 생각하며 자위를 해 달라고. 여자는 그렇게 한다.
거실에 있는 여자에게 온갖 음식을 해 먹인다. 나중엔 식용유와 크림을 뿌려댄다. 그리고 섹스한다.
여자가 야한 옷을 새로 사 입었다. 남자 앞에서 그 옷을 입고 춤을 춘다. 스트립쇼 비슷한 것을 한다.

유명한 영화 <나인 하프 위크>에서 킴 베신저와 미키 루크가 연출했던 장면들이다. 만일 아내와 남편이 그러하다면 그 또한 지극히 당연한 일이다.

이러한 예들은 끝없이 나열될 수 있다. 그중엔 무척이나 보수적이고 절제된 그림도 가능하다. 어떤 부부는 성 행위보다 대화를 더 좋아할런지도 모른다. 요컨대 거기엔 섹스를 향한 자유의 세계가 들어있다. 인간의 상상이 만들어 낼 수 있는 전부가 있는 것이다. 중요한 것은 바로 그 사실이다. 한 개인, 또 한 쌍의 부부가 구체적으로 무엇을 하고 있는가는 이제 둘째 문제이다. 사태가 그러하다는 것, 그것의 보편성을 우리가 이해할 수 있느냐는 것이 중요한 것이다. 우리는 충분히 넉넉한가? 성적 시·공간의 이 엄청난 가능성에 대해, 인간의 한 가능성에 대해 충분히 관대한가? 그렇다면 우린 이 자유의 세계로부터 몇 가지 중요한 사실을 이끌어 낼 수 있게 된다.

첫째, 이러한 자유를 위해서 인격적 관계는 절대적인 조건이다. 육체를 내어줄 수 있다는 것, 그것을 관찰하고 실험하도록 맡겨둘 수 있다는 것은 정말 대단한 일이다. 그렇게 내어주지 않았다면 거기에선 아무 일도 일어날 수 없다. 이것은 생각보다 심오한 사안이다. 신혼부부들이나 처음 만난 연인들은 대체로 사이가 좋다. 그러나 그것이 '내어 주었다'는 뜻과 동일한가? 앞서 섹스는 마약과 비슷한 쾌락 기제가 있다고 했다. 어느 누구도 섹스의 쾌락에 이의를 달지 않을 것이다. 그러나 그것뿐이라면 달디단 사탕에 정신이 나간 어린아이의 정서와 별반 다르지 않다. 그들이 사이가 좋은 이유는 많은 경우 이 기계적인 쾌락이 주어졌다는 사실에서 비롯된다. 때문에 함께 하면서도 그들은 동상이몽이기 십상이다. 우리 사회가 가부장제 사회이므로 남성은 자기의 욕구를 강요하려 하고 여성은 또한 거기에 맞서 싸우게 된다. 시작하면 너무도 당연하고 자연스런 성적 시·공간의 자유는 좀처럼 드러나지 못한다. 에이널 섹스를 그런 식으로 거부한 예시의 여성이 그러하며, 여성의 사정과 정서가 무엇이건 별 괴상한 짓을 강요하는 잔인한 남성들이 그러하다. 그러므로 인격적 관계는 인간성 전반에 대한 성숙을 전제하는 것이다. 인격적 관계는 이토록 중요하다.

둘째, 이러한 자유는 타입의 세계가 가지는 허상을 낱낱이, 또 즉시 폭로 시킨다. 한 개인, 한 쌍의 부부가 자신들의 성적 시·공간을 어떻게 구성했는 가는 둘째 문제다. 그들은 그들의 관계 속에서만 가능한 세계를 알고 있다. 그에 비추면 타입의 세계는 얼마나 건조하고 잔인한 세계인가. 타입의 세계 가 드러내는 모든 매력은 수단화된 육체에서 비롯된다. 그 매력들과 도대체 무엇을 함께 할 수 있는 건지 알 수가 없다. 그 매력들은 말라 비틀어지고 위험하며 불쌍한 대상들이다. 그런 의미에서 거리의 물결은 참으로 끔찍한 것이다. 그것들이 매력적으로 보인다면 그 이유는 인격적 관계 속에 형성되 어야 할 자유의 공간이 박탈되었기 때문이다.

무엇을 향해 자유롭다는 것은 그 대상의 가능성을 감히 이해한다는 것 을 의미한다. 우리들 개개인은 성에 대해 모두 다른 가능성과 다른 상상과 다른 욕망들을 가지고 있다. 그러나 그 차이와 다양성이 우리 모두에게 충분 히 이해되고 있느냐는 것이 문제다. 우리는 푸른 하늘과, 걸음마를 시작하는 아기들의 재롱을 바라본다. 양자 모두 무한한 가능성을 비추고 있으며 그것 을 통찰할 때 우리는 미소짓는다. 섹스가 그렇게 풍요롭다는 것, 그것이 더이상 우리를 놀라게 하거나 우리를 억압해서는 안 된다. 그것이 우리를 놀라게 하고 침해하기 때문에 말도 안 되는 헛소리들이 떠돌고 매체가 선전 하는 이상한 얘기들에 얼떨떨해 하는 것이다. 오히려 우리의 마음은 고요해 진다. 그것은 인간이 수행하는 숱한 가능성 중의 하나일 뿐이다. 그것이 옳은가 그른가에 대한 기준으로서 우리는 선택 공리를 가지고 있다. 그것은 법조문이 아니다. 논리 이전에 우리는 그 사람을 보면 알 수 있다. 그 공리가 만족되는 한 성적 시·공간의 자유는 언제나 예술적 놀이처럼 빛나는 무엇이다. 우린 그와 같은 인간의 가능성을 이제 깊이 사랑하며 어쩌면 자랑스러워한다.

나아가 이런 태도 자체가 그 무엇으로부터의——그 무엇을 향해서가 아니라—— 자유를 의미한다는 걸 알아야 한다. 가령 <원초적 본능>이란 영화가 가져왔던 야단법석을 생각해 보라. 그것이 성에 관한 영화라면 성적 상상력이 얼마나 잘 구현되어 있는가가 문제의 초점이어야 할 것이다. 그러나 우리는 그것이 야하다는 이유 하나로 난리를 떨었다. 하지만 우리가 말해 온 성적 시·공간의 풍경들에 비추면 그건 어린애 장난도 못 되는 영화다. 우리는 그 영화를 즐긴 것이 아니라 그 영화의 협박에 주눅이 들어 있었던 것이다. 이것이 섹스로부터 자유롭지 못한 우리의 형상이다. 얼마나 촌스럽고 어리숙한 모습인지 모른다. 뭐랄까. 우리는 품위를 잃어버렸다. 우리는 그 품위를 다시 찾아야 한다. 성이 그토록 엄청난 세계인 반면에 그것은 인간의 일부에 불과한 것이다. 우리는 그것을 누리고 통제하지 그것에 지배받지 않는다. 이것이 섹스로부터의 자유라는 말의 의미이다.

양자는 상호의존적이다. 섹스를 향해 자유롭지 못하다면 우린 그것으로부터 결코 자유로울 수 없을 것이다. 그 점에 대해서는 충분히 이야기해 왔다. 반대의 경우도 마찬가지이다. 우리가 섹스로부터 자유롭지 못할 때 우리는 인격적 관계의 가능성을 크게 손상당할 것이다. 돈이나 권력이 개입된 관계가 인격적 관계이기 어려운 것처럼 섹스에 대해 강박적이라면 타인에 대한 총체적 인식을 획득할 수 없게 된다. 타입의 세계는 이 손상의 예를 적나라하게 보여준다. 타입의 세계에서 여성은 성적으로 남성의 마음을 사는 일이 삶의 모든 것이라고 생각한다. 이렇게 믿는 한 그 여성에게 성적 시·공간의 가능성은 처음부터 거세되어 있는 셈이다. 그녀는 육체를 내어준다는 것, 타인의 육체를 그렇게 받아 안는다는 것을 이해하지 못할 것이다. 일평생 진한 화장 속에 숨어 살아야 하는 것처럼 그녀는 유혹을 위한 매력을 가장하기 위해 전전긍긍하게 된다. 남성도 이와 별반 다르지 않다. '성격 나쁜 건 용서할 수 있어도 못 생긴 얼굴은 용서할 수 없다'는 뻔뻔스런 농담을 남성들은 내심 일면의 진실이라고 생각한다. 다시 말하지만 그것이 도덕적으로 부당한 태도라는 건 두번째 문제이다. 중요한 것은 그렇게 성격이 나쁜 여자와 무엇을 함께 할 수 있는지 의심스럽다는 사실이다. 그 남자는 타입의 매력을 '획득'했다는 사실 때문에 뿌듯해 하고 자랑스러워 하며 뭐든지 해줄 듯 자상스럽기 그지없을 것이다. 그리고 그게 행복이라고 생각한다. 그러나 그것은 마약의 이식된 쾌락이며 어린아이의 달디단 사탕에 불과하다. 일 년이 못 되어 거기엔 권태라는 괴물이 찾아들 것이다. 대체로 권태의 괴물에 쫓겨 다니며 그는 또다른 타입의 매력을 두리번거리기 십상이다. 그렇게 해서 성과 섹스는 껍데기로만 남게 된다. 그는 섹스를 향해 결코 자유로울 수 없다.

우리는 상식을 말해 왔다. 사람이 하는 어떤 일도 이면에 존재하는 태도와 인격이 전제되어 있다. 마주하고 있는 대상에 대해서 몰두할 수 있어야 하며 그것으로부터 넉넉한 거리에 있어야 한다는 것은 성숙한 인간을 향한 우리 모두의 공유된 소망이다. 정열과 관대함은 인간의 소양이 이룩해야 하는 진정한 미덕이다. 어떤 의미에서 성에 대한 우리의 이야기도 이 상식을 반복한 것에 불과하다. 성과 섹스는 사람의 것이다. 우리는 그 가능성에 대해 속속들이 감동할 수 있어야 하며 그 가능성이 왜곡되는 어떤 것에도 단호할 수 있어야 한다. 이것이 우리가 말하고자 하는 자유의 의미이다.

　이러한 이중의 자유는 그저 생각에 그치는 것이 아니다. 그러한 자유는 일상 속에서 우리의 태도를 크게 변화시키게 된다. 그 몇 가지를 반추해 보기로 한다. 그것은 마땅히 그리되어야 할 것들이기도 하다.

　'부부는 배우자 이외의 대상에겐 눈길도 주어선 안 된다.'

　오늘날의 부부들에게 이 말은 마치 불문율처럼 여겨지고 있다. 이 말과 이러한 태도는 옳은가? 사람은 하나를 알면 열을 알게 되는 존재이다. 산에 가지 않던 사람이 등산의 즐거움을 느끼게 되면 산 일반에 대한 매력을 알게 된다. 어떤 산이 한 사람에게 깊은 감동을 주었다고 하면 그는 이제까지는 무심하게 지나가던 뒷산을 다른 눈으로 보게 될 것이다. 하나의 산이 아름다운 것을 알았으므로 이제 모든 산의 아름다움을 알게 되었다. 한 남성이 한 여성을 사랑하거나 그 여성과 결혼하게 되었다면, 그리하여 성적 시·공의 자유 속에서 그 놀라운 아름다움을 알게 되었다면 그건 무얼 의미하는 걸까. 그저 스쳐 지나가던 다른 여성들이 굉장한 존재라는 걸 또한 알게 되는 것이 당연하지 않은가? 한 여성이 한 남자를 사랑하거나 결혼하게 되어서 남성 일반의 아름다움을 알게 되는 경우도 마찬가지이다. 실제로 그러할 수밖에 없다. 그러나 다른 모든 것과 다르게 성과 섹스에 대해서만은 거꾸로 생각하려고 한다. 누구를 사랑하는 건 그 사람 외에 모든 사람을 망각하는 것이라고 생각한다. 일면 그것은 타당하기도 하다. 어떤 계기가 있어 한 사람에게 집중하게 되면 며칠 몇 달을 그 사람만 생각할 수 있다. 그러나 세상의 어떤 일도 그러하다. 지금 막 바둑에 재미를 붙인 사람은 방바닥에 누워서도 천장에 바둑판을 그리게 될 것이다. 그러나 그게 바둑에 대한 궁극적인 태도일 수는 없다. 그가 바둑을 좋아하고 사랑하고 누린다는 것은 결코 그런 것일 수 없다. 일생을 함께 살아가는 부부도 마찬가지이다.

그들은 자신들이 소유한 감각과 정열의 주인이지 그 노예가 아니다. 궁극적
으로 그들의 관계는 그들의 총체성일 수밖에 없다. 따라서 일평생을 서로에
게 집중된 시선으로 살고자 꿈꾸는 건 아주 괴상한 소망이다. 그 자체가
이미 강박관념이다. 배우자는 오히려 세상을 향한 투명한 창문이다. 때로는
우주를 바라보게 하는 망원경일 수도 있으며 가장 작은 것을 투시할 수
있게 하는 현미경일 수도 있다. 그러므로 그가 그녀를, 그녀가 그를 알았다
는 사실로 인해, 그가 여성 일반을, 또 그녀가 남성 일반을 알게 되었다는
사실은 차라리 축복이라 해야 한다.

　　그러므로 남편은 여성 일반의 아름다움에 대해 항상 감탄한다. 그것을
자기 아내에게 표현한다. 아내는 남성 일반의 아름다움에 대해 감동할 것이
며 그것을 남편에게 표현한다. 그 밖의 어떤 것도 부부는 서로의 정서를
공유하려 한다. 왜 다른 사람의 아름다움에 대해서는 그렇지 못해야 하는
것일까?

　　이유는 간단하다. 다른 사람에 대한 성적 감동이 자신에 대한 무관심과
사랑의 결여를 의미하는 것이며 불륜과 같은 결과를 초래할 것이라고 생각
하기 때문이다. 그러나 이 생각 자체가 인간을 자위하는 침팬지로 이해하는
것이다. 삶은 총체적인 것이다. 한 쌍의 부부가 주어진 제도 안에서 함께
하는 이유는 결코 성적인 집중 때문이 아니다. 자유로운 인간성은 그렇게
단순하고 천박하지 않다. 또 그렇게 단순하고 천박한 생각 속에서 그들의
성적 시·공간이 자유롭고 풍부할 거라고 생각할 수도 없다. 그들이 부부인
이유는 그들의 삶을 그렇게 선택했기 때문에 부부인 것이지 성적인 집중
때문에 부부가 된 것이 아니라는 말이다. 열 여자 싫다는 남자가 없다고
한다. 열 남자 싫다는 여자가 없다 해도 틀린 말이 아니다. 당연하다. 사람은

누구하고라도 섹스 할 수 있다. 그러나 그렇다고 해서 누구를 속이고, 삶에 온당치 못한 타격을 주고, 인간적 신뢰를 배신하면서까지 그렇게 한다는 것은 상상도 할 수 없는 일이다. 설혹 차 한 잔 마시듯 섹스를 나눌 수 있는 가상적인 사회가 존재한다 하더라도 사태는 다르지 않다. 누구나 그럴 수 있는 사회라면 배우자의 다양한 성적 체험은 서로에게 공유된 풍부함으로 나타날 것이다. 부부가 테니스를 즐긴다고 상상해 보라. 그들이 경기에 대한 다른 체험이 많을수록 그들의 놀이 내용은 풍부해질 것이다. 근본적으로 섹스가 이와 다를 게 무엇 있겠는가. 부부가 되기로 결심한 부부 사이에 섹스 따위는 문제가 될 수 없다. 그들이 주어진 세계에서 정절을 지키고 있다면 여건이 그러하기 때문에 그럴 따름이다. 성적 집중 때문에 정절을 지키고 있다면 그것이 사라진 순간에 곧바로 이혼을 해야 하거나 아니면 철저한 위선자가 되어야 한다. 정절에 대한 신화가 우스꽝스런 대목이 바로 여기이다. 부부는 그렇게 억압되어서는 안 된다. 그들이 부부이기 때문에 서로의 성적 상상이나 지향에 대해 가장 정직할 수 있어야 한다.

"낮에 본 그 여자가 얼마나 매력적이던지 말야, 정말 데이트하고 싶은 여자였어."

"저 드라마의 남자 주인공은 제법 그럴 듯 해. 아주 멋진 키스를 나눌 수 있을 거야."

배우자가 아닌 친구들간에 그렇게 즐겁게 나누던 이 대화가 부부 사이에서만 씻은 듯이 사라진다. 이 모두가 앞서 말한 이중의 자유와 연관이 있다. 섹스를 향해 자유롭고 또 그것으로부터 자유로운 인격은 배우자의 성적 가능성과 다양성에 대해서 조금도 이상하게 생각하지 않는다. 아니 이상하게 생각하는 게 이상한 것이다. 마땅히 그러해야 한다.

이런 논의는 곧바로 혼전 순결에 대한 신화를, 또는 결혼 이전의 관계라는 틀에 박힌 얘기들을 생각나게 한다. 이런 주제는 통상 여성들에게 훨씬 불리하게 작용한다. 그러나 이 문제도 도덕적 논쟁 이전의 문제이다. 한 여자가 한 남자에게 이렇게 말했다고 가정하자.

"과거에 만났던 그 남자는 뭘 몰랐던 때 만나던 남자야. 조금도 좋아하지 않았어. 나는 너만을 사랑해."

이 말을 듣는 남자는 이 말에 만족해 하는가? 그러나 이 말이야말로 듣기 거북한 얘기이다. 당장 드는 생각은 이 부주의한 여성은 그렇다면 나에게도 부주의하지 말란 법이 어디 있는가? 참으로 신뢰가 가는 이야기는 이 반대이다. 그녀가 과거의 남자에게 최선을 다했다는 것, 정말 그 남자를 존경하고 사랑했다는 것이 훨씬 듣기 좋은 이야기다. 다른 얘기가 아니다. 그게 무엇이든 자기가 가치를 부여하고 사랑하는 대상에 대해, 그게 물건이든, 사람이든 짐승이든, 아니면 어떤 이상이나 목표이든 그것에 대해 진실을 다하는 사람을 우린 사랑하고 존경하며 신뢰한다. 상식대로라면 남성은 결혼해야 할 여성이 과거의 남자들과 매순간 최선을 다하는 사람이었기를 바래야 한다. 그럼에도 불구하고 실패했다면 거기엔 많은 상처와 아픔이 있었을 것이다. 남자는 그런 그녀의 역사를 사랑하기 때문에 그녀를 사랑하는 것이다. 그러나 우리의 현실은 완전히 뒤집어져 있다. 둘 중의 하나다. 첫째, 그녀는 과거의 그 남자를 잊지 못해 일을 저지르고 말 것이다. 그러나 그녀가 정말 그렇게 한다면 원인은 과거 때문이 아니다. 그녀는 거짓말을 한 것이며 본질적으로 성실하지 못한 것이다. 그녀가 진실했다면, 그리고 도저히 과거의 그 남자를 잊을 수 없었다면 결코 결혼해야 할 남자에게 거짓말을 하지 않을 것이다. 그런가 안 그런가는 앞서도 말했지만 보면 안다.

그러므로 첫번째 우려는 아주 어리석은 불신이다. 그 말은 인간이 자위하는 침팬지로서, 그 여성의 의식과 정서는 따로 움직인다고 생각하는 것이다. 그것은 이미 자기 자신에 대한 불신이기도 하다. 사람이 그렇게 하찮고 유치하다는 말인가? 둘째, 기분이 나쁘다는 것이다. 남이 쓰던 물건 같고, 누가 한 입 깨물어 침 발라 놓은 사과 같다는 것이다. 이해는 간다. 그러나 그 남자는 사탕먹는 꼬마다. 이 남자가 조금 전에 얘기했던 부부간의 성적 다양성에 대한 긍정과 이해심을 가질 거라고 생각할 수는 없다. 멀쩡한 성인이 부부 관계만을 소꿉놀이로 취급하고자 하는 이 형상 자체가 성적 소아마비 증상이다. 우리가 내내 이야기 해왔던 억압의 징후들이란 바로 이를 두고 하는 말이다.

　이렇게 놓고 보면 혼전 순결이란 말에 대해서도 더이상 덧붙일 것이 없다. 우리 사회에 혼전 순결의 상실은 거의 예외없이 대가를 치르기 마련이라고 말했다. 한 여성이 썩어빠진 리버럴리스트가 아닌 다음에야 그 대가를 치르면서까지 순결을 포기했다면 거기엔 이유가 있는 것이다. 중요한 것은 그 사연에 대한, 그 역사에 대한 의미를 남성이 수용하는가에 있다. 이 경우도 듣기 좋은 쪽은 그녀가 최선을 다했다는 이야기일 것이다. 한편 그 의미가 수용되고 그 역사를 사랑하겠다고 하는 한 혼전 순결의 상실 따위가 무어 그리 중요하다는 건지 알 수가 없다. 이 역시 엉터리 연극만큼이나 우스꽝스런 일이다.

　사실은 그 정도가 아니다. 그것이 패배였건 승리였건, 영광이었건 굴곡이었건 한 개인의 역사는 예외없이 위대하며 풍요한 것이다. 정말로 중요한 것은 그 역사를 그 역사의 주인이 현재에 있어서 어떻게 갈무리하고 있느냐에 달려있다. 우리가 누구를 마주한다는 것은 항상 그 역사 앞에 그 역사를 갈무리하고 있는 방식 앞에 서 있다는 것을 의미한다. 자신의 배우자가 될 사람도 당연히 그러하다. 그렇다면 누구를 사랑한다는 것이 그 역사에 대한 사랑을 포함하지 않고 가능한 일일까? 배우자의 과거는 그것이 어떠한 것이든 아름다움과 풍요의 원천이다. 그렇지 못했다면, 그 역사를 용납하고 사랑할 수 없었다면 둘은 부부일 수가 없다. 사람은 누구나 생명의 또 인간의 몸짓으로 살아간다. 역사는 그런 춤이며 그 주인의 생동하는 현재와 미래의 춤을 예고한다. 그중에는 배우자의 과거도 포함된다. 그런데도 그것이 근거도 없이 관계의 장벽으로 존재해야 된다면 이는 아주 이상한 일이다. 부부 관계만 빼놓고 우린 이런 식으로 사람을 대하지 않는다. 다른 예가 있다면 범죄를 저지른 전과자들에 대한 경우를 들 수 있다. 그나마도 올바르지 못한 선입관에 기대는 바가 크다. 하물며 배우자의 과거가 범법에 해당하는 범죄라도 된단 말인가? 혹간은 범죄보다 더한 일처럼 취급되기도 한다. 그것은 완전히 거꾸로 가는 것이다. 부부에게 중요한 것은 언제나 관계의 인격성에 있다. 그 인격성이 받아들여지는가 아닌가가 중요하다. 그것은 결코 쉬운 일이 아니다. 그렇지만 그것이 수용되었다고 했을 때 과거는 경륜이자 지식이며 풍요함이다. 그 슬픔까지 포함하여 이슬처럼 아름다운 것이며 온갖 지혜의 원천이기도 하다. 이중의 자유는 이 자연스러운 논리를 근본에서부터 설파하고 있는 것이다.

　우리는 이중의 자유를 말해 왔다. 어떤 의미에서 그것은 인간성에 대한 소박한 신뢰를 말하는 것이다. 섹스는 인간의 것이기 때문에 그 모든 가능성이 펼쳐지고 획득되어야 하는 한편, 주어진 조건 속에서 그것들을 충분히 거리화시켜 다룰 줄 아는 성숙한 인격과 인간적 능력을 전제한다. 그리하여 그것은 우리의 시대가 우리에게 강요한 수많은 아집과 편견을 바닥부터 뒤집는다. 이제 우리는 자아에 대한 하나의 이미지를 소유할 수 있게 되었다. 인격적 관계로서 성은 먼저 그 끝을 알 수 없을 만큼 음탕하다. 그렇다. 우리는 죽도록 음탕할 것이다. 타입의 세계와, 자본의 매체들이 우리에게 팔아먹을 것이 아무 것도 없을 정도로 우리는 섹스를 향해 자유롭다. 미친 듯이 몸을 흔들어 대는 록 아티스트나 소나기 쏟아지는 진창을 뒹구는 광인처럼 우리는 섹스에 미칠 준비가 되어 있다. 그러나 우리는 이 광기의 축제가 전면적으로 승인된 인격적 관계 안에서 가능하다는 것을 한시도 잊지 않는다. 우리는 요부나 변강쇠의 신화를 비웃는다. 클레오파트라와 카사노바의 전설도 비웃는다. 그들이 성에 대해서, 그 풍부함과 광기에 대해서 뭘 알고 있겠는가? 우리의 미친 남편은 아내의 오줌을 받아 마실지도 모른다. 그러면서도 그는 심리적으로 비틀어진 성적 편집증 환자가 아니다. 그가 그의 아내와 하고 싶어서 그리했을 뿐이다. 또 우리의 부부는 그와 정반대일런지도 모른다. 그들은 철저하게 금욕적이고 절제된 삶을 사는 부부일 수도 있다는 것이다. 그러나 그들은 다른 사람들의 성적 시·공간의 이질성을 넉넉하고 관대하게 바라보며 그들의 광기를 자신들의 광기만큼이나 축복할 줄 안다. 성적 광기는 이처럼 인격적 관계의 요람 안에서 터져 나오는 불꽃임을 우리는 알고 있다. 나머지 이야기들은 그럴 수 없기 때문에 중얼거리는 어리숙한 공상들일 뿐이다. 또 우리는 그와 같은 성적 광기가 우리의 삶을 침해하거나 지배할 수 없다는 것도 이제 알고 있다. 그것은 우리를 지배하는 것이 아니며 오히려 우리의 통제 속에 있다. 미인계의 어설픈 신화도 우리에 겐 이제 소용없다. 우리의 이미지는 그렇게 해서 자유인의 표상이 되었다. 우리는 단지 살아갈 따름이며 살아간다는 것은 사랑하고 일하고 창조하고 논다는 뜻이다. 성은 그 속에 끼어있는 하나의 색깔이다. 우리는 비로소 섹스의 주인이다. 삶은 한없이 깊고 알 수 없는 것이지만 우린 그것을 두려 워하지 않는다. 성의 세계도 마찬가지다. 언제나 그랬듯 주어져 있는 것만으 로, 우리가 알 수 있는 최선의 방법들을 다하여 나아갈 뿐이다. 그것으로 충분하다. 살아간다는 슬픔은 그것으로 충분히 행복한 것이다.

천국을 그려볼 수 있다면 지옥도 생각해 보아야 할 것이다. 앞서 부부가 무엇인가라는 질문을 했었다. 이런 질문이 주어지는 원인은 간단하면서도 당연하다. 우리는 인간성에 대한 소박한 소망을 전제했고 거기서부터 상식 을 따라 어떤 결론들을 유출시켰다. 그것이 우리가 그려낸 자유의 이미지였 다. 그러나 우리의 현실은 이 이미지와 왜 그렇게도 다른가? 우리의 상식은 대단한 오해였던 것일까? 우리는 그 점에 대해 캐묻지 않으면 안 된다. 그것 은 곧 주어진 현재에 대한 질문이며 그 질문을 덮어두고서는 자유의 이미지 는 아무런 의미도 없다.

"사랑만 있으면 결혼할 수 있다. 이 말에 대해서 어떻게 생각하세요?"

"사랑이 중요하죠. 그러나 최소한의 조건도 무시할 수 없어요."

이것은 너무도 오래된 문답이다. 그래서 진부하기가 한량없는 문답이기 도 하다. 그러나 이 진부함 속에는 칼날 같은 진실이 숨어있다. 우리의 이야 기와 연관하여 그것은 최소한 한 가지 사실을 분명히 하고 있다. 현실에서 부부는 순수한 인격적 관계일 수가 없다는 것이다. 어떤 경우에도 부부에겐 생존과 생활의 문제가 뒤따른다. 사실 거기까지는 아무런 문제도 없다. 인격 적 관계 속에서 생존과 생활은 제대로 영위되는 것이며 생존과 생활의 역사 를 함께 엮어가는 과정 속에서 관계는 올바르게 정립되는 것이기 때문이다. 그러나 앞선 문답 속에서 비추어진 생존과 생활의 문제는 이 단순한 내용과

는 뭔가 다른 점이 있다. 바로 그것이다. 생존과 생활은 그냥 생존이나 생활
이 아니며 어떤 조건 속에서 어떤 형태를 가진 생존과 생활이다. 그게 무엇
일 것 같은가? 바로 자본주의적 생존과 생활이다. 이것은 사람이 더불어
함께 일하고 그를 통해 일용할 양식을 구하고 그렇게 해서 감사와 기쁨으로
함께 나눈다는 개념과는 완전히 다른 것이다. 타락의 사탄, 뱀은 이 나무에
서 기어 나온다.

자본주의 사회 속에서 남성들은 일평생, 그리고 항상적으로 경제적 삶
에 종속되어 있다. 우선 그들은 대체로 빈털터리 무산자들이다. 일정한 나이
가 되어 부모로부터 독립하게 되면 그들은 맨손으로 무언가를 일구어야
한다. 월세에서 전세로 전세에서 자기 소유의 주택으로, 또 버스와 지하철
통근자에서 경차 소유자로 조금 지나 중형차 소유자로 발전해야 한다. 이는
지극히 보편적인 현상이기 때문에 조금도 이상해 보이지 않는다. 그런데
그렇지가 않다. 왜 그렇게 부유해져야만 하는 걸까? 설혹 큰 돈을 벌었기로
서니 더 좋은 집과 옷과 가구가 꼭 필요한 걸까? 물론 보다 쾌적한 환경을
추구하는 욕망은 당연한 것이다. 그러나 현실은 그 정도를 훨씬 뛰어넘는다.
그렇게 부유해지지 않으면 사람으로 행세를 못하기 때문이며 다른 한편
그렇게 부유해지는 것 이외의 사는 즐거움을 처음부터 모르기 때문이다.
모른다는 말은 취미 생활이 없다는 뜻이 아니다. 어떤 취미 생활도 가격으로
매겨진 순위와 서열이 주어져 있다는 뜻이다. 모든 규칙이 이러하기 때문에
남성들은 쉬지 않고 돈을 벌어야 한다. 그 방법이 개미처럼 성실하게 일하는
것이든 대규모의 사기 행각을 벌이는 것이든 그건 중요하지 않다. 벌지 않으
면 안 된다는 것만이 중요하다. 더군다나 그 벌이가 주어진 상대적 기준에
비해서 너무도 어렵기 때문에 참으로 허덕이게 된다. 다시 말해 그들 대부분

3장 섹스에로의 자유, 섹스로부터의 자유 **219**

은 일상적으로 가난한 것이다. 그들은 대체로 죽는 그 순간까지 가난하게 산다. 반면 돈을 벌어도 그는 여전히 종속되어 있다. 왜냐하면 돈은 이제 자신을 유지해야 하는 권력과 조직으로 변해 있기 때문이다. 그가 회사의 사장이건, 잘 나가는 전문직 종사자이건 땅부자이건 간에 그는 이미 호랑이 등에 올라탄 사람이다. 더 벌지 않으면 무너지게 된다. 회사가 파산하고, 경영권을 뺏긴 재벌 총수를 상상해 보라. 몇몇 사건들은 그 사건들이 그러한 사람들을 얼마나 비참하고 하잘 것 없게 만들어 놓았는가를 생생하게 보여 주었다. 가난은 다소간 불편한 것에 불과하다고 혹자는 말한다. 원래는 그러해야 한다. 그러나 우리 사회에서 가난은 치명적인 결과를 가져온다. 다른 한편 부자에게 부유함은 취미가 아니다. 그들은 가난한 사람들보다 더 살벌하게 살아야 한다. 이러한 경제적 게임은 우리 삶의 심장에 들어앉아 있는 핵심 중의 핵심이다. 사회학자들은 한 사회의 룰이 이것 말고도 여러 가지가 있다고 한다. 우리는 그 말을 믿지 않는다. 우리 자신이 결코 그렇게 살지 않기 때문이다. 자본주의 사회에서 부와 권력의 특수한 게임은 완전히 동전의 양면이다. 우리는 이 규칙을 태어난 직후부터 가능한 모든 통로를 통해 학습해 왔다. 우리가 스스로 아는 것 이상으로 우리 세포에 뿌리박힌 논리가 바로 이것이다. 이것은 그만큼이나 뿌리 깊은 것이기 때문에 몇 번이고 반복해서 강조되어야 한다.

남성들에게 결혼은 이 규칙 속에 삽입된 무엇이다. 따라서 결혼에는 전형적인 규정들이 뒤따른다. 남성들은 가정을 가져야 한다. 그러나 왜 가정을 가져야 하는가? 일부일처제 하에서 가능한 유일한 성적 관계이기 때문에? 가정을 가져야 하는 동기는 이것을 훨씬 뛰어 넘는다. 자본주의 사회 이전은 접어두기로 하자. 자본주의 사회에서 가정은 남성이 주체적인 인격으로 존재할 수 있는 유일한 공간이자 기반이다. 그 남자가 가족에 대해 얼마나 성실한가는 문제가 되지 않는다.

'남자들은 밖에서 생활하고 마구 바람을 피우지. 그래도 이혼은 안 하려고 해. 그가 원하는 건 그러한 자신의 자유와 지금까지 지속해 온 안정적인 가정이 공존하는 거야.'

바로 이러하다. 틈만 나면 자유로워지려고 애를 쓰고, 가족의 굴레를 부담스러워하는 숱한 남성들이 그럼에도 그 가족을 사수하려 한다. 모범적인 가장인 경우엔 더 말할 필요도 없다. 우리 사회에서 이것은 인간의 타고난 본성으로 알려져 있다. 그렇기 때문에 이 사정을 더 캐물어보는 사람도 없다. 그러나 남성에게 가정이 그렇게 중요하고 유일한 공간으로 존재하는 이유는 뿌리깊은 근거를 가지고 있다.

이 사태를 다른 식으로 말한다면 가족 이외의 어떠한 관계도 처음부터 소외되어 있다는 것이다. 지배층이 아닌 일반 대중의 경우 한 남성이 결혼하지 않은 채 평생 직장 생활을 한다고 생각해 보라. 그것은 외롭고 무력하기 이를 데 없는 형상이다. 그러나 그 형상이 당연한 것은 아니다. 어떤 스님은 수도자이면서도 수십 명의 자식들을 데리고 산다. 고아들을 데려다 키우는 것이다. 그 형상은 외롭거나 무력해 보이지 않는다. 그는 자기 삶을 선택한 것이며 거기엔 뜻과 보람과 사랑이 있다. 또 어떤 독신 남성은 그야말로 화려한 독신이다. 그가 적극적으로 선택했기 때문이다. 그러므로 결혼하지 않았다는 사실 자체가 사람을 무력하고 외롭게 만드는 게 아니다. 그러나 예의 두 독신 남성은 우리 사회에서 아주 적은 예외에 불과하다. 대부분의 남성에게 가족이 없다는 것은 치명적인 현실이다. 그의 인격 자체가 붕괴된다. 따라서 남성들은 무조건 결혼해야 된다. 주체적으로 선택하는 것이 아니라 보이지 않는 사회적 압력에 그냥 밀려가는 것이다. 왜 이래야 하는 걸까? 이것이 사회적 생산방식으로 자본주의와 관련이 있다는 말인가?

물론 관련이 있다. 자본주의 사회에서 남성 일반은 노동자이거나 아니면 자본의 하사관들이다. 여기서 자본의 하사관들이란 직접적인 노동자 외에 온갖 자유 전문직을 포함하는 말이다. 그가 무엇을 하건 그는 자본의 잉여로부터 무언가를 떼어 먹거나 얻어 먹도록 되어 있다. 그러므로 모든 남성은 근본적으로 총자본의 개별 노동자로 존재한다. 이것이야말로 우리 존재의 근원이다. 그는 종치면 출근하고 종치면 밥먹고 종치면 퇴근한다. 어떤 일을 하든 결국 그는 컨베이어 벨트 앞에 서 있는 셈이다. 이 규칙을 위반하면 그날로 해고다. 그렇다면 그는 어디 가서 쉬는가? 노동자가 아닌 사람으로 존재하는 때는 언제인가? 우리 사회는 한 평도 안 되는 이 최후의 공간을 가족 속으로 부어 넣었다. 그것은 최소의 비용으로 노동자를 재생산하는 메카니즘이다. 핵가족이 강조되는 이유도 여기에 있다. 자본의 입장에서 대중은 대부분의 시간 일하고 최소한의 시간 동안 쉬면 된다. 봉건적인 대가족은 여기에 전혀 어울리지 않는다. 대중의 입장에서 보면 가족은 최후의 보루다. 문 밖만 나서면 눈 코 뜰 새 없는 전쟁이다. 그런 병사가 불꺼진 빈 방으로 홀로 돌아와야 한다는 것은 견디기 어려운 일이다. 반면 가족 밖의 모든 관계는 임시적이고 편의적이다. 사람들이 나빠서가 아니라 어쩔 수가 없기 때문에 그렇다. 가족은 그렇게 많은 사람의 바다에 떠 있는 참으로 작고 외로운 섬인 것이다. 강요된 것 속에서 인격적 관계란 존재할 수 없는 것이다. 남성은 분열된 의식을 가지고 살아간다. 한 쪽에서는 성공해야 하는 노동자의 그림이 있다. 다른 한 쪽에는 일터에서 되돌아 오면 안락하게 쉴 수 있는 가정의 그림이 있다. 그는 그의 입장에서 생각한다. 아내란 이러한 그의 입장에서 고려된 존재이다. 그는 생각한다. 이러한 그의 조건에 따라 자신의 노동자로서의 삶을 잘 보조하는 존재가 아내라고. 아내도 당연히 그렇게 생각할 거라고. 그가 그나마 양심적이라면 아내와 가족을 잘 부양하고 보살펴야 한다고까지 생각한다. 그러나 그렇건 안 그렇건 아내란 가정을 지켜야 한다.

이것은 착각이다. 아내는 다른 무엇도 아닌 바로 인간이다. 그녀도 살고 생각하고 전진해야 한다. 설혹 그녀가 아내의 역할에 동의했다 치더라도, 자신도 모르는 사이에 히스테리 환자가 되곤 한다. 부부가 싸우는 데는 숱한 이유가 있다. 그러나 가장 깊은 심부에는 인간으로서 결코 수용되기 어려운 이 이중의 그림이 숨어 있다. 게다가 우리의 사회에서 이러한 삶은 너무도 엄혹한 강제이기도 하다. 여기에서 육체를 내어주고 받는다는 생각은 어지간해서는 그 언저리에도 가지 못한다. 그리고 남성은 중얼거린다.

'섹스? 신혼 때나 재미있는 거지' '도대체 여자란 알 수 없어' 등등.

그러나 이 정도의 이야기는 그야말로 아무 것도 아니다. 생존을 문제삼는 한 여성은 남성보다 수십 배나 어렵고 불리한 조건에 있기 때문이다. 남성은 노동자다. 여성은 그 노동자도 아니다. 나이가 되어서도 결혼하지 않은 직장 여성을 생각해 보라. 앞으로 몇 년을 더 다닐 수 있을까. 그 몇 년 후엔 또 어찌될까. 혹은 평생을 그렇게 살게 되면 그건 또 얼마나 비참할까. 남성은 쉴 곳이 문제지만 여성은 생존 자체가 문제다.

우리 사회에서 노동자의 아내가 되지 못하면 그 여성은 아무 것도 하지 않는 것이나 다름없다. 자본의 입장에서 그렇다는 것이다. 따라서 여성의 생존에 대한 공포심은 커질 수밖에 없다. 남성은 그림이 둘이지만 여성은 하나다. 그의 인생은 철저하게 남성에게 매어있다. 요즈음은 좀 달라졌다고 한다. 그러나 그렇지 않다. 여성은 결혼에 대해 남성보다 훨씬 많이 생각한다. 남성이 여성을 생각하는 것보다 여성이 남성을 생각하는 바가 역시 훨씬 많다. 조건으로만 말한다면 남성은 계산없이 사랑할 수 있어도 여성은 계산없이 연애할 수 없다. 그래서 여성은 속내를 드러낼 수 없다. 여성의 내숭, 속 깊음, 수동성, 침묵은 종종 호르몬 작용으로 설명된다. 그러나 그게 무엇이건 그 본질은 강요된 조건 속에 있다. 생각해 보라. 군대의 졸병이 침묵하지 않고 배겨낼 수 있겠는가? 이런 조건 속에서 벌어지는 사건들과 심리적 흐름을 나열한다면 끝도 없을 것이다. 여성은 남성보다 훨씬 똑똑하다. 죽지 않으려는 사람이 죽이려는 사람보다 훨씬 무섭기 때문이다. 본질적인 조건이 열악하기 때문에 부분적인 싸움에서는 유리하기 전까지는 쉽게 움직이지 않는다. 사람의 바다 속에서 가족의 섬으로 진입할 수 있기 위해선 남자보다 백 배나 신중해야 한다. 반대로 그렇기 때문에 더욱 실수한다. 그토록 강박적인데 실수하지 않을 수가 없는 것이다. 숱한 드라마들이 이런 현실을 거꾸로 그려낸다. 그것들을 보고 있노라면 남자는 참 바보다. 현실이 그러하다면 얼마나 좋을까. 그러나 칼을 쥐고 있는 쪽은 언제나 남자다. 여성이 배우는 것은 남자가 그 칼을 칼집에서 뽑지 않도록 하는 것, 가능하면 그 칼이 있다는 것조차 모르게 하는 것이다.

어쨌건 결혼은 여성의 인생에서 목숨 같은 것이다. 아무리 사태가 달라져도 자본주의 체제가 존재하는 한 사태는 달라지지 않는다. 한 쌍의 부부가 이와 같은 조건 속에서 탄생한다. 만나고 사랑한다는 것은 그 사람이 사랑하는 그것들을 사랑하는 것이다. 나의 영감은 뒷뜰에 뛰어노는 병아리 한 쌍을 몸보신으로 잡아먹었다. 그것을 보고 잘했군이라고 해야 그가 아름답다. 그것이 미워서는 얘기가 안 된다. 마누라가 외양간 황소를 팔아 친정 집

홀아비 장가 밑천을 대주었을 때도 마찬가지다. 관계는 함께 하는 역사 속에서 만들어진다. 그러나 우리 사회의 부부는 이렇게 만들어지지 않는다. 관계 이전에 생존이 문제다. 해서 인격적 관계란 말은 자취를 감추고 만다. 따라 성적 시·공간도 허공으로 사라져 버린다. 부부는 신혼 초에 섹스에 열광한다. 그러나 그것만이라면 그건 그저 침팬지의 자위 행위이다. 시간이 지나면 사태가 그 모양이라는 게 드러난다. 성적 시·공이 사라졌으므로 성은 타입의 세계에만 존재한다. 섹스는 불꽃놀이가 아니라 공허함이 되고, 부부의 삶 바깥에서 자본주의적 규칙과 자본주의적 생산이 만들어 낸 온갖 수단화된 놀이와 상품이 판친다. 우리는 그렇게 해서 굶주린 개가 된다.

맺음말 —— 삶, 섹스, 자유

우리는 결국 마지막 골목으로 몰려들게 되었다. 그래서 우린 어떻게 해야 한단 말인가? 우리는 끝내 우울한 파국으로 우리의 이야기를 끝내게 될지도 모른다. 그러나 희망이 무엇인지, 적어도 사태가 무엇인지는 분명히 해 두어야 한다.

이제 우리는 주어진 조건 속에서 우리 자신의 이미지를 그려야 한다. 모든 이야기 속에서 분명해진 것은 이 엄혹한 생존의 조건 속에서 우리 자신이 인격적으로 해방되어야 한다는 것이다. 성은 성 자체의 문제가 아니다. 누구도 그렇게 생각할 것이다. 그러나 성과 사회적 조건과의 관계는 우리의 논의에서 훨씬 깊고 심각한 것으로 드러났다. 단단하고 강렬한 인간성의 힘이 부재한다면 성이란 없는 것이다. 그리고 그 인간성은 전 사회적 메카니즘에 종속되어 있다. 궁극적으로 이 종속이 문제이다. 이 종속을 어떻게 하지 않고서는 한 발짝도 나아갈 수 없기 때문이다. 우리는 다음 두 가지의 그림을 생각해 보기로 한다.

'경제적 독립, 심리적 독립.'

경제적 독립이란 무얼 의미하는 걸까? 대중이 노동자로서의 삶을 중지한다는 걸 의미하는가? 그런 일은 체제가 바뀌기 전엔 불가능하다. 어떤 사람도 생산수단을 개인적으로 소유하지 않고 돈이 많다는 것이 단지 취미에 그쳐 결코 권력으로 작동하지 않으며, 아무도 타인을 노동자로 고용하지 않는 사회가 되기 전엔 분명히 불가능하다. 현실에서 경제적 독립이 의미하는 바는 오히려 역설적인 것이다. 먼저 우리는 우리가 죽는 그 순간까지 경제적으로 독립될 수 없다는 것을 분명히 알아야 한다. 이상한 얘기지만 독립될 수 없다는 것에 대한 투철한 인식이 바로 독립의 시작이다. 왜 그러한가? 그것을 명확히 하는 순간 우리는 돈을 통해 보다 나아질 수 있다는 전망을 확실히 포기하게 된다. 우리는 죽을 때까지 일해야 하며 죽을 때까지 가난할 것이다. 어쩌면 운이 좋아서 많은 돈을 벌게 될지도 모른다. 하지만 벌어도 소용없다. 계속 더 벌지 않으면, 계속 경제 생활을 하지 않으면, 그러니까 경제적으로 계속 종속되어 있지 않으면 그는 이미 사람이 아니다. 팔자가 좋아서 돈을 쌓아놓고 즐긴들 뭐 하겠는가. 즐길 수 있는 모든 것들은 자본주의적 상품들 뿐이다. 성을 예로 든다면 타인의 세계 속에서 성은 사는 것 말고는 아무 것도 없는 셈이다. 그것은 마약쟁이와 하나도 다르지 않으며 성에 대해 그가 아는 바는 아무 것도 없다. 사람들은 생각한다. 열심히 모아서 노후에는 편하게 지내겠다고. 열심히 일해서 다시는 이 일을 안 해도 되는 때가 오기를 기다린다고. 얼마나 엉터리인가. 그 노후에, 뭘 할 수 있단 말인가. 그 일을 하지 않으면 또 무얼 하겠다는 건가. 우리 사회에서 우리들 인생의 궁극적 소망이 이렇다는 것은 정말 비참한 것이다. 그것은 결코 경제적 독립의 형상이 아니다. 그러므로 우리는 독립의 환상을 포기해야 한다. 돌지 않는 팽이가 쓰러지는 것처럼 우리도 그러하다. 우리는 어떤 짓을 해도 이 단단한 굴레로부터 벗어나지 못한다. 따라서 우리는 종속의 조건을 전면적으로 짊어진다. 결국 견디기로 작정하는 것이다.

따라서 우리가 무엇을 해 먹고 사는가는 중요하지 않다. 어차피 우리는 그렇게 해야 하기 때문이다. 비로소 직업에 귀천이 없다는 말이 의미를 가지게 된다. 앞서 노동 귀족으로서 대학생을 말했었다. 한 명의 대학생이 이런 관점을 가지게 된다면 그는 인생을 다시 생각하게 될 것이다. 한 명의 샐러리맨이 이런 관점을 가지게 되면 그도 인생을 다시 생각할 것이다. 이제 중요한 건 경제적 성공이 아니다. 이러한 조건 속에서 되찾아야 할 자아가 무엇인가가 중요해진다. 그는 존재하는 모든 곳에서 사람을 만나려고 한다. 그는 혼자 성공하는 것보다 함께 고생하는 것을 더 좋아할지도 모른다. 성공해봐야 별 볼 일 없다는 걸 알기 때문이다. 친구와 한 판의 바둑을 두어도 황제보다 넉넉하다. 바둑이건 골프건 그것을 누리는 건 사람이 하는 일이기 때문이다. 한 마디로 말해서 쾌락과 욕망에 대한 관점이 바뀐다. 나아가 그는 실패와 가난을 두려워하지 않는다. 그게 어떤 일이든 주어진 일은 해야만 하는 것이며 한 가지를 실패하면 다른 것을 해야 한다. 그리하여 그는 자유롭다. 그가 가난한 이유는 게으르기 때문이 아니다. 그의 가난을 비웃는 것을 두려워하지도 않는다. 그리고 그가 목표하는 것은 하루 하루를 엮어가는 그의 삶과 주변의 사람들이지 그의 성공이 아니다. 일은 비로소 인간을 위한 수단이 된다. 제 자리를 찾는 것이다.

　여성의 경우에도 마찬가지다. 그녀가 어떻게 살아도 생존에 대한 위협은 사라지지 않는다. 그녀가 남자에게 얘기할 수 있는 것은 이러한 인식 하에 도와달라고 하는 것이다. 물론 그녀는 기꺼이 자기의 남편을 도울 것이다. 그녀에게도 중요한 것은 그저 생존이 아니다. 어쨌든 그렇게 살겠다고 하는 걸 분명히 하는 한, 결코 생존의 위협으로부터 벗어날 수 없으며, 때문에 해야 한다면 고되기 이를 데 없는 여정을 서슴없이 걷겠다고 하는 한 그녀는 종속되지 않는다. 이 투철한 시각이 없다면 우리는 평생을 끌려 다닐 수밖에 없다.

　더욱 어려운 것은 심리적 독립일런지도 모른다. 사회적 게임의 규칙은 일상의 모든 곳에 스며 있다. 한 남성에 대해 사회는 항상 능력과 성공 여부를 평가하려 한다. 그에 따라 술잔 돌아가는 순서가 바뀐다. 능력이 없고 성공하지 못한 남성은 어느 곳엘 가도 입장이 곤란하다. 이러한 시선은 아주 이른 시기부터 남성 자신에게 내면화된다. 그래서 성공하지 못했으면 성공한 척이라도 해야 한다. 때문에 허세와 허풍과 부질없는 기세 싸움이 늘상 횡행한다. 남성들은 까닭없이 불안해 한다.

"먹고 사는 거, 또 가족들 부양하는 게 쉬운 일이 아니잖아요. 다른 걸 해서 잘 될 수도 있지만 실패하면 낭패지요. 법대 졸업해서 변호사나 판사가 되면 최소한의 안정성은 확보되잖아요."

놀랍다고 해야 할는지 모르겠다. 이것은 고3 학생의 이야기이다. 그가 영악하기 이를 데 없다는 건 둘째 문제다. 이 엄청난 심리적 강박이 문제이다. 공부를 하고, 친구들을 만나고 독서를 하면서 그는 무슨 생각을 하고 있었던 걸까? 우리는 이 소년이 좀더 영악하고 현명하기를 기대한다. 그가 그만큼 생각할 수 있다면 법조인이라는 직업이 조금도 안정된 게 아니란 걸 알 수도 있지 않을까? 산다는 것이 그렇게 힘들고 불안하다는 사실뿐 아니라 어떻게 살아도 그만큼 불안하고 힘들다는 것 또한 알 수 있지 않을까?

"나는 시골에서 부잣집 막내 아들 놈이었지. 정신 못차리고 놀러나 다니고 싸움질만 해댔어. 고등학교를 졸업한 후에 아버님이 이런 말씀을 하시더라고. 지금부터 너 먹을 건 너 벌어먹고 살고 나 먹을 건 나 벌어먹고 살자라고. 갑자기 정신이 번쩍 들더구만. 그래, 생각했지. 나는 이렇게 젊은데 이 젊음을 다 바쳐서 해볼 수 있는 일이 뭐가 있는지 말야. 공부는 못하는 돌머리니까 공부는 틀렸고 가만히 보니 누구처럼 떼돈 벌 재능도 없는 게 분명하더만. 그래서 좋은 가정을 만들기로 했어. 정말 맨 불알로 출발했지. 내 청춘을 다 바쳐서 가정을 꾸렸어. 아내하고도 뜻이 맞아서 아이를 많이 낳고 싶어 했지. 내 아이들, 내가 자랑할 수 있는 전부야."

그가 이룬 것이 떼돈을 번 것보다 작은 일인가? 가장 중요한 건 삶이 그를 선택한 것이 아니라 그가 삶을 선택했다는 사실이다. 똥을 푸더라도 자기가 정립되어 있으면 아무 문제가 없다는 말에 그는 전적으로 공감한다.

결혼에 대해서도 동일한 이야기를 할 수 있다. 누구나 하는 결혼이지만 우리 대부분이 떠밀려서 결혼하고 만다. 결혼을 못하게 되면 스스로 열등감과 다급함에 시달린다. 그러나 결혼을 하고 안 하고는 자신이 선택하는 것이다. 그리고 선택된 것에 대해서는 자부심과 긍지를 가져야 한다. 어떤 식의 선택이든 외부에서 이식되어 내면화된 강박 관념이 개입해서는 안 된다.

마찬가지 이야기가 여성에겐 더욱 힘들다. 매력적이지 못한 여자, 사랑받을 수 없는 여자라는 딱지는 정말이지 귀신이나 호랑이보다도, 어쩌면 사형 선고보다도 무서운 일이다. 결혼하지 못한 여자에게 가해지는 무언의 사회적 압력과 멸시는 상상을 초월한다. 그리고 그것이 내면화된 심리적 강박은 이 모든 것보다 더욱 무섭다. 어떤 여성은 식사를 하고 나면 반드시 손거울을 들고 구강 안의 청결을 확인한다. 그 과정이 얼마나 은밀하고 재빠르던지 관심을 가지고 살피지 않으면 그녀가 그랬다는 사실을 주변 사람이 전혀 눈치채지 못한다. 매너가 좋다는 것은 참 훌륭한 미덕이다. 아닌게 아니라 그런 배려는 배워 둘 만한 데가 있다. 그러나 그 매너에서 수십 년 쌓여온 강박 관념을 느끼게 된다면 그것은 얼마나 슬픈 미덕인가. 강요된 매력들은 언제나 타입의 매력이다. 그리고 그것들은 항상 그 안에 오물을 감싸고 있는 은박꾸러미 같은 것이다. 그 강박이 타인에게 보여질 때 그 오물도 동시에 드러난다. 좀 다른 방식으로 생각할 수는 없는 것일까? 그건 너무 어려운 일인가?

경제적으로 심리적으로 독립되어 있다는 것은 우리 논의에 있어 최소한의 필요 조건이다. 가장 소박하고 상식적인 견해들은 이 조건이 아니면 애시당초 시작부터가 불가능하다. 산다는 것이 얼마나 허무한가. 딱 잘라진 선분의 비유는 너무도 인상적이다. 우리는 알 수 없는 점에서 시작해서 알 수 없는 점으로 사라진다. 그러나 그 허무의 선분은 너무도 빛나고 아름답다. 우리는 우리 자신을 믿는다. 오욕칠정의 오도된, 수없는 오류들을 저지르고도, 천박하고 냄새나는 우리 자신을 믿는다. 그런 우리는 투명하게 바라본다. 또 투명하게 생각한다. 세상에 신비한 것은 사람 자신이다. 우리가 사는 이유는 그런 사람들과 더불어 일하고 사랑하고 창조하고 놀기 위해서이다. 그러한 우리들에게 성과 섹스는 오히려 한없이 단순한 것이다. 우리가 왜 우리의 성적 가능성에 대해 놀라야 하는가.

우리는 한 사람도 빼놓지 않고 다 변태다. 변태가 아니라면 오히려 그게 변태이어야 한다. 또 우리는 인격적 관계 속에서 그 가능성이 남김없이 실현될 수 있다는 것도 돌이 땅으로 떨어진다는 것만큼이나 분명하게 확신할 수 있다. 서로 의심하고 재고 계산하는 관계 속에 성적 시·공은 존재하지 않는다. 리버럴리즘의 궤변도 한 눈에 그 속을 꿰뚫어 볼 수 있다. 아홉 시 뉴스에 나오는 이야기들의 진위를 우리는 콧방귀로 분별할 줄 알기 때문이다. 더불어 우리의 인격을 스스로 멸시하는 행위가 무엇인지도 그만큼은 구분한다. 그리고 그런 멸시를 스스로에게 던지고 싶어 하지 않는다.

그럼에도 우리는 걸려 넘어진다. 경제적으로도 심리적으로도 자유롭지 못하다. 타입의 세계가 던지는 미끼들에 군침을 흘리며 육체를 수단화하고자 하는 유혹에 쉽게 넘어간다. 그러나 우리는 살아왔다. 수많은 부부들이 피와 한과 수난의 역사를 이루어 왔으며 그러면서도 거기에 꽃을 피워왔다.

가족과 연인과 친구들 사이에 끝도 없는 굴욕의 체험들을 쌓아왔으며 그러면서도 그 모든 것 속에 사랑의 흔적들을 일구어 왔던 것이다. 하물며 우리가 우리의 투명한 소망을 꿈꾸어 보는 게 무어 부당할 것 있겠는가. 세계는 물론 꿈으로 뒤바뀌지 않는다. 그러나 우리는 확신한다. 소박한 우리의 소망이 온전히 도래할 그 날을. 우리가 사는 시대가 아니면 우리의 아이들의 시대에 그것도 아니라면 그 다음 시대에 아니 백 세대 천 세대 이후라도 그러한 소망은 돌아오고 말 것이다. 오늘 진탕을 헤매이며 우리가 산다 하여도 그 소망을 꿈꾸며 하루들을 쌓아가는 것이라면 우리에겐 그걸로 충분하다. 넓은 바다의, 해변가에 몰아치는 수억 번의 파도 중 하나의, 그 끄트머리의 보이지도 않는 물거품처럼 스러져간다 해도 우리의 삶은 그것이면 충분한 것이다. 인생은 살고도 남을 만큼 가치있고 아름답다. 이 무서운 허무 속에서 우리는 바로 이렇게 전율한다.

이제 독자들은 이해하게 되었으리라 믿는다. 동시에 독자들은 어떻게 생각하는지 모르겠다. 나는 성이란 주제가 자본주의적 체제의 모순을 빼놓고서는 아무 것도 이해될 수 없다고 생각했다. 알다시피 성은 예민하고 다루기 힘든 인간 조건이다. 그러나 그 때문에 우리가 너무 근시안적으로 생각하고 있는 건 아닐까? 이 책의 심장부에는 체제가 바뀌지 않고서는 성의 문제가 해결될 수 없다는 인식이 가로놓여 있다. 따라서 경제적 심리적 독립이란 개념도 그렇게 현실적이라고는 할 수 없는 개념이다. 그 개념은 분명히 슈퍼맨을 요구하는 데가 있다. 그러나 그 개념은 두 가지를 분명히 밝혀주고 있다.

첫째는 성에 대한 숱한 논의들의 맹점이 어디 있는가에 대한 것이다.

내가 보기에 항간에 떠도는 수많은 얘기들은 직접적인 쾌락에 집중되어 있는 것 같다. '……누구는 어떠하다더라' '……어디선가는 이런 일이 벌어지고 있다더라' '……이러이러한 건 어때' 등등. 그러나 그것들은 어느 마약이 가장 효과적인가를 묻는 것과 얼마나 다른가? 먼저 물어야 할 것은 그것이 마약인가 아닌가이다. 주어진 쾌락에 대한 호기심 이전에 그 쾌락의 본성, 그 조건이 다루어져야 하는 건 당연한 순서이다. 리버럴리즘, 타입의 세계, 성적 시·공간의 특이성은 모두 이런 문제의식을 겨냥하고 있다.

둘째로는 이 고통스런 세계와 맞서 현실적으로 싸우고 있는 사람들의 입장과 태도, 그 전술의 일단을 분명히 하는 것이다. 더 직접적으로 말하면 80년대 민중운동의 전통 속에서 지금도 호흡처럼 자연스럽게 살아가는 사람들이 얼마든지 있다. 지금 중요한 것은 그들의 이념이 아니다. 그들 삶이 비춰내는 자유의 이미지가 중요하다. 세계가 비틀어져 있다면 그 어떤 것도 비틀어져 있기 마련이다. 유일한 대안이 있다면 어떤 식으로든 그에 맞서 싸우는 것뿐이다. 한편에서 그것은 전 민중적, 전면적인 정치적 운동일 수 있는 반면 다른 측면에선 일상의 삶일 수 있다. 쳇바퀴처럼 돌아가는 대중 자신의 이 무력한 삶을 도대체 어찌해야 하는가. 논리가 하지 못하는 걸 삶의 채찍이 대신할 때도 있다. 우리의 개념들이 아무리 멀고 어려운 것이라 해도 그것은 선택 가능하게 존재하는 구체적 현실이다. 나로서는 거의 유일한 가능성이라고까지 생각한다. 그리고 그것을 말하는 것이 곧 나의 의도였던 것이다. 물론 나로서는 그 선동이 조금이라도 성공했기를 기대한다. 적어도 나는 사심이 없다. 무엇인가 하면 우리가 가장 소박하고 상식적인 소망대로 살아가야만 한다는 데 추호의 의심도 없다는 것이며 어떠한 공명심도 없이, 그 누구에게도 그 누구라도 그것을 선동할 수 있다는 것이다. 그리고 나면 그 다음의 내일은 아무래도 좋다. 우리는 알 수 있는 것만으로 알 수 없는 시간들을 헤쳐 나가야 하기 때문이다. 이것이 선동의 마지막 맺음말이다.

후 기

나는 내가 무얼 하고 싶어하는지도 알고 싶어한다. 세번째인 이 책까지 포함해서 나는 일관된 목표를 강조해 왔다. 그중의 하나가 바로 대중성이라는 개념이다. 우선 거기에 충실하지도 성공적이지도 못했다는 것이 분명하다. 그러나 그렇기 때문에 더 연습하고 연구하지 않으면 안 된다. 무엇보다 그 의미가 명확히 정립되지 못했다. 나는 그 의미가 나 자신과 사람들의 구체적인 결과물을 통해서 만들어질 거라 생각한다. 결과물이란 예를 들어 저술된 책 자체 같은 것을 말하는데, 개념에 대한 이론을 먼저 고민하기보다는 그 개념이 적용된 실제적인 생산물을 말한다. 여러 가지 정황이 이 방법을 선택할 수밖에 없도록 강요하고 있으므로 다른 수가 있을 수도 없다. 그러나 내가 모르는 수많은 지점에서 이와 비슷한 고민을 하는 사람들이 있을 거라고 나는 또 생각한다. 여기에서는 그 개념(대중성)을 위하여 한 꼭지 정리해 두고자 한다. 역설적으로 들릴 수도 있는 그 질문은 다음과 같은 것이다.
    '누가 전문가가 아닌가?'

    김상태는 박일문, 장정일, 마광수, 하일지, 공지영, 최영미를 논의의 대상으로 삼고 그들에게 각각 나름의 이름을 부여한다. 장정일은 '포주 컴플렉스', 마광수의 [……]. 이들이 성에 대해 가지는 관심을 <미분화된 성욕>, <덜 익은 자지와 보지들의 상상력>으로만 볼 것은 아니고 좀더 사회 전반의 문제와 연결시키며, 특히 성차의 문제와 연결시킬 필요가 있으리라 생각된다(강조는 인용자).

    이것은 『세계의 문학』 97년 봄호에 게재된 고갑희의 <1990년대 성담론

에 나타난 성과 권력의 문제>란 제목의 글, 그 속에 포함된 각주 6번의 전문이다.

첫째, 그 글 말미에 '필자: 한신대 교수, 영문학'이라고 쓰여진 소개 외에 나는 이 분에 대해 아는 것이 없다. 둘째, 이 분이 나를 각주에서 다루었던 만큼 내가 이 분을 여기 후기에서 짧게 다루는 것을 큰 실례라고 생각지 않는다. 셋째, 나는 이 분을 모르므로 오로지 주어진 글만을 가지고 생각한다.

나로서는 기가 막혀서 말이 잘 나오지 않는다. 사회 전반과 연결시켜 얘기를 해야 할 사람은 내가 아니라 바로 그다. 혹시 시간이 나면 어떻게 이런 발상이 가능했던 것인지 정말 심리학적 리포트를 하나 작성해 볼 생각이다. 하지만 지금 그게 중요한 건 아니다.

내가 교수라면 나는 이런 글을 쓰지 않겠다. 물론 내 생각에 한정해서 그렇다. 내가 보기에 이 소고는 사려깊은 가정 주부의 에세이보다 형편없다. 고갑희는 이렇게 한다. 몇몇 사례를 나열하고 그것으로 현실 파악을 다 마친다. 어떤 책 하나를 언급하고 아무라도 할 수 있는 소감을 몇 마디 한다. 유행하는 몇몇 사람이나 개념, 예를 들어 푸코나 정신 분석, 섹슈얼리티와 젠더 등에 대해 역시 소감을 나열한다. 글의 요지인즉 젠더라는 개념을 구분해서 유의미하고 신중하게 사용하자, 또 그 개념을 통해 문제를 바라보자는 것 같다. 나는 이런 생각이 들었다. 나는 젠더——그것이 아마 성차란 말의 핵심인 것 같다——를 과연 잘 모른다. 하지만 고갑희는 그에 대해 나보다 무얼 더 알고 있는지 전혀 알 수가 없다는 것이다. 어떻게 이처럼 아무나 아는 얘기,——성담론에 대해 조금이라도 관심이 있었다면 젠더란 개념은 학부 1학년생까지도 다 알고 있다——하나마나한 얘기를 아무 생각없이 반복할 수 있는 것일까. 심오한 뜻이 있었는지 모르겠다. 사실 그러기를 바라기도 하고, 그래서 정말 배울 수 있으면 좋겠다고 생각한다. 그러나 이 글에 한정하는 한 나는 그 분을 아직 이해할 수가 없다. 누가 전문가가 아닌가라는 질문이 이래서 발생한다. 이제 보라. 이게 얼마나 절실한 질문인 지를.

한국에 교수, 박사, 기타 무슨 무슨 평론가니 하는 지식인들은 무얼 하고 있는가?

① 그럴싸한 책을 번역한다.

② 여기저기 써 놓았던 글을 묶어서 책을 낸다.

③ 몇 사람 모여 세미나를 하고 부분을 나누어 글을 쓰고 그걸 묶어 또 책을 낸다.

④ 전공과 연관된 교과서를 출판한다.

⑤ 전공과 거리가 있는 아주 평범한 에세이집을 낸다.

⑥ 외국에서 유행하는 얘기들을 소개하거나 그에 대해 주석을 단다.

⑦ 적당한 지면에 청탁받은 원고를 써서 제출한다.

이것들 가운데 중요하지 않은 것은 하나도 없다. 그러나 이것밖에 없다 는 게 문제다. 이 말을 확인하고 싶으면 지금 서점에 나가 한 시간만 책들을 뒤져보면 된다. '세계에 대한 선포'로서 저술을 한다는 것은 정말 어려운 일이다. 또 우리의 상황은 너무나 열악하다. 하지만 위의 행태들이 타성화되 는 정도가 정말로 걱정될 지경에까지 이르렀다. 적당히 하기로 하면 이런 짓거리는 정말 아무나 할 수 있는 것이다. 교수, 박사, 석사 아니면 번역 못할까? 에세이는 못 쓰고 심지어 교과서는 낼 수 없겠는가? 그야말로 개나 소나 날뛰는 데가 전문가들의 삼류시장이 되었다. 지독히도 많은 경우가 그러한데 위 ①~⑦은 그저 눈감고 아웅하는 이력의 목록에 불과하다. 그렇게 해 놓고 무얼 썼네라고 자족감에 젖어 사는 것이다. 슬픈 일이다. 우리 토양이 어쩌다 요 모양이 되었는지 알 수가 없다. 사정이 이러하니 중요한 건 그저 학위증명서나 교수증명서 또는 어떤 금맥기 꼬리표들이다. 차라리 웃다 말 일이다.

그러므로 전문가라는 이름은 대폭 제한되어야 한다. 전문가인가 아닌가 는 위의 행태들 자체가 증명하는 것이 아니며 그 밖의 어떤 직함이 증명하는 것도 아니다. 나는 주변에서 그 직함이 무엇이든 진짜 전문가로 살아가는 사람들을 많이 보아왔다. 그들은 결코 고갑희 교수처럼 글을 쓰지 않는다. 이 투명하고 강력한 투시가 핵심이다. 여기서 지적하는 대중성 개념은 이렇다. ①~⑦의 무엇을 하든 질이 떨어지면 그는 전문가가 아니다.

누가 전문가가 아닌가. 이 질문이 대중성과 어떤 연관이 있는지 이제 짐작했을 것이라 믿는다. 누가 전문가가 아닌가를 투시할 수 있는 대중의 위상이 얼마나 중요한가를 부정하는 사람은 없다. 그것은 당위도 꿈도 아니다. 처음부터 내재하는 대중의 가능성이다. 이것을 가능케 하는 노력들은 대중성을 지향하는 모든 논의의 근본에 있는 것들 중 하나이다. 대중성 개념을 향한, 이 책이 선택한 방법의 연장선 위에서 지금 할 수 있는 얘기는 여기까지이다. 아직 멀었다. 그러나 또한 그것으로 충분하다. 앞으로 똑바로 질문하겠다. 당신은 전문가인가?